国家体育总局　国家民族事务委员会 2006 年审定

# 少数民族传统体育项目竞赛和表演规则及裁判法

国家体育总局群众体育司
国家民族事务委员会文化宣传司　编



广东省出版集团
广东人民出版社

**图书在版编目（CIP）数据**

少数民族传统体育项目竞赛和表演规则及裁判法/国家体育总局群众体育司、国家民族事务委员会文化宣传司编．—广州：广东人民出版社，2007.3

ISBN 978-7-218-05415-5

Ⅰ.少…　Ⅱ.①国…　②国…　Ⅲ.①少数民族—民族形式体育—竞赛规则—中国　②少数民族—民族形式体育—裁判法—中国　Ⅳ.G852.94

中国版本图书馆 CIP 数据核字（2006）第 132636 号

| | |
|---|---|
| **特约编辑** | 赵昌毅 |
| **责任编辑** | 谢海宁 |
| **封面设计** | 林小玲 |
| **责任技编** | 黎碧霞 |
| **出版发行** | 广东人民出版社 |
| **印　　刷** | 广州伟龙印刷制版有限公司 |
| **开　　本** | 880 毫米×1230 毫米　1/32 |
| **印　　张** | 16.5 |
| **字　　数** | 35 万 |
| **版　　次** | 2007 年 3 月第 1 版　2007 年 3 月第 1 次印刷 |
| **印　　数** | 4000 册 |
| **书　　号** | ISBN 978-7-218-05415-5 |
| **定　　价** | 39.80 元 |

**如果发现印装质量问题，影响阅读，请与出版社(020－83795749)联系调换。**

【出版社网址：http：//www.gdpph.com　电子邮箱：sales@gdpph.com

图书营销中心：020-37579695（直销）】

# 目　录

# 前　言

少数民族传统体育，是除汉族以外的55个少数民族在漫长的历史发展过程中，由生产、生活习俗的演变而逐渐形成的传统体育运动形式，这些运动形式在一定程度上反映了各民族的历史、政治、经济、文化、宗教以及风俗习惯等等，在体育活动中融入了十分浓厚的生活情趣。自1953年起至今，已举办了七届全国少数民族传统体育运动会，并从1982年起，经国务院批准，由国家民委、国家体育总局主办，每四年一届，形成了制度。少数民族传统体育运动会具有民族性、传统性、群众性和广泛性的特色，已成为全国较有影响的大型综合性体育运动会之一，带动了民族地区体育事业的发展，丰富了民族地区的文化生活，促进了民族团结。

为贯彻落实《中华人民共和国体育法》，实施《全民健身计划纲要》，继承和发扬民族优秀传统文化，推动少数民族传统体育广泛深入地开展，我们将已正式列入全国少数民族传统体育运动会比赛项目的花炮、珍珠球、木球、蹴球、秋千、射弩、陀螺、押加、高脚竞速、板鞋竞速、民族式摔跤、少数民族武术、少数民族马术、表演项目（含民族健身操）的竞赛和表演规则及裁判法编辑成册，供体育工作者和体育爱好者参考。

# 花炮竞赛规则

## 第一章 比 赛

**1 定义**

花炮比赛是由两个队参加的集体比赛项目，每场比赛双方以规定的人数，在规定的场地和时间内，以规则允许的行为，运动员手持花炮通过奔跑、传递，将花炮投入对方的花篮得分；并以阻截、抢断等技术反抢，阻止对方得分。在规定时间结束时，以得分多者为胜队。

## 第二章 场地、器材

**2 场地**

2.1 比赛场地为表面平坦的长方形草坪或土地，长 60 米，宽 50 米。长线叫边线，短线叫端线。场地边线外 2 米、端线外 4 米以内不得有任何障碍物。(图1)

2.2 接炮区：以场地的中心为圆心，画一个半径为 5 米(从外沿量起)的圆为接炮区。

2.3 炮台区和炮台区线：在距离端线中点两侧 4 米处各画一条 4 米与端线垂直的线为炮台区边线；再画一条线将其两顶点相连，与端线平行为炮台区端线，该区域为炮台区；炮台区两立柱之间与比赛场地端线重叠的线为炮台区线；在炮台区两侧架设高 2 米以上的网墙。每侧网墙的两根立柱分别垂直立于炮台区端线与炮台区边线的交点和炮台区线与炮台区边线的交点上。

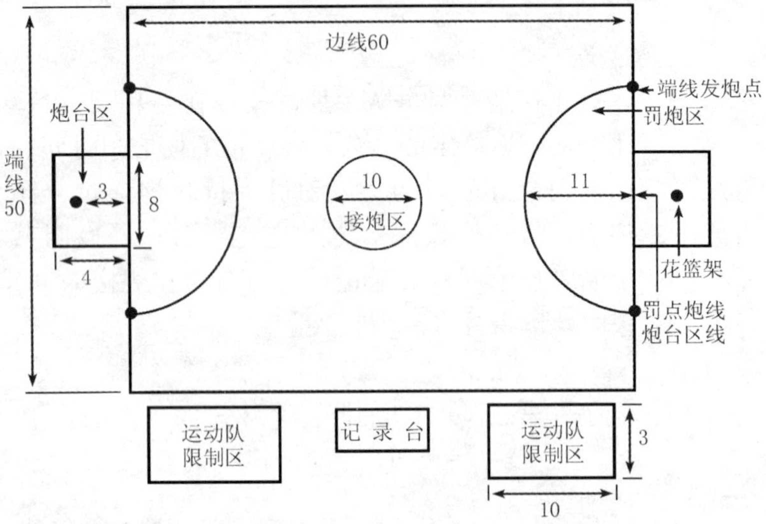


**图 1　花炮比赛场地示意图**（单位：米）

2.4　罚炮区和罚炮区线：以端线中点为圆心，以 11 米（从外沿量起）为半径，画一条弧线与端线相交，弧形区域为罚炮区。弧线为罚炮区线。

2.5　罚点炮线：炮台区线即为罚点炮线，距离花篮架 3 米。

2.6　端线发炮点：罚炮区线与端线交点为端线发炮点。

2.7　运动队限制区：在边线中点无障碍区外记录台两侧各 10 米处，向两侧各画一个 3 米×10 米的活动区为运动队限制区。

2.8 场地的所有界线均为白色，线宽12厘米，线的宽度不包括在场地之内(接炮区、罚炮区除外)。

**3 器材**

3.1 花炮：花炮为直径14厘米的彩色圆形饼状，外圆成轮胎形，厚2.5～3厘米，用不会伤及队员的橡胶制成，重220～240克。

3.2 送炮器：能将花炮击向前上方10米以上高度并落在接炮区域内，同时发出响声的发射机器。

3.3 花篮架：高80厘米，置于炮台区内距端线中点3米处。

3.4 花篮：花篮为高30厘米，篮口内沿直径40厘米的圆柱体，用竹或塑料制成，花篮固定在花篮架顶端。

## 第三章　比赛队

**4 运动队**

4.1 每个队可由1名领队、1名教练员和不超过16名的队员组成。

4.2 每场比赛，每队上场人数为8人。

**5 队员和替补队员**

5.1 一场比赛中，最先上场参加比赛的为场上队员，其余为替补队员。

5.2 每队每场比赛换人次数不限。

5.3 替补队员在上场前必须得到裁判员允许方可进入比赛场地。

**6　队长**

6.1　场上队长在场上是本队的代表，必须佩带明显标志。

6.2　队长下场时，应指定场上另一队员担任场上队长。

**7　教练员**

7.1　在比赛前15分钟，教练员应将队员登记表送交记录员。

7.2　请求暂停应由教练员提出。

7.3　当替换队员时，应由教练员提出，并报告记录员。

7.4　比赛中(包括暂停)，只允许在运动队限制区内对场上队员进行指导，不允许有干扰比赛的行为。

**8　队员装备**

8.1　队员装备包括颜色、款式统一的长袖运动衣、运动短裤、运动袜和布面胶鞋(鞋底可带有橡胶钉)。

8.2　队员上衣前后必须有明显的号码，序号为1～16号，同队队员不得使用重复号码。胸前号码至少高10厘米，背后号码至少高25厘米，号码笔画宽度至少2厘米。号码必须显示在胸前和背后的中间部位，当队员将上衣塞入短裤内时必须能看到完整的号码。

8.3　运动员比赛前必须接受裁判员的检查，不得穿戴危及其他队员安全的任何物件，不许留长指甲。

## 第四章　比赛通则

**9　比赛开始**

比赛开始前应以抛币的方式选定场地，选定场地后，由裁判员带领比赛队员入场，站于接炮区外等候比赛。裁判员鸣哨，比赛即为开始。场上队员即可进入接炮区进行争抢。比赛开始时花炮可由司炮员操纵发炮器发射或由裁判员抛掷进行。

**10　比赛方法**

控制花炮的一方，可用传递、掩护、假动作和持花炮奔跑等方法摆脱防守，持花炮攻进对方炮台区并放进花篮得分；防守一方可用拦截、追赶、搂抱(合理部位)和抢截等方法争抢花炮或阻止持花炮队员前进。

**11　得分**

11.1　持花炮队员将花炮投进花篮或进入对方炮台区，把花炮放入花篮即为得分。每投(放)进一次花炮得1分。

11.2　持花炮队员误将花炮投入本方花篮内算对方得分。

11.3　持花炮队员进入对方炮台区后因受伤而无法将花炮放入花篮内，应判该队员进炮得分。

**12　比赛结束**

当记录台发出比赛结束的信号时，某半场、决胜期或一场比赛即为结束。

12.1　某队获得罚点炮的权力，应让该队罚完点炮。

12.2　进攻队员手持花炮攻入对方炮台区，应允许该队员将花炮放入花篮得分，比赛方为结束。

12.3　花炮已在空中飞行，此时花炮落入花篮内进炮有效。

**13　　比赛胜负**

13.1　　在比赛时间结束时，得分多的一队为胜。

13.2　　比赛过程中，一队因场上队员不足5人，判该队为负。

13.2.1　　当判定比分落后方为负时，场上比分即为最后得分。

13.2.2　　当判定比分领先方为负时，则该场比分为2∶0。

13.3　　当决胜期结束，双方比分相等，则以罚点炮的方式决定胜负。

13.4　　以罚点炮决定胜负，应按下述方法进行：

13.4.1　　以抛币的方式决定两队点炮的先后顺序。

13.4.2　　每队各出5人（必须是比赛结束时的场上队员），按排定顺序交替轮流进行，如一方的进炮数已明显超过对方时（即超过另一队罚满5次时可能罚进的炮数），则比赛结束，判该队获胜。如双方各罚完5炮后比分仍相等，则两队以一对一的方式进行，直至决出胜负。

**14　　换人**

14.1　　换人必须由教练员向记录台提出，替补队员应做好准备。

14.2　　换人应在死炮时，经裁判员同意方可进行。

**15　　发炮**

控制花炮一方的一名运动员在发界外炮、任意炮时，应在3秒钟内将炮发出，双方队员均应退出3米以外进行接炮或防守。发界外炮、任意炮不能直接得分。

15.1　　界外炮

15.1.1　持花炮的队员越出场外(包括踩线)或未能腾空(从场内起跳)将越出边线的花炮传回场内，由对方在出界地点发界外炮。如越出端线，则由对方在端线发炮点发界外炮。

15.1.2　进攻队员持花炮冲出炮台区，由守方队员在端线发炮点发界外炮。

15.1.3　守方队员用合理搂抱动作，将持花炮队员搂、抱出边线外，由守方队员在出界处发界外炮。如搂抱出端线，则由守方队员在端线发炮点发界外炮。

15.2　任意炮

15.2.1　当一方队员在罚炮区外违例或犯规时，由对方队员在违例或犯规地点发任意炮。

15.2.2　在本方罚炮区内违例或攻方犯规，由对方在距离违例或犯规地点最近的罚炮区线上发任意炮。

15.2.3　当争抢发射炮(或裁判员抛花炮)时，因多人争抢而使花炮无法在3秒钟内传出，应由实际控制花炮的一方发任意炮。

15.3　罚点炮

15.3.1　守方在罚炮区内犯规均判罚点炮。

15.3.2　攻方队员手持花炮触及炮台区线或触及炮台区内地面，但无法攻进炮台，判由攻方罚点炮。

15.3.3　罚点炮方法：罚方可任选一名队员进行罚点炮，罚点炮的队员必须双脚平行站在罚点炮线后，任一脚不得完全离开地面，并在3秒钟内将花炮投向花篮。

15.3.4　罚点炮时，双方队员均退出罚炮区。如罚中，由司炮员重新发炮；如未罚中，则由对方在端线发炮点发界外炮。

15.4 抛花炮

15.4.1 双方同时违例。

15.4.2 双方多名队员同时倒地争抢而无法判定炮的实际控制权时，由裁判员在原地抛花炮。

15.4.3 双方队员共同持花炮越出界外（或踩线），由裁判员在对应出界点沿垂直于界线向内移3米的位置抛花炮。如越出罚炮区内的端线，则由裁判员在端线发炮点向内移3米的位置抛花炮。

15.4.4 抛花炮方法：裁判员抛花炮时，双方队员必须退距抛炮处3米以外，花炮垂直抛出高度不低于5米。

## 第五章　时间通则

**16 比赛时间**

16.1 全场比赛时间为40分钟，分上下两个半场，每半场20分钟。

16.2 如比赛结束时比分相等，则进行决胜期，决胜期以抛币方式选择场地，决胜期时间为6分钟，分上下两个半场，每半场3分钟，两个半场中间不休息，双方交换场地。

16.3 全场比赛的两个半场之间休息10分钟，下半场与决胜期之间休息5分钟。

16.4 暂停、进炮至重新发炮及裁判员要求的暂停，不包括在比赛时间内。

**17　1分30秒规则**

进攻方应在控制炮后的1分30秒内将炮投进对方花篮得分。

**18　2分钟处罚**

运动员在比赛中有犯规行为，裁判员将对其出示黄牌，该队员将离场受罚2分钟，此时间内如需替换，则由替补队员代其受罚，受罚时间到，该队员即可上场参加比赛。

**19　3秒钟规则**

19.1　发定位炮时，发炮队员应在3秒钟内将炮发出。

19.2　持炮队员进入炮台区内，应在3秒钟内将花炮放入花篮。

19.3　比赛中，持炮队员被对方2人或2人以上合理搂抱时，应在3秒钟内将炮传出。

19.4　比赛中，进攻方3人或3人以上集团进行进攻时，应在3秒钟内分开。

**20　暂停**

20.1　比赛双方每半场可请求暂停一次，时间不超过1分钟。

20.2　决胜期内无暂停。

20.3　暂停应由教练员在死炮时向记录台提出请求。

## 第六章　违例、犯规及罚则

**21　违例及罚则**

21.1　出现下列违反规则的情况应判违例：

21.1.1　发界外炮及任意炮时：
21.1.1.1　队员未退出3米以外。
21.1.1.2　裁判员鸣哨后，发炮队员未在3秒钟内将花炮发出。
21.1.1.3　发炮队员在花炮发出后，未触及其他队员而再次触炮。
21.1.2　当2人或2人以上进行争抢时，持花炮队员在倒地前未能将花炮出手(倒地：除足以外的身体任何部位着地即视为倒地)。
21.1.3　倒在地上的队员争抢花炮。
21.1.4　持炮队员被对方2人或2人以上合理搂抱时，在3秒钟内未将炮传出。
21.1.5　罚点炮时：
21.1.5.1　主罚队员的脚踏及罚点炮线。
21.1.5.2　主罚队员在3秒钟内没有将花炮投向花篮。
21.1.5.3　主罚队员罚点炮时，双脚未平行站立或任一脚完全离开地面。
21.1.6　持花炮队员隐藏花炮；将花炮藏在衣、裤内或夹在腋下；双手将花炮捂在胸前等有藏炮动机的行为。
21.1.7　比赛过程中，场上队员未经裁判员允许离开场地。
21.1.8　非持花炮队员进入炮台区。
21.1.9　比赛过程中用脚踢、踩花炮。
21.1.10　控制花炮的队未在1分30秒内得分。
21.1.11　持花炮队员故意倒地，将花炮压在身下。
21.1.12　持花炮队员进入炮台区后，未在3秒钟内将花炮放入花篮。

21.1.13　借助外力增加进攻或防守的高度。

21.2　罚则：

21.2.1　罚点炮违例、非持花炮队员进入炮台区，由对方在端线发炮点发界外炮。

21.2.2　双方同时违例，由裁判员在违例地点抛花炮（罚炮区内除外）。

21.2.3　其他违例行为，由对方在违例地点发任意炮（罚炮区内除外）。

**22　犯规及罚则**

22.1　比赛中出现下列违反规则的情况应判犯规：

22.1.1　非法搂抱。

22.1.1.1　搂抱肩以上、膝以下部位。

22.1.1.2　搂抱对方队员的单腿。

22.1.1.3　搂抱未持花炮的队员。

22.1.1.4　抱摔对方持花炮的队员。

22.1.1.5　搂抱腾空接花炮的对方队员。

22.1.2　故意蹬踏或扑压倒在地上的对方队员身体。

22.1.3　比赛过程中对对方队员采用扭手臂、踢、踩、绊、打、摔、咬和抠等不道德行为。

22.1.4　拉拽对方除手臂以外的任何部位。

22.1.5　故意推人、鱼跃搂抱和以肘或膝撞击对方。

22.1.6　当一方队员拾捡花炮时，对方队员故意用脚踩、踢花炮。

22.1.7　一方队员发炮时，另一方队员屡次进入3米以内距离干扰发炮。

22.2　罚则：

22.2.1　发生上述犯规行为的队员，均被出示黄牌警告，并受罚离场2分钟。

22.2.2　如果犯规的情节恶劣，并造成严重后果，该队员应被出示红牌，罚令出场，取消该队员该场比赛的资格。

22.2.3　一场比赛中受三次黄牌处罚的队员，被取消该场比赛资格。被取消比赛资格罚令出场的队员，不能由替补队员替换。

**23　严重犯规及罚则**

发生下列情况将被出示红牌，取消该场比赛资格，并同时取消参加下一场比赛的资格，如有更严重的犯规行为，由赛区仲裁委员会决定取消若干场次或全部比赛资格：

23.1　故意打人。

23.2　辱骂他人。

23.3　任何违背体育道德，侮辱他人的行为。

23.4　故意伤害对方的行为并造成严重后果。

## 第七章　赛制和名次排定

**24　赛制**

花炮比赛可以采用循环赛或淘汰赛。

**25　名次排定**

25.1　循环赛

25.1.1　每队胜一场得2分，平一场得1分，负一场得0

分。弃权一场，取消本阶段全部成绩。以各队积分多少决定名次，积分多者名次列前。

25.1.2 如两队或两队以上积分相等，依下列顺序名次列前：

25.1.2.1 积分相等队之间相互比赛的积分多者。

25.1.2.2 积分相等队之间相互比赛的净胜炮数多者。

25.1.2.3 积分相等队之间相互比赛的进炮总和多者。

25.1.2.4 整个比赛中净胜炮数多者。

25.1.2.5 整个比赛中进炮总和多者。

25.1.2.6 抽签优胜者。

25.2 淘汰赛

如比赛结束时两队比分相等，则进行决胜期比赛，在决胜期结束时，以最后得分多的队为胜。如两队比分相等，则以罚点炮决定胜负。

## 第八章　弃权与申诉

**26 弃权**

参赛队出现下列情况将判定弃权，被判定弃权的队将取消其阶段比赛成绩：

26.1 无故超过比赛开始时间15分钟不到比赛场地。

26.2 裁判员通知某队开始比赛，该队拒绝比赛超过5分钟时。

26.3 某队比赛开始时，上场队员不足5人。

**27 申诉**

比赛结束后，如某队对比赛结果有异议，应在比赛结束后2小时内向仲裁委员会提出书面申诉意见，同时交纳申诉费。仲裁委员会依据仲裁委员会条例进行裁决。

## 第九章　裁判人员及其职责

**28　裁判人员**

28.1　比赛设裁判长1人，副裁判长1～3人，裁判员、助理人员若干人。

28.2　每场比赛设主裁判员1人，副裁判员2人，另设值场裁判员1人。助理人员由记录员、计时员和司炮员等组成。

**29　裁判人员职责**

29.1　裁判长

29.1.1　比赛前，对场地器材、比赛日程及裁判员的分工等做出检查和了解。

29.1.2　组织领导裁判工作。

29.1.3　掌握比赛进程，根据规则精神解决比赛中的有关问题。

29.1.4　负责处理比赛中提出的各种疑难问题。

29.2　副裁判长

29.2.1　协助裁判长领导裁判工作，当裁判长因故缺席时，应代理其职务。

29.2.2　负责审核场地器材和设备。

29.3　裁判员

29.3.1　比赛前检查场地、器材、运动员的装备及指甲。

29.3.2　比赛中应认真执行规则，使比赛按规则进行。

29.3.3　裁判员有对场上队员及限制区人员行使管理的权力。

29.3.4　当裁判员判定不一致时，主裁判员可根据具体情况做出最后决定。

29.3.5　对犯有故意伤人和行为十分恶劣的队员，应出示红牌取消该队员继续参加该场比赛的资格。

29.3.6　如遇风雨、外界干扰等其他原因而妨碍比赛进行时，裁判员有权暂停、推迟比赛，并将有关情况报告主办机构。

29.3.7　当运动员严重受伤时，裁判员应停止比赛，将受伤运动员迅速移至场外接受治疗，并立即恢复比赛。

29.3.8　裁判员服装应与场上比赛队员服装有明显区别。

# 花炮竞赛裁判法

## 前 言

裁判法是作为一种实际工作方法而设计的。它能够帮助裁判员在比赛中占据最佳的观察位置，以便跟随比赛的进行和变化，正确、及时地判断和处理有关违反规则的各种情况。《花炮竞赛裁判法》介绍了花炮裁判员应具备的基本素质和工作程序，以及在不同的情况下裁判员在场上的分工职责、选位、跑位路线等。它将有助于花炮裁判员更好地完成执法任务，保证比赛圆满顺利地进行。

## 第一章 裁判员应具备的基本素质

优秀的裁判员应具备较高的思想素质和业务素质，做好裁判工作有助于运动员养成遵守竞赛规则、公平竞争的习惯，对提高比赛的水平具有十分重要的意义。裁判员应当不断地学习研究，透彻地理解规则，使自己执法的比赛更加精彩激烈。并力求通过自己对规则的理解，使每一场比赛都能在正确的精神的指导下进行。因此，裁判员应具备以下几种素质：

（一）严格遵守严肃、认真、公正、准确的基本原则，加强裁判员自身的职业修养，保证比赛安全顺利地进行。

（二）裁判员要具备良好的心理素质，对比赛要保持一种不带任何感情色彩的冷静态度。任何时候都应集中精力，以确保比赛以外的任何事情都不会分散自己的注意力。

（三）裁判员要认真研究规则，精通规则内容，掌握花炮运动规律。对任何违背规则精神和体育道德的行为都应给予严厉的判罚，使运动员认识到裁判员执行规则的坚决性。

（四）裁判员对比赛的动向或趋势要有预见性。只有随时保持警觉，并能超越当时的情况，预见到下一步行为，才能做一名称职的裁判员，判罚才能果断准确。

（五）裁判员自身要加强体能训练，提高身体素质以适应比赛的需要。

## 第二章　裁判人员工作程序及要求

### 一、裁判长

（一）比赛前的工作与要求。

1. 组织召开裁判组工作会议。

（1）学习大会有关文件，加强裁判员的思想教育。

（2）组织裁判员学习竞赛规则，统一判罚尺度。

（3）解决各种疑难问题。

2. 负责检查场地器材，安排竞赛日程和裁判员及助理人员的分工。

（二）比赛中的工作与要求。

1. 全面组织和领导裁判的各项工作。

2. 根据规则的精神解决比赛中的各种问题。

（三）比赛结束后的工作与要求。

主持召开裁判工作总结会议，认真总结经验，帮助裁判员和助理人员提高业务水平。

**二、副裁判长**

（一）比赛前的工作与要求。

1. 协助裁判长组织学习与实习。

2. 组织安排发放裁判员用品、检查记录台工作的准备。

3. 协助裁判长检查场地、器材，做好比赛裁判工作的后勤工作。

（二）比赛中的工作与要求。

根据比赛场地的分布，负责其中一个场地的比赛监督工作，对相关技术问题予以解决。

（三）比赛后的工作与要求。

总结经验，协助裁判长做好善后工作。

**三、主裁判员**

（一）比赛前的工作与要求。

1. 准备好裁判员的服装和裁判用具。

（1）裁判员着装要求：

①两套短袖上衣和运动短裤。

②服装统一，颜色有别于比赛队。

③有装裁判用具的口袋。

④鞋具有能适应比赛场地的状况，有防滑性能。

（2）裁判员随身携带的用具：

①音质响亮的哨子。

②秒表或电子手表。

③红、黄牌和挑边器。

2. 召集两名副裁判员和值场裁判员召开准备会，明确裁判工作中相互间的配合，具体内容如下：

（1）比赛入场式或赛前介绍、比赛开始时的配合。

（2）统一判罚尺度及有关规定。

（3）分工和配合，特别是同时鸣哨时的处理方法。

（4）特别情况下的选位和配合。

（5）犯规、违例、罚点炮、发界外炮、发任意炮等的配合。

（6）比赛时间终了时(上、下半场，决胜期，罚点炮决胜)的配合。

（7）暂停、换人的配合。

（8）对比赛队的技战术分析及重点队员的技术和品德的分析。

（9）对比赛场地、器材检查的分工配合。

3．到达比赛场地。

裁判人员要提前到达比赛场地，并做好比赛开始前的各项工作。

4．检查比赛场地、器材。

主裁判员负责安排检查比赛场地及比赛器材。

（1）检查比赛场地。

检查场地是否符合规格，对危及运动员安全的物品或设施，及时清除或妥善处理。

（2）检查比赛器材。

①检查炮台区两侧架设的网墙的支柱是否垂直固定在地面上，竖立在端线上的网墙支柱是否用海绵包裹，网墙是否牢固。

②检查花篮架是否牢固。

③检查送炮器是否发射正常，调节送炮器，使花炮于场地中圈区域下落。

④检查场地界线是否清晰。

5. 比赛前 10 分钟，主裁判员召集双方队长进行挑边。并安排两名副裁判员分别召集双方队员在两个半场靠近记录台一侧的边线处列队，检查双方所有参赛队员的服装、指甲、护具以及身体是否佩戴装饰物等。

6. 组织双方运动员入场。

比赛前开始时，主裁判员和副裁判员带领双方运动员入场。

7. 鸣哨示意司炮员发炮或由主裁判员抛炮。

花炮发射前，主裁判员示意双方队员在接炮区外做好准备，即刻鸣哨示意司炮员发炮或由主裁判员抛炮。

（二）比赛中的工作与要求。

比赛中，主裁判员全面主持比赛场上的裁判工作，有权决定涉及比赛的一切问题，包括规则中没有涉及的问题。执法时，应看清事实，依据规则准确判罚。

（三）比赛结束后的工作与要求。

1. 当听到比赛结束的信号时，主裁判员立即鸣哨结束全场比赛。两名副裁判员立即跑入场内与主裁判员一起退场。

2. 主裁判员认真检查计时钟、记录表，并在记录表上签字。

3. 认真及时地总结临场工作。

**四、副裁判员**

（一）比赛前的工作与要求。

1. 准备好裁判服装和裁判用具，其服装和用具与主裁判员相同。

2. 与主裁判员一起到达比赛场地，协助主裁判员检查比赛场地、器械。

3. 按照主裁判员的安排，做好入场前的各项工作。

4. 在主裁判员的带领下，组织双方运动员入场。

（二）比赛中的工作与要求。

1. 比赛中，如果主裁判员因伤不能继续工作时，第一副裁判员（靠近记录台一侧的副裁判员）将替代主裁判员的工作。

2. 比赛中，副裁判员同主裁判员有相同的判罚权利。在规则规定的职权范围内，对所辖区域的情况看清事实，及时鸣哨，准确判罚。在遇到同主裁判员的判罚不一致时，要服从主裁判员的判定。

（三）比赛后的工作与要求。

1. 比赛结束后，与主裁判员一起退场。

2. 协助主裁判员检查记录表并签字。

3. 认真总结临场经验。

**五、值场裁判员**

（一）比赛前的工作与要求。

1. 参加裁判员准备会议。

2. 准备好裁判用品（哨子、服装、红牌、黄牌、秒表等）。

3. 检查比赛场地辅助设施。

（1）在赛场无障碍区外应设有记录台、仲裁（技术官员）席和双方运动员席、受罚席。

（2）在记录台侧面应设有记分牌（或电子记分牌）、计时钟（或电子计时钟）。记录台应准备记录表格（成绩记录表、上场队员名单表、比赛记录表）、电子秒表、锣、广播器材、用于比赛的花炮、场上队长佩戴标志、临场裁判用哨、红牌、黄牌以及必要的文具用品。

4. 检查两队是否已将参赛队员的名单交给记录员，比赛记录表上是否标明两队上场队员名单。

（二）比赛中的工作与要求。

1. 如果临场裁判员因伤而无法继续执裁时，值场裁判员将替代第二副裁判员的工作。

2. 负责换人，当记录台通知裁判员换人时，待得到裁判员允许，被替换的队员出场时，值场裁判员在记录台前负责主持替补队员上场。

3. 负责管理运动队活动区的所有人员及场外周边的秩序。

（三）比赛结束后的工作与要求。

组织记录台助理人员完成当场赛后各项工作的进行。

**六、助理人员**

（一）助理人员的设置与要求。

1. 比赛场区的记录台共设6～10名助理人员，包括记录员、全场计时员、2分钟计时员、1分30秒钟计时员、宣告员、司炮员、翻分员等。

2. 助理人员的着装要求整洁统一。

（二）助理人员工作与要求。

1. 记录员：

（1）比赛前的工作与要求：

①准备好记录表一份，应有备用记录表。

②按秩序册和两队交来的参赛队员登记表在记录表预先

登记好比赛队、时间、地点、组别及双方运动员的姓名、号码、队长等。

③准备好临场用品，如比赛报告单、秩序册、圆珠笔、复写纸、夹板、哨子、队长标志等。

④主裁判员鸣哨比赛开始前，核对双方上场队员是否正确，并通知主裁判员。

（2）比赛中的工作与要求：

①记录比赛中的每一次进炮，同时登记进炮队员号码，进炮的时间。

②记录比赛中双方教练要求的暂停次数。

③记录两队每一次换人，并记录每一次换人的时间。

④记录比赛中双方队员的红牌与黄牌，并记录裁判员每一次出示红牌和黄牌的时间。

⑤场上主裁判员宣布因某种原因中断比赛，应立即在记录表“备注”栏内记录比赛中断的原因和时间，并记清控制炮的一方。

⑥记录要准确，不能涂改，若发现裁判员判罚有争议时，不要急于记录，待主裁判员做出最后判定后再进行记录。

（3）比赛结束后的工作与要求：

①登记比赛结果及比赛结束时间并签名。

②请主、副裁判员检查并签名。

③交裁判长签名，报赛会竞赛处。

2. 计时员：

（1）全场计时员的工作与要求：

①检查计时钟（表）的工作是否正常。

②准确操作计时钟(表)，协助记录员记录比赛时间(上、下半场)、暂停时间、决胜期时间(上、下半场)、进炮、进炮后的重新发炮等。

③暂停、换人、比赛结束时应发出信号。

④比赛结束后交主裁判员核对时间。

(2) 1分钟30秒计时员的工作与要求：

当持花炮队1分钟30秒违例时，立即用三音哨鸣示。

(3) 2分钟计时员的工作与要求：

负责控制被黄牌罚出场的队员。

①当被罚队员离开赛场到受罚席时，开始计时。

②要求受罚队员坐在受罚席上。

③当受罚时间完成后，即通知受罚队员上场。

3. 宣告员：

(1) 宣告双方队员入场，并介绍运动员、教练员、裁判员。

(2) 宣告暂停、换人，在半场、全场以及决胜期比赛结束信号发出后进行宣告。

(3) 应记录台要求宣告有关事宜。

4. 司炮员：

检查送炮器，并准确地操作送炮器。

## 第三章　临场裁判员的区域分工与职责

### 一、临场裁判员的移动区域

花炮比赛中，主裁判员同二名副裁判员协调配合，始终与他们保持相对位置，同持炮队员保持一定的距离，使比赛队员始终处于视线范围内。

二名副裁判员要最大限度地帮助主裁判员，服从主裁判员的指挥。三名裁判员要合理分工，密切协作，集中精力观察自己的区域，选择合理的移动路线，最佳的判罚角度，将场上所有队员的行动都纳入裁判员的视野。从而提高判罚效果，有效地控制比赛。

**二、临场裁判员的职责**

1. 主裁判员：

（1）全面主持比赛场上的裁判工作。

（2）跑动中距离持炮队员一定距离，使持炮队员及周边地带始终处于视线范围内。

（3）当持炮队员在罚炮区地带时，注意观察双方队员在炮台区线附近的行为。

（4）当处于罚炮区域靠近端线一带时，注意观察运动员和花炮是否出界。

2. 前场副裁判员：

（1）前场副裁判员始终处于持炮队员进攻方向的前面，同另两名裁判员保持相对位置。

（2）当前场副裁判员在进攻方前移动到端线时，负责观察持炮队员及周围双方队员在炮台区线附近的行为。

（3）负责观察靠近自己一侧边线和端线双方队员和花炮是否出界。

3. 后场副裁判员：

（1）处于进攻方侧后方，负责观察双方无炮队员的行为。

（2）负责观察靠近自己一侧的边线双方队员和花炮是否

出界。

**三、临场裁判员的选位和配合**

1. 争抢发射炮时的配合。

主裁判员面对记录台站立于中圈附近，第一副裁判员位于主裁判员左侧前方，第二副裁判员位于主裁判员右侧前方。

2. 比赛中的配合。

主裁判员位于场地中心地带，随持炮队员跑动，同时与二名副裁判员保持相对距离，始终将持炮队员处于视线范围内。前场副裁判员根据持炮队员的位置，可到端线附近。后场副裁判员应跟进至半场附近。

3. 比赛中场地内执行的抛花炮、发界外炮、发任意炮等由就近裁判员主持。

4. 罚点炮时的配合。

罚点炮时，主裁判员位于罚炮队员侧后方执行罚点炮。副裁判员协助管理场上其他队员。

5. 得分后的配合。

由副裁判员控制花炮，主裁判员到记录台前以手势报告得分队员号码。

## 第四章　裁判员鸣哨与手势

**一、裁判员在以下情况鸣哨**

（一）主裁判员：

1. 比赛开始和比赛时间终了。

2. 暂停。

3. 罚点炮。

4. 运动员受伤需要医护人员进场时。

（二）主、副裁判员：

1. 发任意炮。

2. 抛花炮。

3. 发界外炮。

4. 换人。

5. 出界。

6. 违例、犯规。

7. 进炮。

**二、裁判员鸣哨的要求**

1. 抛花炮(比赛开始或重新开始)：稍长音。

2. 暂停：中长音。

3. 进炮：音长而重。

4. 违例：短音。

5. 严重犯规：音重而响亮。

6. 花炮或持炮队员出界：音短促而响亮。

7. 发任意炮、界外炮：短音。

8. 比赛结束：一短音，一长音。

9. 队员受伤要求医生进场：三声短音。

10. 罚点炮：中长音。

**三、裁判员手势**

一般情况下，裁判员的主要手势是表示方向，一只手臂平举，五指并拢，手掌张开，手指所指的方向即发定位炮方向。

对于各种违例和犯规的判罚，裁判员要以手势表示，并用语言加以说明，同时，要表示出发定位炮的方向和位置。主要手势有以下几种：

1. 比赛开始和要求发射花炮：单臂上举，五指并拢。

2. 得分：单臂上举，手掌张开，五指并拢，然后手臂伸直，食指指向花篮。

3. 暂停：一手臂在体前，手心向下，另一手食指点向掌心。

4. 换人：双臂在体前交叉，五指并拢伸直，掌心向内。

5. 违例：单臂上举，五指并拢，掌心向前。然后单臂平举，示意进攻方向。

6. 犯规：单臂握拳上举，然后距离犯规队员 2 米掏出黄牌直臂上举。收牌后，单臂前举，指向进攻方向。

7. 点炮：单臂握拳上举，距离犯规队员 2 米掏出黄牌直臂上举。收牌后，跑向炮台区，单臂伸直，指向罚点炮线。

8. 罚点炮：单臂伸直，五指并拢，手掌张开，指向花篮。

9. 比赛结束：两臂前伸，掌心相对，指向接炮区。

**附：花炮比赛用表（见本书第 29 页）**

表 1　花炮比赛记录表

**表 1**

# 花炮比赛记录表

比赛时间：________年____月____日____时____分　　　　比赛地点：________

| 甲队 | | | 黄牌 | | | 红牌 | 替换 | 乙队 | | | 黄牌 | | | 红牌 | 替换 |
|---|---|---|---|---|---|---|---|---|---|---|---|---|---|---|---|
| 号码 | 姓名 | 得分 | 1 | 2 | 3 | | | 号码 | 姓名 | 得分 | 1 | 2 | 3 | | |
| | | | | | | | | | | | | | | | |
| | | | | | | | | | | | | | | | |
| | | | | | | | | | | | | | | | |
| | | | | | | | | | | | | | | | |
| | | | | | | | | | | | | | | | |
| | | | | | | | | | | | | | | | |
| | | | | | | | | | | | | | | | |
| | | | | | | | | | | | | | | | |
| | | | | | | | | | | | | | | | |
| 暂停 | 上半场： | | | | | 下半场： | | 暂停 | 上半场： | | | | | 下半场： | |

| | | | | |
|---|---|---|---|---|
| 上半场比分 | 甲队：　乙队： | 主裁判员签字： | 总计时员： | 比赛结束时间 |
| 下半场比分 | 甲队：　乙队： | 副裁判员签字： | 1分30秒计时员： | 时　分 |
| 决胜期比分 | 甲队：　乙队： | 副裁判员签字： | 2分钟计时员： | 备注 |
| 总比分 | 甲队：　乙队： | 值场裁判员： | 记录员： | |
| 胜队 | | | 司炮员： | |

# 珍珠球竞赛规则

## 第一章　比　赛

**1　定义**

1.1　每场珍珠球比赛由两个队参加，每队上场 7 名队员。

1.2　水区内双方各有 4 名队员负责进攻或防守。进攻者可将球向任何方向传、拍、滚、运，目的是向抄网投球并得分。防守者阻止对方获得球并得分。

1.3　每队有 1 名持抄网的队员在得分区内活动，用抄网试图抄中本方水区队员投射来的球(珍珠)。

1.4　封锁区内有 2 名持球拍的防守队员，用球拍封挡、拦截由水区进攻队员向得分区投射的球，以阻止进攻队得分。

1.5　比赛结束时得分多者为胜。

## 第二章　比赛场地和器材

**2　比赛场地**

2.1　球场是一个长方形的坚实平面，无障碍物。

2.2　场地长 28 米，宽 15 米。由颜色显示，但四边必须用线条标出。场地的丈量是从颜色的边缘和界线的内沿量起。场地的所有界线为白色，所有线宽 5 厘米。

2.3　场地长边的界线叫边线，短边的界线叫端线。

2.4 界线外至少 3 米内不得有任何障碍物(包括球队席全体人员)，场地上空最低障碍物的高度至少 7 米。

2.5 场地内设水区、限制区、封锁区、隔离区及得分区。各场区如用颜色显示时，水区为海蓝色，限制区与隔离区为红色，封锁区与得分区为黄色。红黄两色区域也可用其他颜色，但不论什么颜色，限制区与隔离区的颜色应一致，封锁区与得分区的颜色应一致。颜色的边缘代表各场区的界线(颜色区域上也可使用线条，不带颜色)。

2.6 各场区尺寸：得分区 0.80×15 米，隔离区0.40×15 米(如用线条，线条包括在该区域范围内)，封锁区 1.00×15 米，限制区 0.80×15 米(如用线条，线条包括在该区域范围内)，水区 22×15 米。

2.7 场地中必须画有中圈与中线。中圈画在球场中央，直径 3.60 米。中线连接两边线的中点并与两端线平行。

2.8 罚球点为直径 10 厘米的白色实心圆点。罚球点的中心距端线内沿 7 米，距边线内沿 7.50 米。

2.9 得分区与隔离区之间两场区颜色的边缘(或线条)为得分线，隔离区与封锁区之间两场区颜色的边缘(或线条)为隔离线，封锁区与限制区之间两场区颜色的边缘(或线条)为封锁线，限制区与水区之间两场区颜色的边缘(或线条)为限制线。

2.10 各场区不论用颜色、线条显示，得分线、隔离线应向两边线外各画出 2 米长的延长虚线，虚线每段长度及间隔均为 20 厘米。(图1)

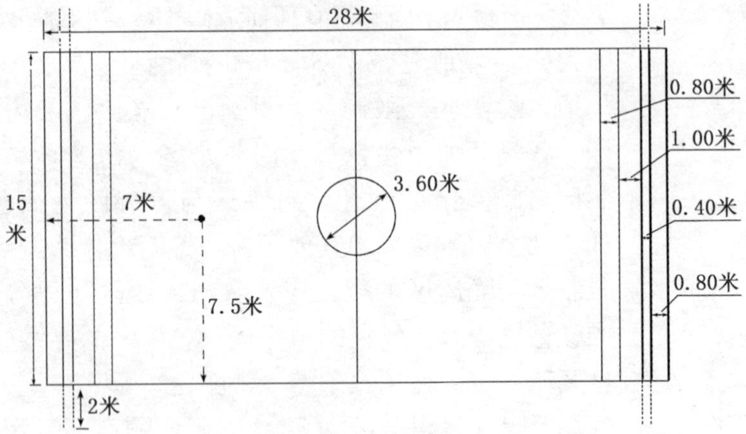


**图1　珍珠球比赛场地示意图**

**3　　球**

3.1　外壳用皮革或橡胶制成，内装有球胆，表面应为珍珠(白)色。

3.2　球的圆周长54～56厘米，重量300～325克。

3.3　一个符合比赛标准的用球是当球充气后从1.80米(球的底部量起)的高度自由落地，反弹起的高度不能低于1.20米也不能高于1.40米(球的顶部量起)。

**4　　球拍**

4.1　球拍为蛤蚌壳形状，用具有韧性的树脂材料制成，颜色最好与蛤蚌壳颜色相仿。

4.2　球拍部分长35厘米，最宽部分25厘米，厚度0.3～0.5厘米。

4.3　球拍边缘要用橡胶或软质材料包裹，宽度不超过

0.4 厘米，厚度不超过 0.2 厘米。

4.4　拍柄为椭圆柱形。长 15 厘米，最大直径 4 厘米。

4.5　球拍总长 50 厘米，重量 390～410 克。（图2）

**5　抄网**

5.1　抄网兜口为圆形，网圈用圆形金属条制成。圈条直径 0.4～0.6 厘米，兜口内径 25 厘米。

5.2　网兜用细绳或尼龙绳织成，网深 30～35 厘米，网眼为 3～3.5 厘米。网兜颜色应为深色。

5.3　网柄为椭圆柱形，长 15 厘米，直径 3～4 厘米。

5.4　抄网重量为 180～300 克。（图2）

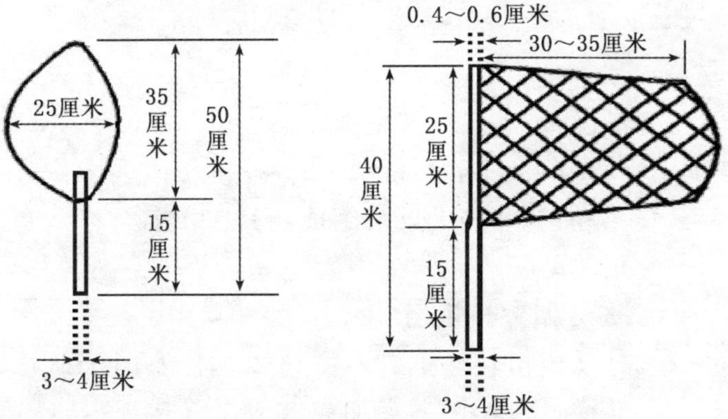


**图 2　珍珠球比赛器材**

**6　专用器材**

6.1　比赛计时钟和计秒表各 1 块，比赛计时钟为比赛时间计时，计秒表为暂停计时。

6.2　25 秒钟装置。具备数字倒计数型，用秒来指示时间及从停住的时间处继续计时的功能。

6.3　信号。至少要有两种信号，一种是计时员、记录员所用信号，一种是25秒钟计时员所用信号。

6.4　记分牌。能让与比赛有关的每一个人看清楚。

6.5　记录表。使用珍珠球比赛特定的记录表。

6.6　队员犯规次数标志牌5块，牌上数字的最大尺寸为高20厘米，宽10厘米。1～4数字为黑色，5为红色。

6.7　全队犯规标志2个。最小尺寸高30厘米、宽20厘米。红色。

## 第三章　比赛队

**7　球队**

每个队由1名教练员、1名领队、1名工作人员和不超过14名的球员组成，其中1名合格参赛的球员是队长。

**8　队员和替补队员**

8.1　球队成员在场上并有资格参加比赛时为队员，球队成员没在场上参加比赛或虽在场上但没有资格参加比赛时为替补队员。当某替补队员被合法替换上场时他即成为队员，当某队员被合法替换下场时他即成为替补队员。

8.2　迟到的替补队员可以参加比赛，只要他是已登记的该队球员之一。

8.3　队员上场比赛必须穿着款式、颜色一致的长、短袖上衣或背心与短裤，上衣或背心也可与短裤的颜色分别一致。所有队员(男女)必须把上衣或背心塞进短裤内。

8.4 上衣或背心的前后必须有明显的号码。号码应是3～16号。同队队员不得使用重复的号码。胸前号码至少高10厘米，背后号码至少高20厘米，笔画宽2厘米。

8.5 禁止穿白色的比赛服。球队必须至少有两套服装，一套浅色，一套深色。

**9 队长：职责和权力**

9.1 队长在场上代表他的球队。必要时他可以为获得必要的情况向裁判员提出请求。但必须要有礼貌，而且只能在球成死球并停止比赛计时钟时。

9.2 队长因任一正当原因离开球场时，教练员要把代理他当队长的队员号码通知裁判员。

9.3 队长可以在教练员不在场时担任教练员(规则10)。

9.4 在规则没有限定罚球队员的情况下，由队长指定罚球队员。

**10 教练员：职责和权力**

10.1 在赛前核实确认已登记的本队队员、队长的姓名和号码，并在记录表上签字。同时指明开始上场的7名队名。

10.2 只有教练员有权请求暂停。暂停时教练员可在球队席区域对队员进行指导(规则16)；比赛进行中教练员亦可站在球队席区域内指导本队的场上队员，但不能妨碍比赛和干扰裁判工作。

10.3 替换队员时，教练员要让替补队员向记录员报告替换请求并必须立即做好上场比赛的准备。

10.4 如果没有教练员或教练员不能继续工作，队长可以担任教练员。如队长因任何原因不能担任教练员时，则代替他任队长的队员替代他当教练员。

10.5 教练员是该队在比赛中唯一可与记录台人员联系的人。必要时可在计时钟停止、球成死球时询问有关比分、时间、犯规次数等事宜。但必须有礼貌，绝不能干扰比赛的正常进行。

10.6 教练员已指定了某队员在开始比赛时上场，如果该队员受伤，只要主裁判员确认受伤是真实的就可以被替换。

10.7 教练员确认了开始上场的 7 名队员后，如果比赛开始前或比赛开始后不久发现其中一名队员不是确认的 7 名队员之一，该队员必须由原定开始上场的队员替换，对该队不做处罚。

## 第四章　时间通则

**11 比赛时间**

比赛分上、下两个半时，每半时 15 分钟，两半时中间休息 10 分钟。

**12 得分相等和决胜期**

12.1 如果下半时终了时得分相等，要延长 3 分钟作为决胜期继续比赛。必要时要延长几个这样的 3 分钟，直到分出胜负为止。

12.2　决胜期是下半时的继续。在所有决胜期中，球队按下半时的进攻方向进攻，全队累计犯规及罚则延续到每一决胜期。

12.3　第一个决胜期前，主裁判员要召集双方队长，抛币选择发球权。以后每打一个决胜期双方互换一次发球权。

12.4　下半时与第一个决胜期之间休息 2 分钟。以后的每个决胜期之间只交换发球权，不休息。由主裁判员主持在中圈发球继续比赛。

**13　操纵比赛计时钟**

13.1　活球开动比赛计时钟：

13.1.1　每半时和每一决胜期开始中圈发球，当裁判员鸣哨时。

13.1.2　跳球时球被跳球队员合法拍击时。

13.1.3　球投(抄)中裁判员鸣笛违例、犯规不究继续比赛及点球后不论罚中与否继续比赛，球接触水区队员时。

13.1.4　掷界外球，球接触水区队员时。

13.2　死球停止比赛计时钟(球被抄入网内得分时，只在下半时的最后 2 分钟和所有的决胜期停表)。

**14　球的状态**

14.1　球成活球

14.1.1　每半时和每一决胜期开始中圈发球，当裁判员鸣哨时。

14.1.2　因任何原因造成的中圈跳球，裁判员将球抛起时。

14.1.3　罚点球，裁判员鸣哨时。

14.1.4　掷界外球，掷球队员可处理球时。

14.1.5　抄球入网得分后，持网队员将抄入网中的球就近放在封锁区内或将球传给封锁区的持拍队员，持拍队员可处理球时。

14.2　球成死球

14.2.1　持网队员抄球入网得分时。

14.2.2　发生违例时。

14.2.3　发生犯规时。

14.2.4　活球时因任何原因裁判员鸣哨时。

14.2.5　每半时和每一决胜期时间终了时。

14.3　例外情况

14.3.1　投球队员投球时防守队员犯规，裁判员鸣哨后，投球队员继续完成了他的投球动作，或裁判员鸣哨后投出的球已在空中，或裁判员因对投球队员的犯规鸣哨后，持拍队员又对持网队员犯规时。

14.3.2　出现上述任一情况而球仍被抄入网内应判得分。

14.3.3　如持网队员犯规抄球入网则得分无效(规则39)。

**15　25 秒钟规则**

15.1　定义：

当一名队员在场上(中圈发球者例外)获得控制一个活球时，该队应在 25 秒钟内投球完成进攻。投球完成进攻是指投出的球接触到抄网或进入抄网或被对方持拍队员封挡在封锁区内持网队员已不能再触球时。

15.2　即使 25 秒钟信号响时投出的球在空中，球也应立即成死球，抄球入网不能得分，按进攻队违例处理，罚则是失去球权。

15.3 如果对投球队员犯规裁判员鸣哨后投出的球在空中25秒钟信号响时，则被视为25秒钟信号错误的发出，比赛按裁判员鸣哨时犯规的罚则处理。

15.4 25秒钟遇死球停表，但只有在发生违例、犯规后，一个队才能获得一个新的25秒钟周期。如果球出界并由原控制球队掷界外球时，该队队员在场上重新获得控制一个活球后，25秒钟应从比赛中断时连续计算。

**16 要登记的暂停**

16.1 每队每半时2次暂停，每一决胜期1次暂停。暂停时间为完整的1分钟并须登记，某半时没用的暂停不能挪在某半时或决胜期使用。

16.2 记录员要在死球并停止比赛计时钟时或发生犯规裁判员向记录员报告犯规结束时发出暂停信号。如果裁判员已进入中圈准备跳球、掷界外球队员和罚点球队员已可处理球时，记录员则不能再发出暂停信号。

16.3 如果在死球和停止比赛计时钟前双方都提出暂停请求，记录员要给首先提出暂停请求的教练员登记暂停。

16.4 一个队请求的要登记的暂停可以撤消，但只能在记录员向裁判员发出暂停信号以前提出。

16.5 暂停期间允许队员离开比赛场地和坐到球队席上，即使球队在不满1分钟时既已完成了暂停，比赛也应在暂停时间结束的信号发出后重新开始。

16.6 教练员在请求要登记的暂停时，要亲自到记录员处用双手做出规定的手势，明确地提出“暂停”请求。

16.7 当裁判员鸣哨并做出暂停手势时暂停开始，当裁判员鸣哨并招呼球队回到场地时暂停结束。

## 第五章 比赛通则

**17 比赛开始**

17.1 如果某队在场上准备比赛的队员不满 7 名，比赛不能开始。

17.2 比赛要在中圈发球开始。

17.3 当主裁判员将球递交给中圈内的发球队员并吹响比赛开始的哨声时，比赛正式开始。每半时、每一决胜期都要以上述同样的程序进行。

17.4 所有比赛的下半时双方要互换场区和发球权，决胜期双方只互换发球权不互换场区。

17.5 至少在比赛开始前 10 分钟，由主裁判员召集双方队长，用抛币的方法选择发球权或场区，抛币抛中的一方优先选择发球权或场区。如他优先选择了发球权，对方则有权选择场区；如他优先选择了场区，则对方获得发球权。

**18 中圈发球**

18.1 抛币获得发球权的队由一名水区队员持球站在中圈本方场区的半圆内，主裁判员鸣哨示意比赛开始后，5 秒钟内将球传给中圈外的水区队员。球出手后，在球出中圈前或球触及其他水区队员之前不得触球。

18.2 发球前，除发球队员外，双方水区队员要站在中线后的水区内。球出中圈前双方任何队员都不得进入中圈或将身体的任何部位超越中圈线的垂直面(圆柱体)，脚不能触及中线或身体的任何部位接触中线前的地面。也不得触及中圈内的球。

18.3 违反以上规则为违例。

**19 如何打珍珠球**

19.1 珍珠球是用手和器械(拍、网)综合进行比赛的运动。

19.2 带球跑、故意踢球或用拳击球是违例。踢球就是用腿或脚去拦阻球。

19.3 脚或腿偶然地接触或触及球不是违例。

**20 控制球**

20.1 队员控制球，当队员拿着或运着一个活球或在掷界外球和罚点球的情况下，掷界外球和罚点球的队员可处理球时。

20.2 球队控制球，当该队的队员控制球或球在同队队员之间传递时。

20.3 直到下列情况之前均为该队继续控制球：

对方队员获得控制球、球成死球、投球或罚点球中球不再接触投球队员的手。

**21 队员在做投球动作**

21.1 队员单手或双手持球，使用臂、手的投、射、抛、甩等各种动作将球经空中或拍网区域(规则 22)的地面掷向得分区的持网队员为队员正在做投球动作。投球动作开始于投球手臂的连续动作开始之后。

21.2 如果队员在行进间腾起空中投球，投球动作开始于起跳的瞬间且投球手臂的连续动作开始之后。但如起跳后将原本想投球的球传给了同伴，此动作则不算投球动作。

21.3 队员开始投球动作通常先于球出手。根据裁判员的判断，队员将球投、射、抛、甩向得分区的持网队员已经开始得分尝试时即为投球动作开始，球离开队员的手不是本质的。手臂可能被抓住，致使该队员不能投，但他仍然可能是在做该尝试。该投球得分尝试一直继续到球离开该队员的手。

21.4 根据裁判员的判断，一个被确认为对正在做投球动作的队员的犯规，必须是发生在该队员投球手臂的连续动作已经开始之后(须包括手臂和身体的动作)。如果投球入网，即使是在鸣哨后球才离开投球队员的手，也要计得分。这个规定不适于每半时、决胜期终了和当25秒钟信号响时。

**22 抄(投)球入网、得分与分值及继续比赛**

22.1 比赛中，持网队员在得分区内按规则的规定将水区投射来的或防守队员未挡住的活球抄入网内，由裁判员认定为得分。

22.2 持网队员抄采的球还必须符合下列限定：

22.2.1 整个球体越过得分线的垂直面处在得分区的空间或地面上。

22.2.2　整个球体在空中越过得分线及其延长虚线的垂直面，落在得分区边、端线以外地面之前。

22.2.3　投射到拍网区域(封锁区、隔离区与得分区）地面上的反弹球，弹起后整个球体越过得分线的垂直面，落在得分区边、端线以外地面之前。

22.3　抄(投)球入网内，必须是球入网后，球在网中有一个相对稳定的停止时间，在裁判员认定为得分后，球才可出网。如果球虽然已经抄(投)入网内，但瞬间既被甩出或弹出则不能算得分。

22.4　抄球(含点球)时，持网队员身体的任何部位(含器械)不得在球入网前、球入网的同时或球入网后触及得分线、边、端线及其以外的地面。即使在得分区内将球抄入网中，但其后身体不能稳定在得分区内，在裁判员认定得分前身体的任何部位(含器械)触及了得分线、边、端线及其以外的地面不能得分。

22.5　持网队员可在得分区内原地或运动中抄球(含点球)，抄球(含点球)入网后身体必须停留在得分区内。抄中本规则 22.2.1、22.2.2 限定的，或任何经拍网队员身体(含器械)挡碰的球为 1 分。抄中本规则 22.2.3 限定的、不经拍网队员身体(含器械)挡碰的球为 2 分。球可能多次接触地面或在得分区地面上滚动或停留在得分区地面上，只要符合 1 分或 2 分的限定，抄中仍以所限定的分值认定。

22.6　腾空抄球(含点球)入网后身体落地的同时不得：

22.6.1　身体落在场外或身体的任何部位同时接触场内场外地面。

22.6.2　器械接触了得分区边、端线以外的地面。

22.6.3　球从网中弹出或甩出。

22.6.4　违反此款为违例，不能判给得分。

22.7　抄(投)球入网并经裁判员认定为得分后，持网队员应尽快地将球交给对方持拍队员或将球放在就近的封锁区内，由对方持拍队员发球继续比赛。持拍队员得球后或已可处理球后必须在5秒钟内用球拍将球抛传给水区或限制区内同队的水区队员。

22.8　点球罚中后以同样的方式继续比赛(规则48.8除外)。

**23　争球**

23.1　双方各一名队员或多名队员同时紧握着球，谁也不能获得球时、双方同时使球出界时应判争球。

23.2　由双方任一队员在中圈跳球继续比赛。

**24　跳球**

24.1　当宣判了争球或出现双方犯规有关的罚则时，比赛在中圈跳球继续开始。

24.2　裁判员在双方各一名(规则23、48.12、48.13)水区跳球队员之间将球抛起跳球即开始。

24.3　跳球时，两名跳球队员的脚要站在本队场区的半圆内，一只脚靠近两人之间的线的中心。球到达最高点后必须被一名或双方跳球队员合法拍击跳球才合法。每个跳球队员可以拍击两次。如果双方跳球队员都没有拍着球则应重新跳球。在球被合法地拍击前，任一跳球队员都不得离开他的位置，也不能在球触及非跳球队员、地面前将球抓住。

24.4 双方另三名水区队员可以在水区内的任何一点站位。从跳球开始至拍击前不得移动。不得使身体的任何部分在中圈线(圆柱体)上或超越中圈线(圆柱体)。

24.5 违反以上规则为违例。

**25 掷界外球**

25.1 当球出界、违例、犯规后不罚点球或罚点球后还有球权时由获得球权的队在距违犯地点最近的边线外(点球后还有球权在距罚球点最近的边线外)掷界外球继续比赛，球在端线或得分区、封锁区的边线出界后，或违犯发生在封锁区、得分区时，掷界外球的地点要在就近的限制线终端的边线外。

25.2 裁判员必须将球递交、传给掷界外球的队员或将球置于该队员可处理处。

25.3 掷界外球的队员在球离手前不得从裁判员指定的地点沿边线移动超过正常的一步，但可沿垂直界线的方向后退。

25.4 掷界外球的队员不得违反下列规定：

25.4.1 在球出手后，未触及另一队员前在场内再次触球。

25.4.2 球离手前或离手同时踏及场地。

25.4.3 球离手的时间超过5秒钟。

25.4.4 球离手后，在球接触场上队员前球触及界外地面和物体。

25.4.5 球离手后，在球触及另一水区队员前直接投入网内。

25.5 在球掷过界线前，任何其他场上队员都不能使身体的任何部分越过界线。

25.6 当界外障碍物距界线不足3米时，掷界外球的对方队员必须退到在掷球地点界线的1米以后的场区内。

25.7 违反以上规定为违例。

**26 替换与程序**

26.1 水区队员与持拍队员可以在比赛中进行互换。此互换程序只能在对方抄(投)中得分后，持拍队员将球发至水区的时间限定内、在限制区与封锁区内完成。

26.2 替补队员上场时应在死球并停止比赛计时钟时进行替换。

26.3 替补队员有权请求替换。他要亲自到记录员处用手做出规定的手势请求“替换”，他应立即做好上场准备，在界外等待。一旦有替换机会，记录员即发出信号，由裁判员招手示意他进场。替换应尽快地完成。

26.4 暂停期间替换，替补队员在进场前须向记录员报告。

26.5 只有在暂停期间水区队员和持拍队员可以与持网队员互换。互换前，互换队员必须向记录员报告，记录员通知裁判员后再进行互换。互换后的持网队员必须符合规则的规定。

26.6 在一个死球并停止比赛计时钟期间，一个队员不能被换下又被换上，或一个替补队员被换上又被换下。

26.7 替换罚点球的队员必须在罚中后才允许替换。如果罚点球队员因受伤而不能进行罚球，要由替换他的队员罚点球。

**27 限制区规则**

27.1 进攻队员不得进入前场的限制区内进攻，防守队员不得进入后场的限制区内进行防守。原地或起跳前不得触及限制线及限制区内的地面。跳起投球或防投球落地时可以触及限制线及限制区的地面，但必须立即退到水区。不得穿越限制区、封锁区及得分区。

27.2 进攻队员可以进入后场的限制区接本方持拍队员传出的球，但必须在5秒钟内离开限制区进入水区。

27.3 违反以上规则为违例。

如发生违例时进攻队员正在投球：

27.3.1 进攻队员违例，不论投(抄)中与否，不判给得分，按违例的罚则处理。

27.3.2 防守队员违例，如投(抄)中判得分，违例不究；如没投(抄)中，按违例的罚则处理。

**28 比赛中断**

28.1 因天气或其他特殊原因使比赛不能继续进行，造成比赛中断，比赛中断前消耗的时间，比分均有效。恢复或改期比赛时，比赛应从原中断处重新开始。

28.2 主裁判员应在记录表上注明比赛中断时已消耗的时间、中断时的比分及当时球的状态。

28.3 因某队对裁判员的判罚不满而引起的比赛中断，在裁判员宣判完并通知比赛继续进行后5分钟，该队还不能恢复比赛或拒绝比赛，即视为该队罢赛，判该队弃权，取消该队比赛资格和比赛成绩，给予竞赛的纪律处分。

**29 弃权或因缺少队员告负**

29.1 比赛开始时某队拒绝比赛，或超过比赛开始时间10分钟球队未出场或能上场的队员不足7名，即判为弃权。对方以5∶0的比分获胜。弃权队要在名次排列中记入0分。凡弃权队，在名次排列中列最后。

29.2 比赛进行中某队场上队员不足4人时(其中至少有一名持拍队员、一名持网队员)，即判该队以缺少队员告负。如当时对方队得分领先，即以比赛停止时的比分作为结局。如当时对方队得分落后，则记录对方队以2∶0的比分获胜。因缺少队员告负的队要在名次排列中记入1分。

**30 半时、决胜期或一场比赛结束**

30.1 表示比赛时间终了的计时员的信号响起，某半时、决胜期或一场比赛结束。

30.2 在比赛结束的信号发出的同时，即使投出去的球在空中，球也立即成死球，比赛(某半时或决胜期)结束。球入网不算得分。

30.3 如果在比赛结束的信号发出的同时，裁判员鸣哨宣判了犯规，球是在比赛结束的信号发出后入网，仍不算得分，但犯规必须判罚，如需罚点球则必须执行。

**31 抗议**

31.1 某队对比赛有异议时，可以在比赛结束后提出抗议。

31.2 队长要在记录表上注明并签字。该队必须在比赛结束后一小时内向仲裁委员会提交书面抗议材料，同时缴纳申诉费。

31.3 仲裁委员会根据仲裁工作程序，对抗议情况进行调查和审理。如胜诉，申诉费退回。

31.4 仲裁委员会的裁决为终审裁决。

## 第六章 水区队员通则

**32 运球**

32.1 水区队员在场上控制一个活球后可在水区内向任何方向运球。将球掷、拍或滚在地面上并在球触及另一队员之前再触及球为运球开始。

32.2 运球过程中必须使球与地面接触，运球的手不和球接触时，运球队员走或跑的步数不受限制。

32.3 用双手同时触及球或使球在一手或两手中停留的瞬间运球即完毕。

32.4 运球结束后不能再运球。除非失去了对球的控制，失去对球的控制是指：投球、球被对方队员拍击、传球或漏接后球触及了另一队员或被另一队员触及。

32.5 下列情况不算运球：

32.5.1 在运球开始或结束时，队员偶然地失掉球，然后恢复控制球(漏接)。

32.5.2 与附近的其他队员抢球中用挑拍以图获得控制球。

32.5.3 拍击另一队员控制的球。

32.5.4 拦截传球并获得该球。

32.5.5 只要不出现带球走违例，允许球在触及地面前在手中抛接和停留。

32.6 违反本条规则为违例(队员在场上没有控制活球就没有这条规则的违例)。

**33 带球走规则**

33.1 持活球的队员可以用同一只脚向任何方向踏出一次或数次(跨步或旋转)，但另一只脚不能离开与地面的接触点，称中枢脚。队员在持着活球进行跨步旋转时必须要有中枢脚。

33.2 确定中枢脚：

33.2.1 队员双脚着地接到球可以用任何一脚作中枢脚。一脚抬起的同时另一脚就成为中枢脚。

33.2.2 队员在移动或运球中接到球：

33.2.2.1 接球时一脚正触及地面，另一脚一触及地面，先触地面的那只脚就成为中枢脚。

33.2.2.2 接球时一脚正触及地面，然后可以跳起这只脚并双脚同时着地，则哪只脚都不是中枢脚。

33.2.2.3 双脚离地接球然后双脚同时着地，则任何一只脚都可以作中枢脚。一脚抬起的同时另一脚就成为中枢脚。

33.2.2.4 双脚离地接球然后两脚分先后着地，则先着地的脚是中枢脚。

33.2.2.5 双脚离地接球然后一脚着地，可以再跳起这只脚并双脚同时着地，则哪只脚都不是中枢脚。

33.3 持球移动：

33.3.1 确定了中枢脚后，在传球和投球中，中枢脚可以抬起，但在球离手前不可以落回地面。

33.3.2 运球开始时，在球离手前中枢脚不可以抬起。

33.3.3 当停步后哪只脚都不是中枢脚时，在传球或投球中一脚或双脚都可以抬起，但在球离手前不可以落回地面。运球开始时，在球离手前哪只脚都不可以抬起。

33.4 违反以上规则为违例(队员在场上没有控制活球就没有这条规则的违例)。

**34 被严密防守的水区队员**

34.1 被严密防守(在正常的一步之内)的水区持球队员要在5秒钟内传、投、滚或运。

34.2 违反以上规则为违例。

**35 队员出界与球出界**

35.1 当队员身体的任何部分接触界线或界线外的地面，或界线外的任何物体时即为队员出界。

35.2 当球触及界线、界线外的地面或界线外的任何物体，或触及界线外的队员或其他人员为球出界。

35.3 在球出界前最后触及球或被球触及的队员是使球

出界的队员。

35.4 如果球出界是由于触及了界线上或界线外的队员或被他所触及，是该队员使球出界。

35.5 违反以上规则为违例。

## 第七章 封锁区、得分区队员通则

**36 封锁区队员行为准则**

36.1 封锁区队员即持拍队员，比赛双方各有两名。

36.2 两名持拍队员双手各持一拍，可在封锁区内用球拍封挡、夹接、按压、挑拨由水区队员投射来的球或其他形式的来球，以阻截球达到防守目的。

36.3 持拍队员身体的基本姿势应正对或侧对水区（不允许面对持网队员），转身或移动的过程中亦不许将身体的正面朝向持网队员。

36.4 封锁区地面是持拍队员身体及器械可接触的区域。持拍队员地面及空间的防守行为须遵守规则37条各款的规定。

**37 持拍队员规定**

37.1 持拍队员不得用手、臂及膝以下部位主动触球。

37.2 获球后或将球封挡在封锁区内后应在5秒钟内将球用球拍抛传给限制区或水区内的同队水区队员。

37.3 原地或跳起封挡球时，身体的任何部位（含器械）不得接触封锁区以外的地面，可以在封锁区内起跳封挡飞越边线上空及边线垂直面外的球后落到边线外，但不得在身体和器械落在场外地面的同时触球，且跳向边线外封挡球时仍受两条延长虚线的限制。可以在封锁区用球拍触及处于限制区内和隔离区内的球，不得在落地时触及隔离区地面或落入隔离区内。如落地时踏及封锁线或进入限制区应迅速返回封锁区(规则36.3)。

37.4 隔离区与得分区之间的界线(得分线)被看作是立体的。防守时持拍队员身体的任何部位(含器械)不得越过得分线的垂直面进入得分区空间或触及得分区的地面，更不能进入得分区触及得分区内的球或与持网队员发生身体(含器械)接触。

37.5 罚则：

37.5.1 违反1、2、3款为违例。对方如抄(投)中，判给得分，违例不究。如对方没有抄(投)中，按违例的罚则处理。

37.5.2 违反4款为技术犯规，对方抄(投)中，判给得1分或2分，再判给一次球权；对方未抄(投)中，判给对方一次点球和一次球权(规则45和48.8)。注：远离球与持网队员的、无意的进入得分区空间或触及得分区的地面可视为偶然，接触到球的、直接影响到持网队员的抄球或直接破坏掉持网队员可能抄中的球时，则必须判罚技术犯规。

**38 得分区队员行为准则**

38.1 得分区队员即持网队员，比赛双方各有一名。

38.2 持网队员手持一个抄网，可在得分区内抄采从水区投射来的或防守队员未挡住的球，球合法抄入网后按规则规定判给得1分或2分。

38.3　得分区地面是持网队员身体及器械可接触的区域。持网队员地面及空间的抄球行为须遵守规则 39 条各款的规定。

**39　持网队员规定**

39.1　持网队员身高的限制：女队员身高不得超过 1.90 米，男队员身高不得超过 1.95 米。违反此款按规则 29.1 处理。

39.2　持网队员不得用手(持网手除外)、臂及膝以下部位主动触球。在得分区内，如不能一次抄球入网，可用抄网的任何部位(含持网的手)连续触球，以控制球并抄入网内。

39.3　得分区与隔离区之间的界线(得分线)被看作是立体的。持网队员身体的任何部位(含器械)不得触及隔离区地面，不得越过得分线的垂直面进入隔离区空间，不得触及处在隔离区内的球。在得分区抄采整个球体越过得分线的垂直面进入得分区的球时，只有在不与对方持拍队员发生身体(含器械)接触的情况下，允许抄网的部分兜口和网兜越过得分线的垂直面。

39.4　持网队员可以在得分区内抄采飞越边、端线上空及边、端线垂直面的球。但向边线外抄球时，球的位置仍受得分线延长虚线的限制。

39.5　持网队员身体及器械的任何部位不得越过得分线的垂直面与对方持拍队员发生身体及器械接触。

39.6　罚则：

39.6.1　违反 2、3、4 款为违例。不论抄中与否不判给得分，按违例的罚则处理。

39.6.2　违反5款为犯规。不论抄中与否不判给得分。判给对方一次点球，按点球的罚则处理(规则48.7、49)。

## 第八章　违例、犯规与罚则

**40　违例**

40.1　违例是违反规则。

40.2　罚则是发生违例的队失去球权。将球判给对方队员在违例地点最近的边线外掷界外球继续比赛。罚点球时违例由对方队员在罚球点最近的边线外掷界外球继续比赛。封锁区、得分区违例由对方队员在违例地点就近的限制线终端的边线外掷界外球继续比赛。

**41　犯规**

41.1　犯规是违犯规则的行为，含有与对方队员的身体接触或违反体育道德的举止。

41.2　对犯规队员要进行登记，随后按规则有关条款的罚则进行处理。

41.3　一名队员不论侵人犯规或技术犯规共达5次时，在得到通知后必须自动退出比赛。

**42　侵人犯规**

42.1　侵人犯规是不管在活球还是死球时涉及与对方队员非法接触的队员犯规。

42.2　水区队员不准通过伸展他的手、臂、肘、肩、髋、腿、膝或脚，或将他的身体弯曲成“反常的”姿势来拉、阻挡、推、撞、绊对方队员以阻碍其行进；也不准放纵任何粗野或猛烈的动作。

42.3 水区防守队员在防守时必须首先建立最初的合法防守位置。即：面对对手，两脚以正常的跨立姿势着地。合法的防守位置垂直伸展到他的上方，他可以将双臂举过头或垂直跳起。防守队员建立最初的合法防守位置，必须在占据位置前没有造成身体接触。一旦防守队员已建立最初的合法防守位置，他可以移动以便防守他的对手，但不得伸展他的臂、肩、髋或腿以及通过做这些动作造成接触去阻止从他身边通过的运球队员。如造成身体接触是防守队员犯规。但进攻的持球队员必须料到对方的防守并必须准备停步或改变方向。只要防守队员在持球队员面前先占据了合法的防守位置，持球队员与防守队员的身体接触发生在躯干部位，是进攻的持球队员犯规。

42.4 水区队员在防守对方的无球队员时，必须考虑时间与距离的因素，不能特别近或特别的在正在移动的对方队员的路径上占据一个位置。如果防守队员在占位时不顾时间和距离的因素并与对方无球队员发生接触，或虽然已占据了合法的防守位置，却不让对手通过而在他的路径中伸展臂、肩、髋或腿来与对手发生接触，是防守队员犯规。

42.5 队员在水区以正常的姿势占据地面空间受垂直原则保护，在占位与身体接触中也受垂直原则限制。

这个原则保护队员所占据的水区地面空间和他上方的空间或他垂直跳起时下方的空间。每一队员都有权占据没有被对方队员已经占据的任何水区位置，一旦队员离开了他的垂直位置并与已经确立了垂直位置的对方队员发生身体接触，则离开了垂直位置的队员对此接触负责。

42.6 掩护：是队员试图阻止同伴的防守者的防守行动，以使同伴摆脱防守的行为。掩护必须是在发生接触时掩护者双脚着地并且静止不动。不能在移动中与被掩护者发生接触，也不能在静立的被掩护者的视野之外进行掩护时与被掩护者发生接触。在静立的被掩护者的视野之外或被掩护者正在移动中进行掩护时，必须给被掩护者留出一步距离。如果在静立的被掩护者的视野之内进行掩护，只要不发生接触，掩护者可以尽量靠近对手。与建立了合法掩护的队员发生接触由被掩护者负责。

42.7 非法用手：用手或臂放置在持球或不持球的对方水区队员身上并保持与他的接触，或伸展手臂妨碍和阻挠持球或不持球的对方水区队员是犯规。如果队员确实是为了去抢球，在抢球中附带地接触了持球队员的手，不是犯规。持球队员不能为了获得利益用手臂或肘钩住防守队员，或运球时用伸展前臂或手来阻止防守队员获得球，不能为阻止抢球或为在他和防守队员之间造成更大空间而推开防守队员。

42.8 封锁区的持拍队员和得分区的持网队员不得越区

与对方发生身体或器械的接触。

**43　双方犯规**

43.1　双方犯规是两名对抗的队员大约同时互相发生接触的犯规。

43.2　罚则见规则48.12。

**44　违反体育道德的犯规**

44.1　队员不顾及规则的规定在对方队员身上发生过分的接触(严重犯规)或队员有意使用危险动作与对方队员发生身体接触为违反体育道德的犯规。

44.2　猛烈拉、打、推对方队员通常是违反体育道德的犯规。

44.3　持拍队员进入限制区与对方水区队员发生身体(含器械)接触或猛烈接触。

44.4　持拍队员不顾及隔离区与得分线垂直面的限制故意将身体的任何部位(含器械)越过得分线的垂直面进入得分区与对方持网队员发生身体(含器械)接触，或持拍队员正常阻截投射球未果后，用球拍猛烈拍打、抡、砍、砸对方持网队员与网。

44.5　持网队员不顾及得分线垂直面与隔离区的限制，故意将身体的任何部位(含器械)越过得分线的垂直面进入隔离区或封锁区与对方持拍队员发生身体(含器械)接触。

44.6　持网队员抄球动作明显不是向球，而是打在对方持拍队员身上。

44.7　在进攻方向的后场，持拍队员和持网队员在没有攻守的情况下与对方发生身体(含器械)接触。

**45　　技术犯规**

45.1　比赛的正当行为要求双方球队的成员(队员、教练员、替补队员及随队人员)与裁判员及其助理人员有完美和真诚的合作。比赛双方均有权做出最大的努力来获得胜利，但胜利的取得必须符合体育道德精神和良好的比赛作风，任何故意的投机取巧性的再三违反上述的合作或本规则的精神的行为都是技术犯规。

45.2　队员的技术犯规：

45.2.1　同裁判员、记录台人员或对方队员讲话或接触没有礼貌。

45.2.2　使用可能引起冒犯或煽动观众的言语或举止。

45.2.3　戏弄对方或在对方眼前摆手妨碍他的视觉。

45.2.4　妨碍迅速地掷界外球以延误比赛或以任何方式阻碍比赛的正常进行。

45.2.5　被判犯规后，在裁判员要求举手时不正正当当地举手。

45.2.6　擅自更换比赛号码。

45.2.7　替补队员进入场地没有报告记录员以及没有得到裁判员的招呼。

45.2.8　离开场地去获得不正当的利益或进入不该进入的场区干扰与恐吓对方队员。

45.2.9　持拍队员用球拍的侧面砍击球，或用力拍击球拍、抛掷球拍妨碍持网队员的正常抄球。

45.2.10　持拍队员防守时将身体的任何部位(含器械)越过得分线垂直面进入得分区，无论是否触球，以妨碍对方持网队员抄球(罚则见 37.5.2)。

45.2.11 罚点球时，持拍队员出现规则 45.2.10 的情况(规则 48.14)。

45.2.12 持网队员抄采持拍队员已挡在封锁区内的球或已被夹接的球。

45.2.13 持网队员故意抛掷抄网。

45.3 教练员、替补队员的技术犯规：

45.3.1 藐视、指责和污辱裁判员与记录台人员，妨碍比赛的正常进行；与记录台人员交涉没有礼貌。

45.3.2 离开球队席范围到场地的各处走动。

45.3.3 没有得到裁判员的允许进入场地。

45.4 比赛的休息时间内也可宣判技术犯规。比赛的休息时间是指：比赛开始前的 10 分钟、两半时之间的时间间隔和下半时与决胜期之间的时间间隔。

**46 取消比赛资格的犯规(红牌)**

46.1 任何违反体育道德的犯规、技术犯规中十分恶劣的不道德的犯规是取消比赛资格的犯规，将被出示红牌罚出场。

46.2 教练员因本身违反体育道德的行为被登记了 2 次技术犯规，或因球队席人员违反体育道德的行为(登记在教练员名下)而被累积登记了 3 次技术犯规，或 3 次技术犯规中有 1 次是教练员本身的技术犯规时将被取消比赛资格。

**47 打架**

47.1 因任何原因发生打架或球队的任何成员参与打架将被取消比赛资格出示红牌罚出场。

47.2　按取消比赛资格犯规的罚则和红黄牌的规定处理。

**48　罚则**

48.1　所有的犯规均须登记。

48.2　对没有做投球动作的水区队员犯规，由受侵犯队在犯规地点最近的边线外掷界外球继续比赛。

48.3　每半时，一个队的队员侵人犯规、技术犯规次数累计 8 次后，所有以后发生的队员的侵人犯规(规则 48.4 除外)都要判罚一次点球，由受侵犯的队员执行。

48.4　控制球队的队员侵人犯规，由对方队员在犯规地点最近的边线外掷界外球继续比赛。

48.5　对正在投球的水区队员犯规，投(抄)中判给得 1 分或 2 分，只登记犯规，不再处罚，按抄(投)球入网得分的规定继续比赛。投(抄)不中，判给受侵犯的队一次点球，由受侵犯的队员执行。

48.6　对正在投球的水区队员犯规，球投出后，持网队员抄球时持拍队员又犯规(规则 44、45)，投(抄)中判给得 1 分或 2 分。再判给受侵犯的队一次掷球权。投(抄)不中，判给受侵犯的队一次点球和一次掷球权。点球由受侵犯队的队长指定队员执行。掷球权由受侵犯的队在罚球点最近的边线外掷界外球继续比赛。

48.7　抄球(含点球)时，持网队员对持拍队员犯规(规则 44、45、46 除外)抄中不能判给得分，判给对方一次点球继续比赛。抄采后续有掷球权的点球时(规则 44、45、46)，持网队员犯规(规则 44、45、

46 除外)，抄中不能判给得分，中止点球并取消该队掷球权，判给对方一次点球继续比赛。抄网队员被判规则 44、45、46 条的犯规时，抄中不能判给得分，如该队有后续的掷球权将被取消，由对方按规则 44、45、46 条的罚则处理。

48.8 所有比赛期间的技术犯规、违反体育道德的犯规，犯规时投(抄)中，判给得 1 分或 2 分。再判给犯规队的对方一次掷球权。犯规时投(抄)不中(持网队员犯规并抄中时不能判给得分)，判给犯规队的对方一次点球和一次掷球权。点球由犯规队的对方队长指定队员或受侵犯的队员执行。掷球权由犯规队的对方在罚球点最近的边线外掷界外球继续比赛。

48.9 所有的被出示红黄牌的犯规，不论犯规时投(抄)中与否(持网队员犯规并抄中时不能判给得分)，判给犯规队的对方一次点球和一次掷球权。点球由犯规队的对方队长指定队员或受侵犯的队员执行。掷球权由犯规队的对方在罚球点最近的边线外掷界外球继续比赛。

48.10 罚球过程中，防守队可能出现重复的处罚点球罚则的犯规，此种情况下，随前面犯规而罚(抄)中应判给得分。即使没有罚(抄)中，也只执行后续的犯规罚则。前面犯规的罚则不再续补。

48.11 比赛前和比赛休息期间的任何技术犯规，均只判罚一次点球。在每半时或决胜期中圈发球前，先由犯规队的对方队长指定队员罚一次点球，不论罚中与否(点球时持拍队员又犯规除外)，点球后中圈发球开始比赛。

48.12 双方犯规的罚则：

48.12.1 双方犯规的同时，有一个队控制球，由控制球的队在球中断处最近的边线外掷界外球继续比赛(25秒连续计算)。

48.12.2 双方犯规时，投(抄)中得分，按抄(投)球入网得分的规定继续比赛。

48.12.3 双方犯规时没有投(抄)中得分且双方都没有控制球，则由双方任一水区队员在中圈跳球继续比赛。

48.12.4 双方犯规与另一起犯规同时出现时，只处罚另一起犯规。

48.13 特殊情况下的犯规及罚则：

在一起犯规后的同一个停止比赛计时钟期间发生多起犯规或水区犯规后拍网队员又犯规时，可能出现本规则所未预见到的情况，在此情况中运用下述原则进行处理：

48.13.1 登记所有的犯规。

48.13.2 伴有合法得分时应判给得分，但持网队员抄球时如有任何犯规，抄中不能判给得分。

48.13.3 某队出现多起的处罚点球罚则的犯规时，一个处罚过程最多判给一个队一次点球和一次掷球权。但罚则一经执行，一个处罚过程即已结束。

48.13.4 双方的犯规罚则相同时，相互抵消，均不处罚。由双方任一水区队员在中圈跳球继续比赛。如后续还有罚则，抵消双方所有相等的导致跳球的犯规罚则。

48.13.5 双方所有被保留的犯规罚则要按犯规发生的顺序执行。

48.13.6 除保留执行的最后罚则中的球权外，取消所有点球后的球权。

48.14 红黄牌规定：

48.14.1 规则 44、45 中犯规的严重者和屡犯者，将被出示黄牌。

48.14.2 防守点球时，违反规则 44、45 的持拍队员将直接被出示黄牌。

48.14.3 极为严重、恶劣的违反规则 44、45 或一场比赛中累积两张黄牌者，将被出示红牌罚出场，取消比赛资格。

48.14.4 被出示红黄牌后，作为惩罚，点球时只能由未被罚的持拍队员防守。不得防守的持拍队员要站在边线外等待，点球后再进场参加比赛。

48.14.5 红牌及一场比赛累积两张黄牌罚下的队员、球队席人员不得再上场比赛，须离开比赛场地。下一场比赛将自动停赛一场。罚下的队员可由替补队员替换。在一个联赛的不同场次中累积两张黄牌后，下场比赛也将自动停赛一场。

48.14.6 红黄牌除上述各款规定外，比赛中的罚则同规则 48.8。

**49 点球**

49.1 当宣判犯规且罚则是判给点球时，给予一个队员在罚球点上，在无争抢的情况下向抄网投球的机会。

49.2　只有在封锁区和得分区发生的犯规以及技术犯规造成的点球不限定罚球队员，其他情况下应由受到侵犯的队员执行点球。

49.3　如果罚球队员被请求替换，他在离场前必须执行罚球。

49.4　如果被指定的罚球队员因受伤或被取消比赛资格而必须离场时，替换他的队员必须执行罚球。如果没有有效的替补队员，要由队长或队长指定的队员罚球。

49.5　罚球队员应一脚踏在罚球点上，在球出手前，踏在罚球点上的脚必须有部分脚掌保持与罚球点的接触。身体的任何部位不得接触罚球点(向两边线)延长线前面的地面。裁判员鸣哨后必须在5秒钟内罚球出手。

49.6　罚球时双方其他的水区队员要站在罚球点及其(向两边线)延长线后面的场区内。离罚球队员的距离至少1米。球出手前身体的任何部位不得接触罚球点及其(向两边线)延长线前面的地面。

49.7　罚点球时给予得分区的持网队员、封锁区的持拍队员与比赛进行中同样的行为准则与规定。持网队员违例抄(罚)中不算，持拍队员违例抄(罚)中判给得分,违例不究；抄(罚)不中,重新执行罚球(规则39.5、48.7、48.14)。

49.8　所有的点球罚中得1分。

49.9　罚点球结束后按有关条款规定继续比赛。

# 第九章　名次评定

**50**　**名次评定**

比赛队以其胜负场次的积分排列名次，胜 1 场得 2 分，负 1 场得 1 分。积分多者名次列前。

**51**　**积分相等时的名次排列**

51.1　如果两队积分相等，则以两个队之间比赛的结果确定名次。胜者名次列前。

51.2　如果两队以上积分相等，则以积分相等队之间在该阶段比赛的得失分率确定名次。

51.3　如果仍有积分相等，则以积分相等队之间在该阶段所有比赛的得失分率确定名次。

# 第十章　裁判人员及其职责

**52**　**裁判人员**

52.1　比赛设裁判长 1 人，副裁判长 2～3 人，裁判员若干人。

52.2　每场珍珠球比赛的裁判人员包括：主裁判员 1 名，副裁判员 2 名，记录员、助理记录员、计时员、25 秒钟计时员各 1 名。

**53**　**裁判人员职责**

53.1　裁判长职责

53.1.1　全面主持整个比赛过程，安排竞赛日程和裁判人员的分工。

53.1.2　依据规则精神，解决比赛过程中出现的疑难问题。

53.1.3　对比赛中出现的弃权、罢赛等情况做最终判定。

53.2　副裁判长职责

53.2.1　协助裁判长工作。在裁判长缺席时代理裁判长职责。

53.2.2　根据裁判长的安排，负责比赛工作的记录编排及后勤工作。

53.2.3　比赛期间，根据裁判长的安排，负责部分比赛场地的裁判工作。

53.3　主裁判员职责与权力

53.3.1　检查、批准在比赛过程中使用的所有器材。

53.3.2　指定正式的比赛计时钟，并确认记录台人员。

53.3.3　不得允许任何队员佩戴对其他队员有危险的物品。

53.3.4　每半时、每一决胜期的开始主持中圈发球。

53.3.5　准许更换比赛用具。

53.3.6　最后判定抄入网中的球是否得分。决定裁判员意见不一致的判罚，情况需要时，做出最终的决定。

53.3.7　如情况需要有权停止比赛，如球队在得到通知后拒绝比赛或其行动阻碍比赛的进行，有权判定该队弃权。

53.3.8　主裁判员有权决定规则中未明确规定的事项。

53.4　裁判员职责

53.4.1　有权对发生在场内场外的违反规则的行为做出宣判。在预定的比赛开始前10分钟开始行使权力直至比赛结束，比赛时间终了后，经主裁判员批准并在记录表上签字，终止裁判员和比赛的联系。

53.4.2 赛前检查两队的比赛用具和服装。掌握球成活球的时机、决定何时成死球、令比赛时间停止，招呼替补队员进场、宣判违例与犯规并执行罚则。

53.4.3 除判定得分必须由主裁判员最后认可外，任一裁判员无权取消或质问另一名裁判员在规则规定的各自职权范围内所作的宣判。

53.4.4 担任一场比赛的裁判员不应与场上任一队有任何方式的联系。

53.4.5 裁判员比赛中的服装应为：与比赛队不同颜色的有色上衣、黑色长裤、黑色袜子和黑色运动鞋。

53.5 记录员、助理记录员职责

53.5.1 按规则的规定使用比赛记录表。记录双方投中、罚中的分数、全队累积分数、双方犯规次数。

53.5.2 某队员 5 次犯规或某队每半时全队犯规次数累计达 8 次时通知裁判员。

53.5.3 按规则的规定发出暂停、替换信号。

53.6 计时员职责

53.6.1 按规则的规定操纵比赛计时钟。

53.6.2 至少每半时比赛开始前 3 分钟通知球队和裁判员。

53.6.3 计暂停时间并在暂停已达 50 秒钟时发出信号。

53.6.4 用响亮的信号表示每半时或决胜期的时间终了。

53.7 25 秒钟计时员职责

53.7.1 按 25 秒钟规则操纵 25 秒钟计时装置。

53.7.2 25 秒钟到时发出信号。

# 第十一章　裁判员手势

**54**　　**手势**

54.1　得1分提示：单手伸出食指指尖向上，置于体前、肩上、眼高位置。

54.2　得1分：（主裁判鸣笛判定时）由提示手势举至头部侧前上方。

54.3　得2分提示：双手伸出食指指尖向上，置于体前、肩上、眼高位置。

54.4　得2分：（主裁判鸣笛判定时）由提示手势举至头部侧前上方。

54.5　五秒违例：停表手势后，五指自然张开，置于体前头部高度。

54.6　得分无效：两臂体前交叉摆动。

54.7　换人：两臂屈于胸前，两手伸直并交叉。

54.8　比赛时间开始：单臂上举、手掌由上向侧下轻摆。

54.9　暂停：一手掌平伸，另一手食指触掌心呈T形。

54.10　带球跑：曲臂于胸前，握拳，两小臂交互旋转。

54.11　非法运球（两次运球）：两手作上下拍击动作。

54.12　侵人犯规：单臂握拳上举。

54.13　推人犯规：双手摸仿推人动作。

54.14　非法用手犯规：以一手掌侧面轻击另一手手腕。

54.15　阻挠犯规：一手抓另一手手腕。

54.16　阻挡犯规：两手叉腰。

54.17　撞人：一手握拳击另一手掌。

54.18　技术犯规：两手掌成 T 形。

54.19　取消比赛资格的犯规：出示红牌，一手指向场外。

54.20　违反体育道德的犯规：双臂上举，一手抓另一握拳手手腕。

54.21　双方犯规：头上交叉双拳。

54.22　准备好了：单臂前伸，跷起拇指。

54.23　争球：两臂前伸，两拇指跷起。

54.24　侵区违例：一臂前平举，掌心向下，另一臂弯曲，掌心向下，小臂搭在平举的手臂上。弯曲手臂的指尖指向侵区方向。

54.25　侵区技术犯规：将侵区违例的手势上举于头上。拍网队员技术犯规时，可以此手势与技术犯规的手势并用。

# 珍珠球竞赛裁判法

## 前　言

《珍珠球竞赛裁判法》是根据珍珠球竞赛特点而设计的。它能够帮助裁判员在比赛中占据最佳的观察位置，以便跟随比赛的进行和变化，正确、及时地判断和处理有关违反规则的各种情况。《珍珠球竞赛裁判法》介绍了珍珠球裁判员应具备的基本素质和工作程序，以及在不同的情况下裁判员在场上的分工职责、选位、跑位路线等。它将有助于珍珠球裁判员更好地完成执法任务，保证比赛圆满顺利地进行。

## 第一章　裁判员应具备的基本素质

优秀的裁判员应具备较高的思想素质和业务素质，做好裁判工作有助于运动员养成遵守竞赛规则、公平竞争的习惯，对提高比赛的水平具有十分重要的意义。裁判员应当不断地学习研究，透彻地理解规则，使自己执法的比赛更加精彩激烈。并力求通过自己对规则的理解，使每一场比赛都能在正确的精神的指导下进行。因此，裁判员应具备以下几种素质：

（一）热爱民族体育事业，工作积极认真，责任心强，严格遵守严肃、认真、公正、准确的基本原则，具有较高的职业道德素质。

（二）裁判员要具备良好的心理素质，对比赛要保持一种不带任何感情色彩的冷静而自信的态度。任何时候都应集中精力，沉着果断。

（三）裁判员要精通规则、裁判法，掌握珍珠球运动规律；通晓技术战术知识，对任何违背规则精神和体育道德的行为都应给予严厉的判罚，使运动员认识到裁判员执行规则的坚决性。

（四）裁判员自身要加强体能训练，提高速度、耐力和灵敏等身体素质以适应比赛的需要。

## 第二章　裁判人员工作程序及要求

比赛设裁判长 1 人，副裁判长 1～2 人，裁判员、助理裁判员若干人。

**一、裁判长**

（一）比赛前的工作与要求。

1. 组织召开裁判组工作会议。

为了完成好裁判任务，裁判长应在比赛前组织召开全体裁判员工作会议。会议内容主要包括以下几点：

（1）学习大会有关文件，加强裁判员的思想教育。

（2）组织裁判员学习竞赛规则，统一判罚尺度。

（3）解决各种疑难问题。

2. 负责检查场地器材，安排竞赛日程和裁判员及助理裁判员的分工。

（二）比赛中的工作与要求。

1. 全面组织和领导裁判工作。

2. 根据规则的精神解决比赛中的各种问题。

（三）比赛结束后的工作与要求。

主持召开裁判工作总结会议，认真总结经验，帮助裁判员和助理裁判员提高业务水平。

**二、副裁判长**

（一）比赛前的工作与要求。

1. 协助裁判长组织学习与实习。

2. 组织安排发放裁判员用品、检查记录台工作的准备。

（二）比赛中的工作与要求。

根据比赛场地的分布，负责其中一场地的比赛监督工作，对相关技术问题予以解决。

（三）比赛后的工作与要求。

总结经验，协助裁判长做好善后工作。

**三、主裁判员**

（一）比赛前的工作与要求。

1. 准备好裁判员的服装和裁判用具。

（1）裁判员着装要求：

①两套短袖上衣和运动长裤。

②服装统一，颜色有别于比赛队。

③鞋具应能适应比赛场地的状况，具有防滑性能。

（2）临场裁判员随身携带音质响亮的哨子，可加备用哨。

2. 召集两名副裁判员开好准备会，明确临场裁判工作中相互间的配合，具体内容如下：

（1）比赛入场式或赛前介绍、比赛开始时的配合。

（2）统一判罚尺度及有关规定。

（3）分工和配合，特别是同时鸣哨时的处理方法。

（4）特殊情况下的选位和配合。

（5）对犯规、违例、罚点球、发界外球等宣判的配合。

（6）比赛时间终了时(上、下半场，决胜期)的配合。

（7）暂停、换人的配合。

（8）对比赛队的技战术分析及重点队员的技术和品德的分析。

（9）对比赛场地、器材检查的分工配合。

3. 裁判员要提前40分钟到达比赛场地，立即向裁判长报到，并做好比赛开始前的各项工作。

4. 检查比赛场地、器材。

主裁判员负责安排检查比赛场地及比赛器材(副裁判员协助)。

（1）检查比赛场地。

检查场地是否符合规格，界线是否清晰。对危及运动员安全的物品或设施，及时清除或妥善处理。

（2）检查比赛器材，包括比赛用球、拍和抄网。

（3）检查记录台准备工作：电子计时钟(表)、25秒计时器、秒表、犯规次数示意牌、广播器材等。

5. 按规则与裁判法的要求履行赛前的其他职责。

6. 做好身体和心理的准备。

珍珠球比赛场地区域较多，身体对抗激烈，攻防转换迅速。因此，裁判员应具备一流的身体素质，每名裁判员到达赛场后，要以不同的方式做好体力上和精神方面的准备，做好准备活动，使身体的各个系统都能适应激烈比赛的需要。同时也避免裁判员在临场工作中受伤。

（二）比赛中的工作与要求。

比赛中，主裁判员应依据规则与裁判法全面履行自己的职责，主持比赛场上的裁判工作，有权决定涉及比赛的一切问题，包括规则中没有涉及的问题。执法时，应看清事实，依据规则准确判罚。

（三）比赛结束后的工作与要求。

1. 当听到比赛结束的信号时，主裁判员应对发出信号时瞬间发生的各种情况做出最后的判定。

2. 主裁判员认真检查核对记录表，并在记录台人员和两名副裁判员签字后，在记录表上签字结束比赛。

3. 比赛结束后与两名副裁判员一起退场。

4. 认真及时地总结临场工作。

**四、副裁判员**

（一）比赛前的工作与要求。

1. 准备好裁判服装和裁判用具，其服装和用具与主裁判员相同。

2. 与主裁判员一起到达比赛场地，协助主裁判员检查比赛场地、器械。

3. 做好准备活动。

4. 依据规则与裁判法履行自己的职责。可按照主裁判员的安排，协助主裁判员做好入场前的各项工作。

5. 在主裁判员的带领下，组织双方运动员入场。

（二）比赛中的工作与要求。

1. 依据规则与裁判法履行临场职责，在规则规定的职权范围内，对所辖区域的情况看清事实，及时鸣哨，准确判罚。

2. 必要时，有责任为主裁判员提供真实情况，由主裁判员做出最终判定。

（三）比赛后的工作与要求。

1. 第二副裁判员和第一副裁判员依次在记录表上签字。

2. 比赛结束后，与主裁判员一起退场。

3. 认真总结临场经验。

**五、助理人员**

比赛场区的记录台可设 4～6 名助理人员，包括：一名记录员，一名助理记录员(宣告员)，一名计时员，一名 25 秒钟计时员等。

（一）助理人员的着装要求：全体人员着装整洁统一，可着礼服或运动套装。

（二）助理人员工作与要求：

1. 记录员：

（1）比赛前的工作与要求。

①准备好记录表一份，应有备用记录表。

②准备好临场用品，如电子计时钟(表)、25 秒钟计时器、比赛记录表、成绩报告单、秩序册、圆珠笔、复写纸、夹板、红(黄)牌、锣等。

③按秩序册和两队交来的参赛队员登记表在记录表预先登记好比赛队、时间、地点、组别及双方运动员的姓名、号码、队长等。

④主裁判员鸣哨比赛开始前，核对双方上场队员是否正确，并通知主裁判员。

（2）比赛中的工作与要求。

①记录比赛中的每一次得分，同时登记得分队员号码。

②记录比赛中双方教练要求的暂停次数。

③记录双方队员的每一次犯规，并记录每一次犯规的时间。

④记录要快速准确，不得涂改。

（3）比赛结束后的工作与要求。

①登记比赛结果并签名。

②请主、副裁判员依次签名。

③将记录表报赛会竞赛处。

2. 计时员：

（1）计时员的工作与要求。

①检查计时钟(表)的工作是否正常。

②准确操作计时钟(表)，协助记录员记录比赛时间(上、下半场)、暂停时间、决胜期时间(上、下半场)，暂停、换人、比赛结束后发出信号等。

③比赛结束后交主裁判员核对时间。

④在记录表上签字。

（2）25 秒钟计时员的工作与要求。

①准确操作计时钟(表)，当进攻队 25 秒钟违例时，立即用三音哨鸣示。

②比赛结束后在记录表上签字。

3. 助理记录员(宣告员)：

（1）宣告双方队员入场，并介绍运动员、教练员、裁判员。

（2）宣告暂停、换人，在半场、全场以及决胜期比赛结束信号发出后进行宣告。

（3）应记录台要求宣告有关事宜。

（4）比赛结束时宣告比赛成绩。

## 六、比赛中的程序术语与名称

（一）名称。

1. 水区裁判(W)：位于球场水区之中的裁判员。

2. 对侧裁判(O)：跑向记录台对侧场角边线外延长虚线位置并停留在该位置的裁判员。

3. 同侧裁判(S)：跑向记录台同侧场角边线外延长虚线位置并停留在该位置的裁判员。

4. 对侧：指远离记录台场地边线的一侧。

5. 同侧：指靠近记录台场地边线的一侧。

6. 拍网区域：限制区、封锁区、隔离区及得分区统称为拍网区域。

（二）比赛中的程序术语。

换位：当出现攻守转换时，水区裁判员跑向新的进攻方向的右侧场角边线外延长虚线位置(对侧或同侧)，担任新的对侧或同侧裁判；进攻方向左侧的裁判员跑向新的进攻方向的左侧场角边线外延长虚线位置(同侧或对侧)，担任新的同侧或对侧裁判；另一裁判员跑向水区，担任新的水区裁判。三名裁判员改变位置。

在前场宣判犯规后且进攻方向不变的情况下，宣判犯规的裁判员与水区裁判员互换位置；水区裁判员宣判犯规后，再回到水区(含只有水区裁判在后场并宣判犯规时)。其他情况下，按攻守转换时的方法进行。

# 第三章　比赛开始

## 一、赛前及准备活动时的站位(图 1)

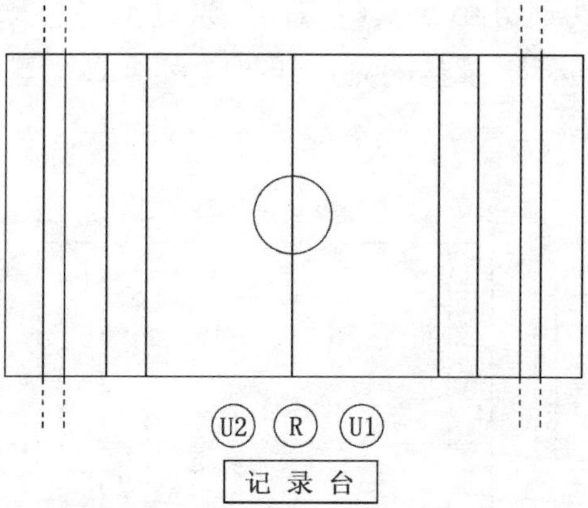


**图 1　赛前及准备活动时的站位**

1. 主裁判员和两位副裁判员占据记录台前面的边线位置。

2. 主裁判员 R 应在距边线 1 米左右，中间站位。副裁判员 U1 站在主裁判员右侧大约 2 米处，观察赛场右端的准备活动情况。副裁判员 U2 站在主裁判员左侧大约 2 米处，观察赛场左端的准备活动情况。

3. 比赛前 10 分钟，主裁判员应审核记录表上双方的名单和教练员签字、首先上场的双方阵容，并召集双方队长抛币选择球权及进攻场区。

4. 比赛开始前 6 分钟，介绍运动员、教练员和裁判员。距比赛开始还有 1 分钟时记录台发出信号，主裁判员应鸣哨，要求运动员回到各自的球队席区，并做好最后的准备以开始比赛。

## 二、比赛开始时裁判员的站位

主裁判员 R 移动到中圈准备开球。副裁判员 U2 移动到记录台对侧边线外中线右(左)侧 6 米处准备开始比赛。副裁判员 U1 移动到记录台同侧边线外中线左(右)侧 6 米处准备开始比赛。(图 2)

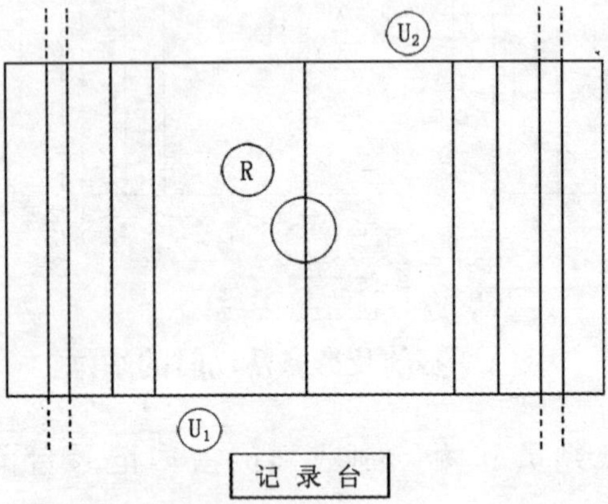


**图 2　比赛开始时裁判员的站位**(向记录台右侧进攻)

## 三、裁判员通常的场上位置

三人执裁中，裁判员应始终试图保持一个不太规则的三角形位置，当球运动和转移到不同的位置或出现球权改变时，裁判员们也要努力地去维持这个三角形位置。

## 四、比赛开始的发球

(一) 右方向行进。

1. 主裁判员面向记录台负责执行发球，在与两名裁判员联系后将球递交给发球队员，鸣哨并做出开表手势开始发球。比赛开始后担任水区裁判(W)。

2. 副裁判员 U2 快速向记录台右侧的前场跑至延长虚线位置，担任对侧裁判(O)(中圈发球时他固定是担任对侧裁判)。副裁判员 U1 负责与主裁判员及记录台的联系并在记录台同侧移动，去担任同侧裁判(S)。他可先停留在封锁线的边线外观察本区并协助主裁判员兼顾水区，根据水区的攻守情况随时移动至同侧延长虚线的位置。水区队员投球时或球到同侧角区时则必须处在同侧延长虚线的位置上。(图3)

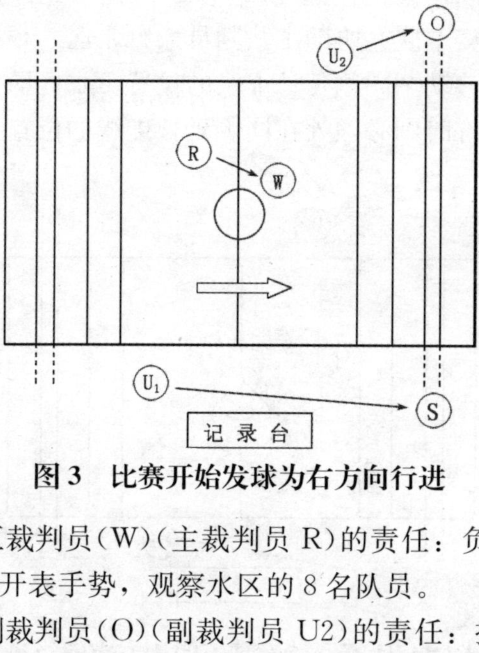


**图3　比赛开始发球为右方向行进**

3. 水区裁判员(W)(主裁判员 R)的责任：负责递交球，鸣哨，做出开表手势，观察水区的8名队员。

4. 对侧裁判员(O)(副裁判员 U2)的责任：按划分的区域，负责观察本区及共管区的攻防3名队员的责任。

5. 同侧裁判员(S)(副裁判员 U1)的责任：在记录台同侧，快速向右侧移动，到位前协助(W)观察水区情况，到位后观察本区及共管区的攻防3名队员的情况。

(二) 左方向行进。

1. 主裁判员面向记录台负责执行发球，在与两名裁判员联系后将球递交给发球队员，鸣哨并做出开表手势开始发球。比赛开始后担任水区裁判(W)。

2. 副裁判员 U2 快速向记录台左侧的前场跑至延长虚线位置，担任对侧裁判(O)(中圈发球时他固定是担任对侧裁判)。副裁判员 U1 负责与主裁判员及记录台的联系并在记录台同侧移动，去担任同侧裁判(S)。他可先停留在封锁线的边线外观察本区并协助主裁判员兼顾水区，根据水区的攻守情况随时移动至同侧延长虚线的位置。水区队员投球时或球到同侧角区时则必须处在同侧延长虚线的位置上。(图4)

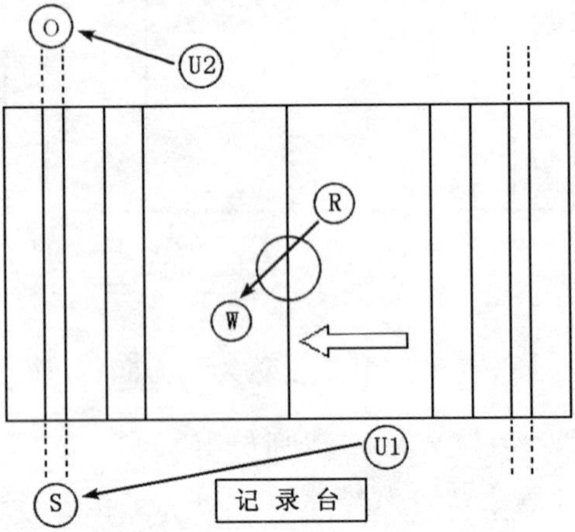


**图 4　比赛开始发球方向为左方向行进**

3. 水区裁判员(W)(主裁判员 R)的责任：同第三章四(一)3 水区裁判员(W)的责任。

4. 对侧裁判员(O)(副裁判员 U2)的责任：同第三章四(一)4 对侧裁判员(O)的责任。

5. 同侧裁判员(S)(副裁判员 U1)的责任：同第三章四(一)5 同侧裁判员(S)的责任。

# 第四章　裁判员的位置、职责及区域分工配合

## 一、管辖区域的划分

1. 水区：水区裁判员管辖的区域。

2. 大 1/2 区：对侧裁判员管辖的区域（假想的球场纵轴平分出的记录台对侧的半个拍网区域）。

3. 小 1/2 区：同侧裁判员管辖的区域（记录台同侧的半个拍网区域的外侧一半）。

4. 中间共管区：对、同侧裁判员共同管辖的区域（图5中阴影部分）。

5. 对侧角区、同侧角区：对、同侧裁判员协管的区域（假想的罚球点与边线垂直连线的交点至限制线 1/2 区的中点直线连线画出的水区边角）。（图5）

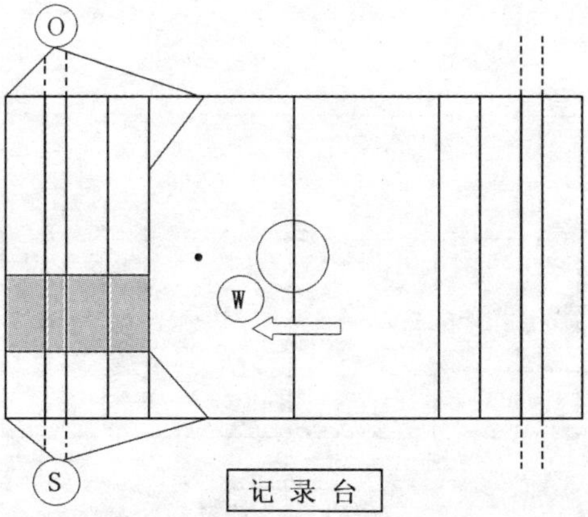


**图 5　裁判员管辖区域**

## 二、某队进攻时的基本位置与职责

1. 水区裁判员(W)一般在进攻方向的左后方侧对进攻方向落位并移动(便于后续位置的轮转)，保持对场上场下的监控。球到远侧角区内或情况需要时再移动至场区必要的位置。

2. 由水区跑至对侧(或同侧)的裁判员(O、S)在确定了进攻方向后就应迅速地在球进入拍网区域前移动至该侧延长虚线处，并保留在该处，自始至终地监控拍网区域，尽可能兼顾远离水区裁判的本侧角区，防止死角漏判，看清攻守的全过程。

3. 沿边线跑至同侧(或对侧)的裁判员(S、O)须快速跑到封锁线的边线外，观察本区并在水区裁判没到位的情况下兼顾本侧角区，防止死角漏判，根据水区的攻守情况随时移动至本侧延长虚线的位置。水区进攻队员投球的一刹那或球到本侧角区时则必须处在本侧延长虚线的位置上。任何情况下全力保证到位。(图 6)

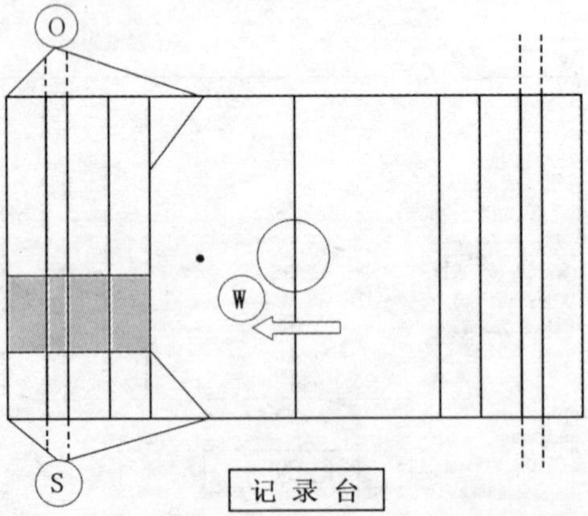


**图 6　裁判员在某队进攻时的管辖区域**

### 三、攻守转换时的位置改变与职责

1. 水区裁判员应迅速跑到新的进攻方向前场的右侧场角边线外延长虚线位置(对侧或同侧)，担任新的对侧或同侧裁判。必须在球进入拍网区域之前到位，自始至终监控拍网区域。如快攻中同侧或对侧裁判不能及时跑到位置，他应观察整个拍网区域并以隔离线到端线间两区三线为主(不包括对面的边线)。(见二.2)

2. 进攻方向左侧的裁判员要跑向新的进攻方向前场的左侧场角边线外延长虚线位置(同侧或对侧)，去担任新的同侧或对侧裁判。他应沿边线用最快的速度先跑到前场封锁线的边线外，观察本区并兼顾水区。根据水区的攻守情况再随时移动至同侧或对侧延长虚线的位置。水区队员投球时或球到本侧角区时则必须处在本侧延长虚线的位置。(见二.3)

3. 另一裁判员跑向水区，成为新的水区裁判，监控场上场下。三名裁判员完成位置的改变(见二.1)。(图 7、8)

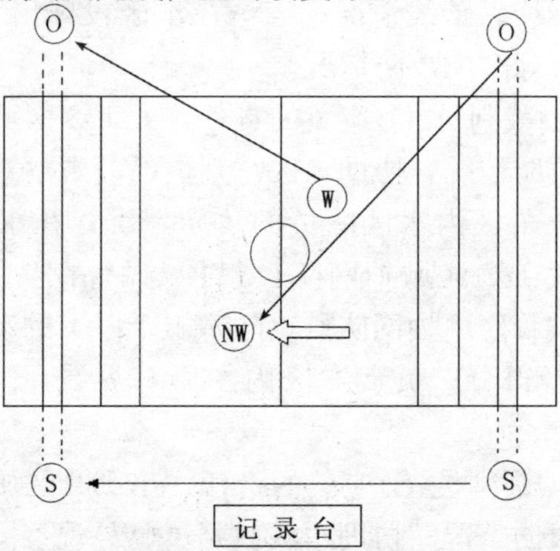


**图 7　由记录台右侧转向左侧进攻时裁判员的位置改变**

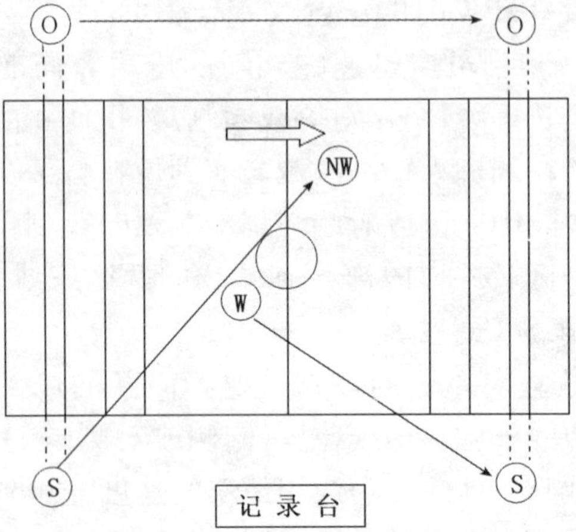


**图 8　由记录台左侧转向右侧进攻时裁判员的位置改变**

## 四、分工与配合

1. 水区裁判员(W)应负的责任：球在水区时与球周围的情况；水区的整个攻防情况；水区两条边线的出界情况及限制线的越线、踏线情况；当球在水区投球出手的一刹那，负责水区投球时的攻防情况。

2. 对侧裁判员(O)应负的责任：大 1/2 区域和共管区拍网队员的攻防情况；协助水区裁判员(W)观察对侧边线出界情况；对侧角区内水区队员的攻防情况；在水区队员投球时，负责大 1/2 区域拍网队员封抄球的情况；球在共管区时，负责共管区内拍网队员攻防时躯干以上的动作；判定抄中的球是否得分；负责本区内的所有界线(不包括对面边线)。

3. 同侧裁判员(S)应负的责任：小 1/2 区域和共管区拍网队员的攻防情况；协助水区裁判员(W)观察同侧边线出界情况；同侧角区内水区队员的攻防情况；在水区队员投球时，

负责小 1/2 区域拍网队员封抄球的情况；球在共管区时，负责共管区内拍网队员攻防时躯干以下的动作；判定抄中的球是否得分；负责本区内的所有界线(不包括对面边线)。

**五、合作的原则**

1. 每个裁判员都必须严格按照基本的区域分工原则及责任负责各自的分工区域。

2. 当球在某裁判员的区域内，该裁判员负责球及周围的比赛。

3. 当球不在某裁判员的区域内，该裁判员负责本区域内的无球队员。

## 第五章　出界和掷球入界情况

**一、出界区域**

1. 某队进攻时，对侧裁判员和同侧裁判员对他们所在的那条端线负有责任，分工为大 1/2、小 1/2 及共管区域的位置。对他们各自管辖的拍网区域的边线负有责任，对两个角区的边线有协助水区裁判员(W)的责任。

2. 水区裁判员(W)应对他所在的两条边线及后场端线负有责任。(图 9)

**二、从记录台右侧后场边线掷球入界并向记录台左侧前场进攻**

1. 固定由新的水区裁判员管理掷球入界。

2. 在记录台对侧掷界外球时：新的水区裁判员就近将球反弹给后场的掷界外球队员，负责管理掷界外球。掷球完毕后迅速移动到水区的正常位置，监控比赛。(图 10)

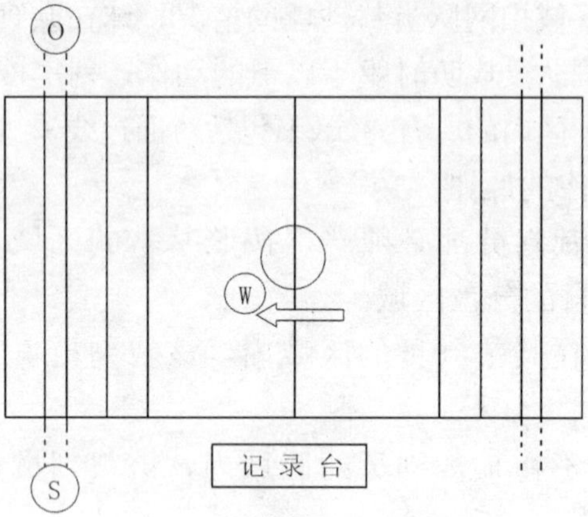


图 9

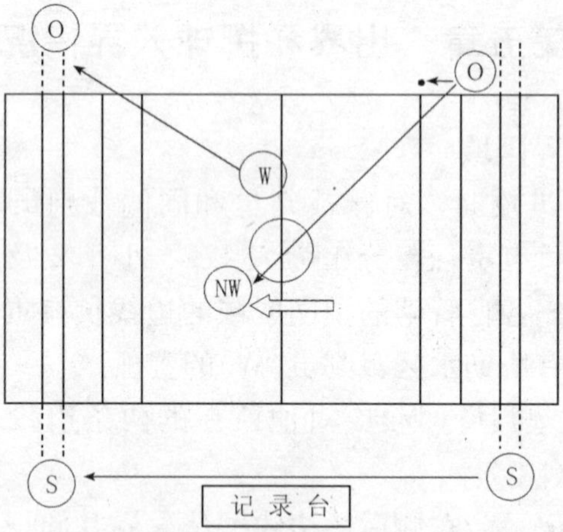


图 10

3. 在记录台同侧掷界外球时：新的水区裁判员应尽快地取适当的位置，将球反弹给后场的掷界外球队员，负责管理掷界外球。掷球完毕后迅速回到水区的正常位置，监控比赛。（图 11）

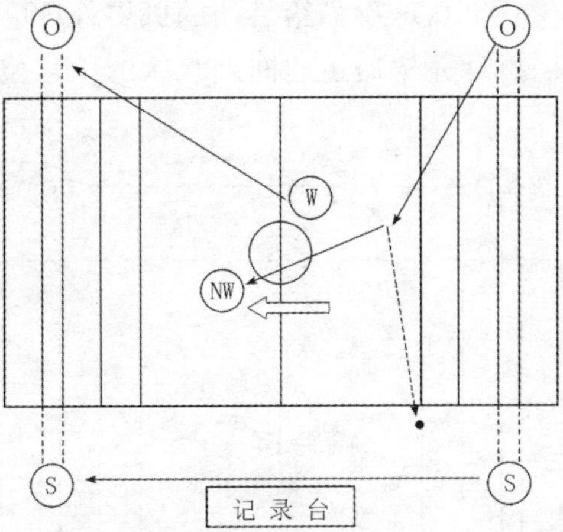


**图 11**

4. 原水区裁判员迅速跑到新的进攻方向前场的右侧场角边线外延长虚线位置(对侧)，担任新的对侧裁判。(图 10、11)

5. 原同侧裁判员跑向新的进攻方向前场的左侧场角边线外延长虚线位置(同侧)去担任新的同侧裁判。他应沿边线先快速跑到前场封锁线的边线外，根据水区攻守情况再随时移动到同侧延长虚线的位置，担任新的同侧裁判。(图 10、11)

6. 无论在什么情况下，都要按出界区域的管理执行。

**三、从记录台左侧后场边线掷球入界并向记录台右侧前场进攻**

1. 固定由新的水区裁判员管理掷球入界。

2. 在记录台同侧掷界外球时：新的水区裁判员就近将球反弹给后场的掷界外球队员，负责管理掷界外球。掷球完毕后迅速移动到水区的正常位置，监控比赛。(图 12)

3. 在记录台对侧掷界外球时：新的水区裁判员应尽快

地取适当的位置，将球反弹给后场的掷界外球队员，负责管理掷界外球。掷球完毕后迅速回到水区的正常位置，监控比赛。（图 13）

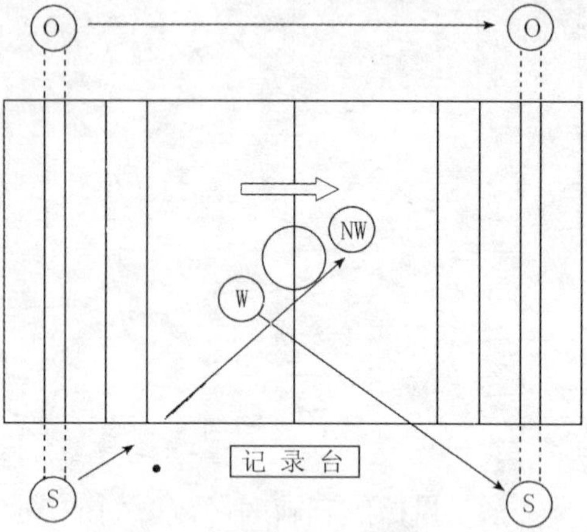


**图 12**

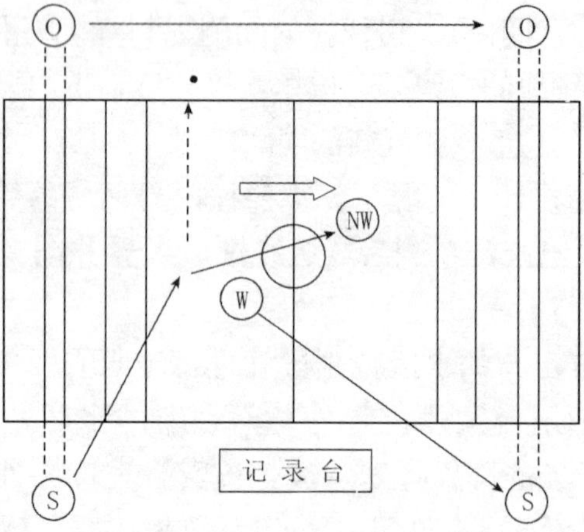


**图 13**

4. 原水区裁判员迅速跑到新的进攻方向前场的右侧场角边线外延长虚线位置(同侧)，担任新的同侧裁判。(图12、13)

5. 原对侧裁判员跑向新的进攻方向前场的左侧场角边线外延长虚线位置(对侧)去担任新的对侧裁判。他应沿边线先快速跑到前场封锁线的边线外，根据水区攻守情况再随时移动到对侧延长虚线的位置，担任新的对侧裁判。(图12、13)

6. 无论在什么情况下，都要按出界区域的管理执行。

## 四、从前场边线掷球入界的情况

1. 通常是水区裁判员(W)管理掷球入界。

2. 不论在记录台的对侧或同侧掷界外球时：水区裁判员(W)尽快地取适当的位置将球反弹给掷界外球的队员，管理掷球入界。然后迅速移动到水区的正常位置，监控比赛。(图14)

3. 在对、同侧限制线终端与角区的边线外掷界外球时，如不利于水区裁判员(W)后续比赛的移动，则由对、同侧裁判员(O、S)负责管理掷球入界。对、同侧裁判员(O、S)可在原位或稍向掷球地点移动将球反弹给掷界外球的队员管理掷球入界即可。掷球后恢复正常位置和正常管辖区域。(图15)

## 五、掷界外球违例时

当出现掷界外球违例(掷球权改变)的时候，三名裁判员的位置同攻守转换时的位置改变，仍由新的水区裁判员负责管理掷球入界。

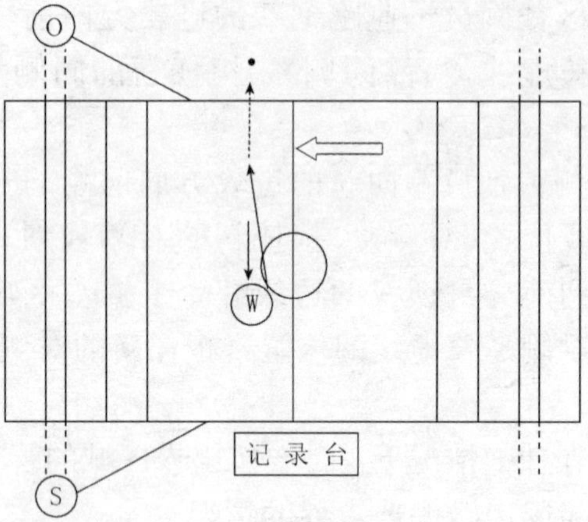


图 14

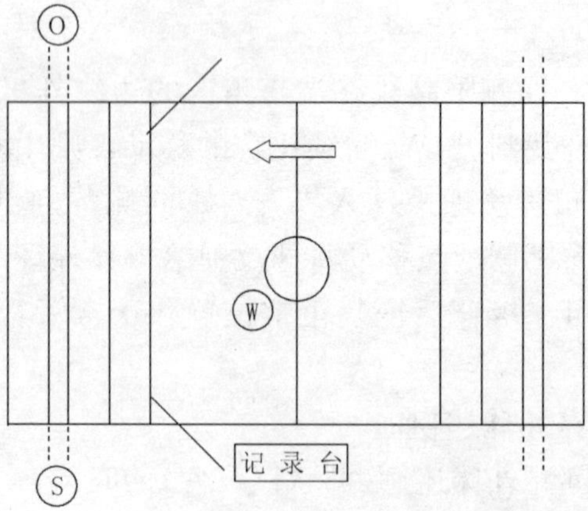


图 15

# 第六章　投球时的分工与配合

## 一、投球时

1. 投球时，水区裁判员负责投球及防投球的情况；投球队员投球前是否25秒违例；投球前后是否踏线、越区；攻防双方是否犯规；球投离水区后水区攻防队员的管理；如水区裁判员是主裁判，他还要在对、同侧裁判员打出得分手势后做最后的判定。

2. 对、同侧裁判员按管辖区域负责拍网队员封抄球前的活动；封抄球时的攻防情况；踏线、越区；犯规；抄网队员抄球的全过程；判定抄球是否合法；抄中是否合法得分。

## 二、抄球入网得分时

1. 抄网队员将球抄入网中后，由对、同侧裁判员按管辖的区域判定得分是否合法，然后由主裁判员做最后的判定，不论主裁判员处在任何位置。

2. 大1/2区域对侧裁判员判定得分的程序：当认定抄球入网为合法得分时，如对侧裁判员是副裁判，他只做出相应的分值手势，再由处在同侧或水区的主裁判做出同样的分值手势并鸣笛做最后的判定。如对侧裁判员本身是主裁判时，他可直接做出相应的分值手势并鸣笛做最后的判定。

3. 小1/2区域同侧裁判员判定得分的程序与对侧裁判员相同。

4. 共管区的得分，对、同侧裁判员都有判定的责任与权力，根据职责分工以球的位置为主。对、同侧裁判员也同时判定。如对、同侧裁判员都是副裁判时，两人同时判定得分并做出相应的分值手势，主裁判员即可鸣笛做出最后的判定。如一人判定得分并做出相应的分值手势，另一人只要无异议可伸出拇指表示认可，主裁判员即可鸣笛做出最后的判定。如对、同侧裁判员中其一为主裁判，在同伴打出得分手势前、后他已认可得分，可鸣笛直接判定得分。

5. 对、同侧裁判员对共管区得分的判定意见不同时，两裁判员要进行简短的磋商并做出决定。无论如何主裁判员要做出最后的判定，不论主裁判员处在任何位置。

6. 主裁判员在判定得分时，除鸣笛外，应手势与口语并用。

## 第七章　宣判的程序与换位

**一、宣判的程序**

1. 违例：鸣笛并做出停表手势；违例的性质；进攻的方向。

2. 犯规：鸣笛，一手做停表手势，一手指向犯规队员。跑向记录台，取记录台能看清的位置宣判：得分算与不算；犯规队员的号码；犯规的性质；罚则。

**二、前场宣判犯规后且进攻方向不变时的换位（记录台左侧）**

1. 水区裁判员（W）宣判犯规后，移向记录台，向记录台报告。然后再回到水区，继续担任水区裁判。原对、同侧裁判员（O、S）原地不动，负责观察场上情况。重新进入比赛后，继续担任对、同侧裁判。（图 16）

2. 对侧裁判员（O）宣判犯规后，移向记录台，向记录台报告。然后成为新的水区裁判，并执行随后相应的罚则。原水区裁判员(W)与宣判裁判员换位，移动到对侧裁判的位置担任新的对侧裁判。原同侧裁判员(S)应原地不动，负责观察场上情况。重新进入比赛后，继续担任同侧裁判。(图17)

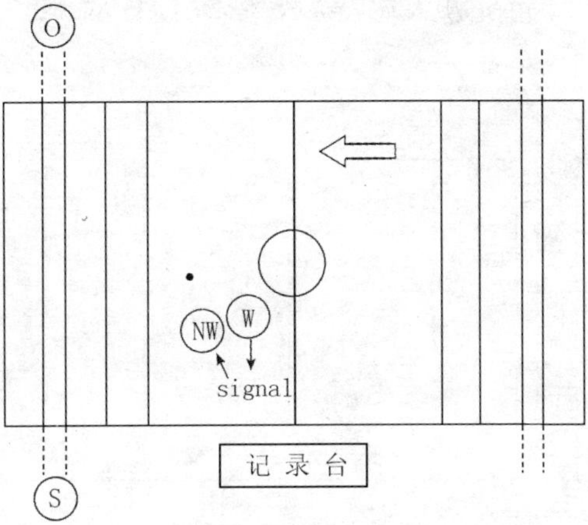


**图16**

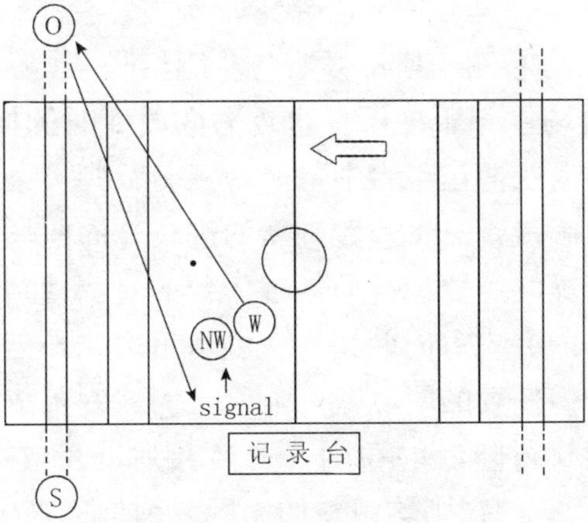


**图17**

3. 同侧裁判员(S)宣判犯规后，移向记录台，向记录台报告。然后成为新的水区裁判，并执行随后相应的罚则。原水区裁判员(W)与宣判裁判员换位，移动到同侧裁判的位置担任新的同侧裁判。原对侧裁判员(O)应原地不动，负责观察场上情况。重新进入比赛后，继续担任对侧裁判。(图 18)

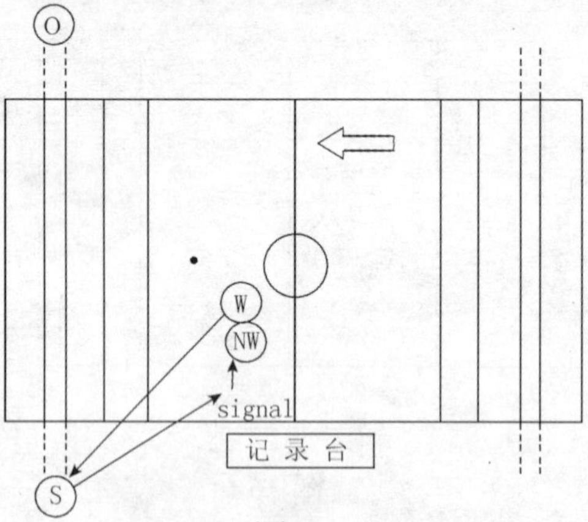


图 18

4. 记录台右侧的换位方法与左侧相同。

## 三、前场宣判犯规后且进攻方向改变时的换位

进攻方向改向记录台左侧时，三名裁判员不论谁宣判犯规后，原水区裁判员迅速跑到新的进攻方向前场的右侧场角边线外延长虚线位置(对侧)，担任新的对侧裁判；原同侧裁判员跑向新的进攻方向前场的左侧场角边线外延长虚线位置(同侧)，去担任新的同侧裁判，原对侧裁判员成为新的水区裁判并负责执行随后的罚则。三名裁判员完成换位(图 19、20、21)。所有的罚则均由新的水区裁判员负责执行。

前场宣判犯规后，不论进攻方向改向记录台左侧或右侧，三名裁判员按攻守转换时的换位方法完成换位。

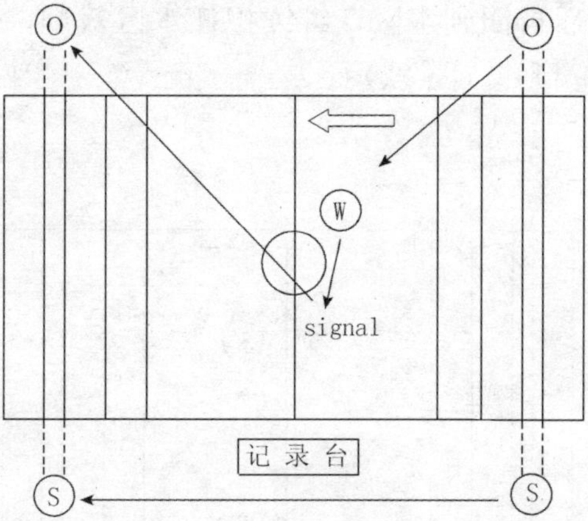


图 19

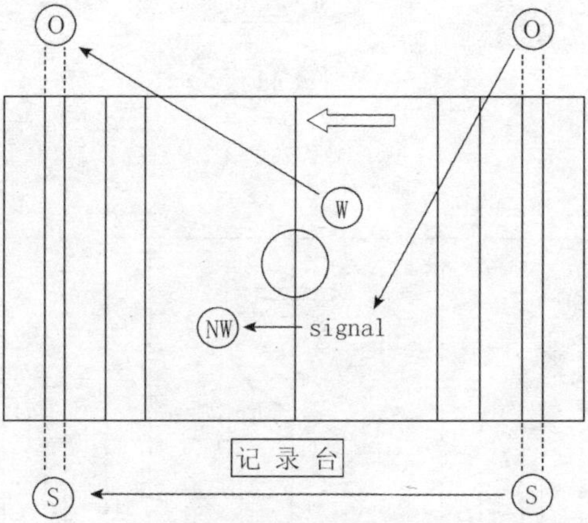


图 20

## 四、后场宣判犯规后裁判员的位置

如宣判犯规时三名裁判员均位于后场，宣判犯规后按本章中“三”（图 19、20、21）的方法执行。如宣判犯规时对、同侧裁判员均已跑至前场，水区裁判员在后场宣判犯规，向记录台报告后再回到水区，继续担任水区裁判，并负责执行随后相应的罚则。（图 22）

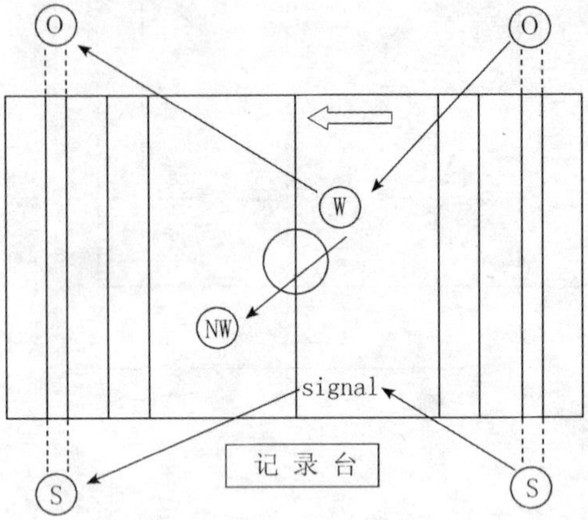


图 21

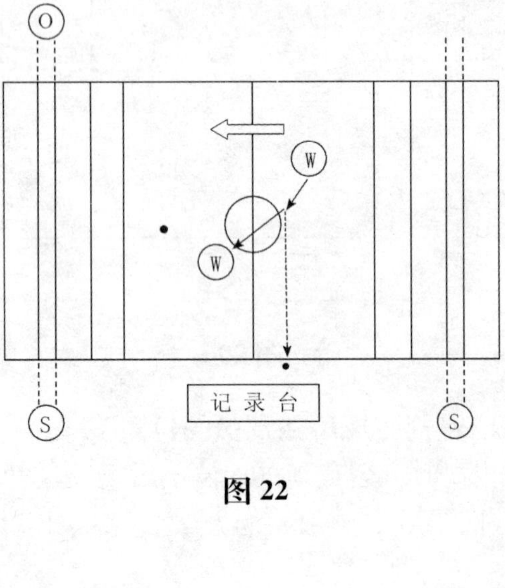


图 22

# 第八章　罚点球时的分工与配合

## 一、点球的程序

1. 固定由新的水区裁判员执行点球罚则（第七章中“二、三、四”）。

2. 执行裁判员要站在记录台对侧的场区、侧向记录台与拍网区域、罚点球队员的侧后方2米左右的位置执行与管理点球。为保证正常的执行点球，执行裁判员要管理好水区其他的7名队员，使他们的行为符合规则。

3. 执行点球时，对、同侧裁判员负责本区域内的所有违例、犯规和出界情况。

## 二、技术犯规、违反体育道德的犯规及红、黄牌时罚点球的程序

1. 罚点球时的程序同第八章“一”。

2. 对、同侧裁判员除同第八章“一”的职责外，要管理好被惩罚的、站在场外的持拍队员，点球结束后经对、同侧裁判员的允许后才可进场。

3. 执行完点球后，由执行裁判员将球递交给罚球点与记录台对侧最近点的边线外的进攻队员掷界外球继续比赛。（图23）

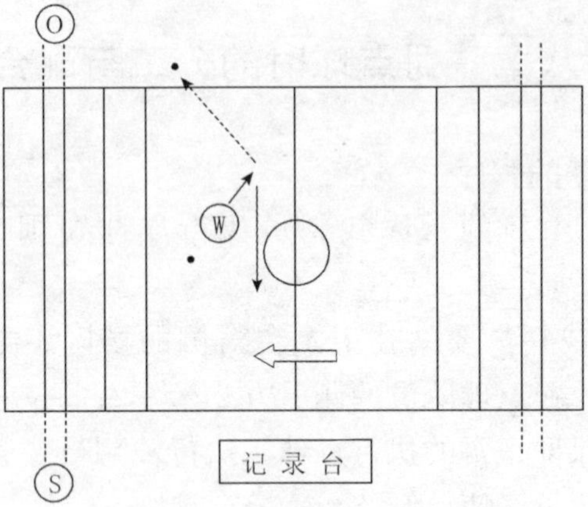


图 23

## 第九章　暂停和替换

（一）所有的暂停和替换全部由同侧裁判员管理。

（二）当记录台发出替换信号时，同侧裁判员取一个适当位置做出替换手势监督、管理替换过程即可。

（三）当记录台发出暂停信号时，同侧裁判员应鸣哨给出暂停手势。面对记录台、站在场内同侧边线与中圈之间的中线上管理暂停。另外的两名裁判员必须在两端罚球点站立，监控两个球队席区域。

（四）当暂停结束的信号发出时，三名裁判员恢复到重新开始比赛的正常位置。

## 第十章　记录表的使用方法

（一）赛前先填写记录表首部的内容，填写记录表左侧甲、乙队的队员姓名与号码。

（二）在“位置”栏做上场标记。首发阵容记录“●”，替补上场的队员记录“×”。

（三）暂停用“×”记录。

（四）全队犯规在相应的次数上画斜线。

（五）侵人犯规记录“P”，违反体育道德的犯规记录“U”，技术犯规记录“T”，球队席人员的技术犯规记录“B”，教练员本身的技术犯规记录“C”，黄牌记录“Y”，红牌记录“R”，所有被取消比赛资格的犯规全部按红牌记录。如各种犯规需要罚球则在犯规符号的右下角记录罚球次数。

（六）累积分两侧的空格填写得分队员的号码，在相应的得分数上画斜线。2 分球在得分队员的号码外套一圆圈。点球得分时，在相应的得分数上画“·”。

（七）每半时结束在得分数与号码下画一横线，填写每半时比分。全场比赛结束后将所有没记录的号码空格用一长斜线划掉。

（八）所有没记录的空格用横线划掉。

（九）记录员、计时员、25 秒计时员分别签字。

（十）三名裁判员按第二裁判员、第一裁判员、主裁判员的顺序签字。

**附：珍珠球比赛用表（见本书第 102 页）**

表 1　珍珠球比赛记录表

**表1**

# 珍珠球比赛记录表

比赛名称：________ 甲队：________ 乙队：________ 主裁判：________

副裁判：________

组别：____ 场次：____ 日期：____ 时间：____ 地点：____ ________

| 甲队 | 暂停 | | 全队犯规 | | | | | | | |
|---|---|---|---|---|---|---|---|---|---|---|
| | 上半时 | | 1 | 2 | 3 | 4 | 5 | 6 | 7 | 8 |
| | 下半时 | | 1 | 2 | 3 | 4 | 5 | 6 | 7 | 8 |

| 队员姓名 | 号码 | 位置 | 犯规 1 | 2 | 3 | 4 | 5 |
|---|---|---|---|---|---|---|---|
| | | | | | | | |
| | | | | | | | |
| | | | | | | | |
| | | | | | | | |
| | | | | | | | |
| | | | | | | | |
| | | | | | | | |
| | | | | | | | |
| | | | | | | | |
| | | | | | | | |
| | | | | | | | |
| | | | | | | | |
| | | | | | | | |
| | | | | | | | |

教练员：

| 乙队 | 暂停 | | 全队犯规 | | | | | | | |
|---|---|---|---|---|---|---|---|---|---|---|
| | 上半时 | | 1 | 2 | 3 | 4 | 5 | 6 | 7 | 8 |
| | 下半时 | | 1 | 2 | 3 | 4 | 5 | 6 | 7 | 8 |

| 队员姓名 | 号码 | 位置 | 犯规 1 | 2 | 3 | 4 | 5 |
|---|---|---|---|---|---|---|---|
| | | | | | | | |
| | | | | | | | |
| | | | | | | | |
| | | | | | | | |
| | | | | | | | |
| | | | | | | | |
| | | | | | | | |
| | | | | | | | |
| | | | | | | | |
| | | | | | | | |
| | | | | | | | |
| | | | | | | | |
| | | | | | | | |
| | | | | | | | |

教练员：

## 累积分

| 甲队 号码 | 甲队 积分 | 乙队 积分 | 乙队 号码 | 甲队 号码 | 甲队 积分 | 乙队 积分 | 乙队 号码 | 甲队 号码 | 甲队 积分 | 乙队 积分 | 乙队 号码 | 甲队 号码 | 甲队 积分 | 乙队 积分 | 乙队 号码 |
|---|---|---|---|---|---|---|---|---|---|---|---|---|---|---|---|
| | 1 | 1 | | | 26 | 26 | | | 51 | 51 | | | 76 | 76 | |
| | 2 | 2 | | | 27 | 27 | | | 52 | 52 | | | 77 | 77 | |
| | 3 | 3 | | | 28 | 28 | | | 53 | 53 | | | 78 | 78 | |
| | 4 | 4 | | | 29 | 29 | | | 54 | 54 | | | 79 | 79 | |
| | 5 | 5 | | | 30 | 30 | | | 55 | 55 | | | 80 | 80 | |
| | 6 | 6 | | | 31 | 31 | | | 56 | 56 | | | 81 | 81 | |
| | 7 | 7 | | | 32 | 32 | | | 57 | 57 | | | 82 | 82 | |
| | 8 | 8 | | | 33 | 33 | | | 58 | 58 | | | 83 | 83 | |
| | 9 | 9 | | | 34 | 34 | | | 59 | 59 | | | 84 | 84 | |
| | 10 | 10 | | | 35 | 35 | | | 60 | 60 | | | 85 | 85 | |
| | 11 | 11 | | | 36 | 36 | | | 61 | 61 | | | 86 | 86 | |
| | 12 | 12 | | | 37 | 37 | | | 62 | 62 | | | 87 | 87 | |
| | 13 | 13 | | | 38 | 38 | | | 63 | 63 | | | 88 | 88 | |
| | 14 | 14 | | | 39 | 39 | | | 64 | 64 | | | 89 | 89 | |
| | 15 | 15 | | | 40 | 40 | | | 65 | 65 | | | 90 | 90 | |
| | 16 | 16 | | | 41 | 41 | | | 66 | 66 | | | 91 | 91 | |
| | 17 | 17 | | | 42 | 42 | | | 67 | 67 | | | 92 | 92 | |
| | 18 | 18 | | | 43 | 43 | | | 68 | 68 | | | 93 | 93 | |
| | 19 | 19 | | | 44 | 44 | | | 69 | 69 | | | 94 | 94 | |
| | 20 | 20 | | | 45 | 45 | | | 70 | 70 | | | 95 | 95 | |
| | 21 | 21 | | | 46 | 46 | | | 71 | 71 | | | 96 | 96 | |
| | 22 | 22 | | | 47 | 47 | | | 72 | 72 | | | 97 | 97 | |
| | 23 | 23 | | | 48 | 48 | | | 73 | 73 | | | 98 | 98 | |
| | 24 | 24 | | | 49 | 49 | | | 74 | 74 | | | 99 | 99 | |
| | 25 | 25 | | | 50 | 50 | | | 75 | 75 | | | 100 | 100 | |

上半时比分：甲队________ 乙队________

下半时比分：甲队________ 乙队________

决胜期比分：甲队________ 乙队________

最后比分：甲队____ 乙队____ 优胜队：____

裁判员签字：主裁判____ 副裁判____ ____

记录员：____ 计时员：____ 25秒计时员：____

球队抗议队长签字：________

# 木球竞赛规则

## 第一章 比 赛

1 **定义**

木球是由两个队参加的集体比赛项目，每队出场5人，每人手握击球板，运用传球、接球、运球和击球射门等技术，避开对方防守，将球击入对方球门得分，并用抢断球等防守技术，阻止对方得分。比赛结束时，得分多者为胜。

## 第二章 比赛场地及器材

2 **比赛场地**

比赛场地为平整、无障碍物的长方形，土质或人造草地等均可，长40米、宽25米。场地丈量从界线的内沿量起。（图1）

3 **界线**

比赛场地有明显的界线，长边叫边线，短边叫端线，线宽均为10厘米，场地四周至少3米以内不得有任何障碍物。

4 **中线、开球区和开球点**

4.1 中线：连接两条边线的中点，画一条10厘米宽与端线平行的线为中线。

4.2 开球区：以中线的中点为圆心，4米为半径画一个线宽10厘米的圆为开球区(从圆周的外沿量起)。

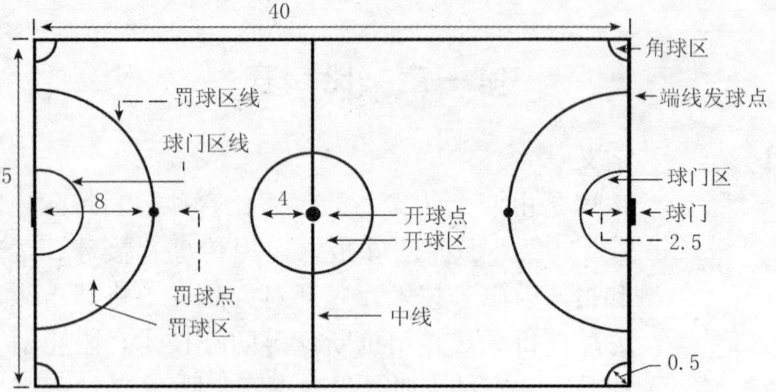


**图 1　木球比赛场地示意图**（单位：米）

4.3　开球点：以中线的中点为圆心，画一个直径为 15 厘米的实心圆为开球点。

**5　球门区线、球门区、球门和球门线**

5.1　球门区线：以端线的中点为圆心，2.50 米为半径（从外沿量起），向场内画一条线宽 10 厘米的半圆线为球门区线。

5.2　球门区：端线与球门区线之间的区域为球门区。

5.3　球门：球门应牢固地设置在端线内沿中点处，两门柱内沿之间距离 1.80 米，横梁下沿至地面 0.80 米，门框呈圆柱形，直径为 4～6 厘米，球门后装球网，球网应撑起，下端固定，球门与球网呈白色。

5.4　球门线：两个球门柱内沿之间的连线为球门线，线宽同端线，内沿与端线内沿重叠。

**6　罚球区线、罚球区和罚球点**

6.1　罚球区线：以端线的中点为圆心，以 8 米为半径(从外沿量起)向场内画一条线宽 10 厘米的半圆线为罚球区线。

6.2　罚球区：罚球区线与球门区线之间的区域为罚球区。

6.3　罚球点：以端线中点垂直向场内 8 米处(在罚球区线上)画一个直径为 15 厘米的实心圆为罚球点。

**7　角球区和端线发球点**

7.1　角球区：以边线和端线的交点内沿为圆心，0.50 米为半径(从外沿量起)，向场内画一条 10 厘米宽的弧线分别与边线和端线相交，该区为角球区。

7.2　端线发球点：罚球区线与端线的交点为端线发球点。

**8　球**

球体长 9 厘米，圆周长 18 厘米，球体两端呈半球形，中间为圆柱体，长 5 厘米，两端顶部距圆柱平面距离分别为 2 厘米。球体内为木质材料，外部用柔韧的橡胶材料包裹制成(内应密实无空隙)。球体重量为 100～130 克，木球呈鲜明的颜色，应与场地、器材有明显区别。(图 2)

**9　击球板**

击球板用较硬并有一定韧性的木质或非金属合成材料制成，全长为 70 厘米，由板柄和板头两部分组成。上部手握部分叫板柄，长 40 厘米，宽 4 厘米；下部击球部分叫板头，长 30 厘米，上宽 4 厘

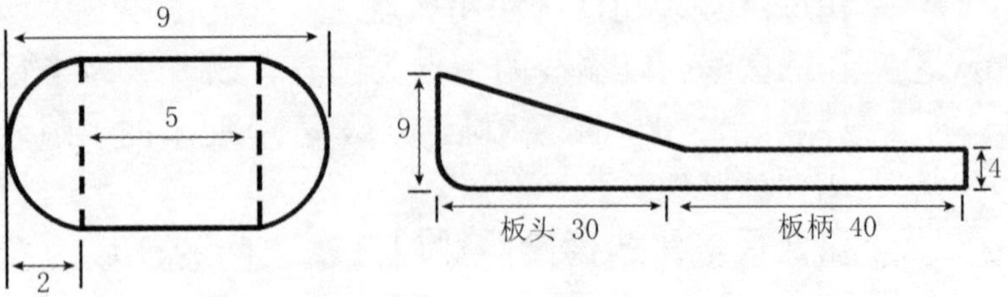


**图 2　木球比赛器材示意图**（单位：厘米）

米，底宽 9 厘米，板头的两个角呈圆弧形，击球板厚 1.5～2 厘米，重量不得超过 520 克。木质击球板板头须缠裹胶带或其他非金属保护物品，以防击球板断裂。（图 2）

## 第三章　比赛队

**10　队的组成**

每个队由 1 名领队、1 名教练员和不超过 10 名的队员组成，其中 1 名为队长。

**11　队员和替补队员**

11.1　比赛进行时，每队有 5 名队员上场，并可按规则规定进行替换。

11.2　场上队员与替补队员的替换需通过记录台并经裁判员允许方可进行。

11.3　比赛中，替补队员应坐在球队席上或在规定的区域内活动。球队席设在记录台两侧的无障碍区外。

11.4　比赛双方应穿着颜色有明显区别的服装，每队场上队员服装必须统一。队员上衣前后要有醒目的号码(1～10 号)，号码颜色与上衣颜色有明显区别，其中后背的号码至少高 20 厘米；前胸的号码至少高 10 厘米；号码笔画宽度不得小于 2 厘米。同队队员不得使用重复号码。

11.5 上场队员必须穿运动胶鞋、护膝、护袜、护腿板和戴手套。不得佩带可能伤害其他队员的物品。

11.6 每个球队必须至少有两套服装，一套深色，一套浅色。

**12 队长**

12.1 队长应在比赛前代表本队抽签，选择开球权或场地。

12.2 场上队长是球队在场上的代表，应佩有明显的标志。

12.3 场上队长离开球场时，教练员应确定该队的场上队长，并通知裁判员。

**13 教练员**

13.1 教练员应在比赛前 15 分钟将有本人签名的本队队员姓名、号码以及队长的书面名单送交记录员，并标明开始上场的 5 名队员。

13.2 只有教练员可以提出暂停或换人等请求，同记录台保持联系，如教练员不能继续执行其职责，应指定队长承担教练员的职责。

13.3 比赛中，教练员及球队成员可坐在球队席上，教练员只能在规定的区域内进行场外指导。

# 第四章 比赛通则

**14** **比赛时间**

14.1 全场比赛时间为 40 分钟，分上、下两个半场进行。每半场时间为 20 分钟，上、下半场中间休息 10 分钟。

14.2 当下半场比赛结束，两队比分相等时，进行加时赛，时间为 10 分钟，分上、下两个半场。每半场 5 分钟，中间不休息。下半场与加时赛中间休息 5 分钟。

**15** **比赛开始**

15.1 比赛开始前，应以抛币方式选定开球或场地，先挑的一方有开球权或场地的选择权。在裁判员发出信号后，由开球队的队员将球放在开球点上开球，击球前双方队员不得越过中线(发球队员可骑跨中线)，防守队员不得进入开球区。

15.2 每进一球后，应由失球方队员以同样方式重新开球。

15.3 下半场或加时赛下半场开始时，两队应互换场地，并由上半场开球队的对方开球。

**16** **比赛结束**

记录台发出比赛时间结束信号，比赛即告结束。无论球在空中运行或地面滚动中，都表示比赛结束。如执行罚点球，应延长时间至罚完为止。

17 **更换击球板**

比赛中队员击球板损坏后，必须立即双手持板上举，向裁判员示意，经允许后才能更换，不得持坏板参加比赛。

18 **发球**

发球队员在执行各种发球或点球时，必须将球一次击出，发球时，防守队员应后退距发球点 4 米以外。

18.1 界外球

18.1.1 当球触及边线或端线时为界外球。由对方队员在球出界处或端线发球点发界外球。

18.1.2 发边线球时，发球队员应将球放在边线上(发球队员可骑跨边线)。

18.1.3 发端线界外球时，发球队员应将球放在端线发球点上(发球队员可骑跨端线)。

18.2 角球

18.2.1 守方队员将球击出本方端线，由攻方队员在球出界一侧的角球区发角球。

18.2.2 发角球时，球的整体必须放在角球区内(发球队员可骑跨界线)。

18.2.3 角球可直接得分。

18.3 任意球

18.3.1 当一方队员发生违例或犯规时，由对方队员在违例或犯规地点发任意球(罚球区内除外)。

18.3.2 任意球可直接得分。

18.4 点球

比赛中，当球在罚球区或球门区内时，防守队员在该区内犯规，均判罚点球(由进攻方罚点球)。罚点球时，将球放在罚球点上，除主罚队员外，其他队员须退出罚球区。罚点球未得分时，则由防守队员在端线发球点发球。

18.5 争球

18.5.1 争球的判定：

18.5.1.1 当双方队员同时使球出界。

18.5.1.2 当双方各一名或多名队员形成在原地抢球或用击球板同时将球夹、压住时。

18.5.1.3 当双方队员同时违例或犯规时。

18.5.1.4 当球在球门区内成死球时。

18.5.1.5 比赛中当裁判员因特殊情况停止比赛需重新恢复比赛时。

18.5.2 争球的执行：

18.5.2.1 双方各一名队员之间造成的争球，由发生争抢的两名队员进行争球。

18.5.2.2 双方多名队员共同造成的争球，由参与争抢的双方队员中任意一人参加争球。

18.5.2.3 如参与争球的队员要被替换下场，应待争球结束并成死球后，才可进行替换。

18.5.2.4 如争球的队员因伤不能继续比赛，可由参赛队指定场上一名队员参加争球。

18.5.2.5 参加争球的双方队员，分别站在裁判员指定的争球地点两侧，其他队员站在距争球地点 4 米以外，裁判员单手持球于双方队员之间，使球自由下落，球触地后，双方即可抢、击球。在罚球区内发生争球时，应移到最近的罚球区线上进行争球。

18.5.2.6 争球可直接得分。

## 第五章 时间通则

**19 开动和停止计时钟**

19.1 开动计时钟

活球开动比赛计时钟。

19.2 停止计时钟

19.2.1 暂停。

19.2.2 换人。

19.2.3 记录台鸣笛。

19.2.4 比赛结束。

19.2.5 遇有其他特殊情况，裁判员认为需要停止比赛时。

**20 活球**

20.1 每半场或加时赛比赛开始，裁判员鸣笛后，发球队员的击球板触及球时。

20.2 在比赛中凡按规则规定停表后，需要恢复比赛，发球(争球)队员的击球板触及球时。

**21 死球**

21.1 球进门得分。

21.2 界外球。

21.3 犯规或违例。

21.4 队员无法触及进入球门区的球。

21.5 遇有其他特殊情况，裁判员认为需要停止比赛时。

**22　　暂停**

22.1　上、下半场和加时赛每队可各要求一次暂停，每次暂停时间为 1 分钟。

22.2　暂停在死球时执行。

**23　　换人**

换人时必须由教练员向记录台提出，替补队员须提前做好替换准备，在比赛成死球时执行，换人次数不限。

**24　　5 秒钟规则**

队员在中圈开球、发界外球、任意球、角球、点球时，在取得球的控制权及裁判员鸣哨后 5 秒钟内应将球击出。

## 第六章　违例、犯规及其罚则

**25　　违例及其罚则**

25.1　比赛中出现下列违反规则的情况应判违例：

25.1.1　中圈开球时，当裁判员鸣笛，发球队员击球前，双方其他队员越过中线、防守方队员进入开球区或进攻方队员两人以上(不含两人)进入开球区。

25.1.2　在执行发球时，裁判员鸣哨后 5 秒钟内未将球击出。

25.1.3　在执行发球时，击球板一次击球击空、击球后球移动距离不足 10 厘米或击出后未经其他队员触及，再次触球。

25.1.4　在执行发球时，裁判员未鸣哨而击球。

25.1.5 争球时，球未落地前一方或双方争球队员触及球。

25.1.6 空中击球(膝关节以上的球只许挡，不许击)。

25.1.7 击球前后，击球板板头超过肩部。

25.1.8 一手握板头、一手握板柄击球或用板柄击球。

25.1.9 向上击球或挑球。

25.1.10 队员有意用身体任何部位阻挡球。

25.1.11 执行中圈开球或发界外球时直接将球击入球门。

25.1.12 在场上任一区域防守、进攻时，采用单、双手或单、双膝着地，以及卧、跪、坐等不合理动作。

25.1.13 比赛中队员在边(端)线外击场内球。

25.2 罚则：

25.2.1 发界球外的违例，由对方在原点发界外球。

25.2.2 上述条款的违例，发生在罚球区外时，由对方在违例地点发任意球。

25.2.3 攻方队员在罚球区内违例，由守方队员在就近的罚球区线上发任意球；守方队员在罚球区内违例，由攻方队员在就近的端线发球点发任意球，除守方队员1人可在罚球区内防守外，双方其他队员均需退出罚球区。

## 26 犯规及其罚则

26.1 比赛中出现下列违反规则的情况应判犯规：

26.1.1 使用推、拉、绊、撞、踢等不合理的身体接触。

26.1.2 带有危险动作冲撞对方队员。

26.1.3 用击球板钩、扣、打击对方击球板或身体。

26.1.4 扔击球板或手中无击球板干扰对方进攻或防守。

26.1.5 举击球板威吓或用击球板阻碍对方队员行动。

26.1.6　有意用手抓球、用脚踩球、踢球或用身体压球。

26.1.7　在比赛中，队员身体任何部位触及球门区地面或球门(击球板除外)。

26.1.8　用击球板砍击球。

26.1.9　从两腿间向后击球或将击球板置于对方队员身后两腿间抢、击球。

26.1.10　裁判员判定的其他犯规动作。

26.2　罚则：

26.2.1　队员在罚球区外犯规，由对方队员在犯规地点发任意球。

26.2.2　攻方队员在罚球区或球门区内犯规，由守方队员在最近的罚球区线上发任意球。

26.2.3　守方队员在罚球区或球门区内犯规，由攻方队员罚点球。

26.2.4　一名队员在一场比赛中犯规(含黄牌)累计5次，取消该队员本场比赛资格，由场下队员替换。如第5次犯规为第2张黄牌，则按规则27.2和27.3方法处理。

**27　黄、红牌**

裁判员对球队成员(运动员、教练员等)不道德及违反规则等行为，除按规则判罚外，还可进行劝告及出示黄牌或红牌。

27.1　有下列行为时，应被出示黄牌：

27.1.1　连续违反规则的行为。

27.1.2　较为严重的犯规。

27.1.3　不道德的行为。

27.2 有下列行为时，应被出示红牌并罚令出场：

27.2.1 经裁判员警告仍不改正者。

27.2.2 一名队员在一场比赛中被出示两张黄牌。

27.2.3 故意或严重犯规。

27.2.4 造成恶劣影响或严重后果的行为。

27.3 上半场因红牌被罚出场的队员，不允许其他队员替补，下半场开始时方可替补；下半场因红牌被罚出场的队员，不允许其他队员替补，加时赛时方可替补。

27.4 因红牌被罚出场的队员，取消本场比赛资格。

## 第七章 成绩与名次

**28 比赛得分与胜负**

28.1 场上队员以合理击球动作击球，并使球由地面或空中进入球门(指球整体过球门线)为得分。进一球得1分。

28.2 全场比赛时间终了如两队比分相等，则进行加时赛。如加时赛结束比分仍然相等，则以罚点球的方式决定胜负。

28.3 以罚点球决定胜负，应按下述方法进行：

28.3.1 以抛币的方式决定两队罚点球先后顺序。

28.3.2 第一轮每队各出5人(必须是比赛结束时场上队员，如不足5人，则以场上剩余队员轮转)，按各队排定顺序全部罚完，决出胜负。如罚平，第二轮各队场上队员按排定顺序以1对1的方式罚点球，直至决出胜负。

28.4 全场比赛结束后，得分多者为胜队。

**29 决定比赛名次的方法**

按各队积分多少排列名次，胜一场得 2 分，负一场得 1 分，弃权 0 分，如两队或两队以上积分相等，按以下方法进行排列：

29.1 积分相等队之间的相互比赛的积分多者名次列前。

29.2 积分相等队之间相互比赛的净胜球多者名次列前。

29.3 积分相等队之间相互比赛进球总和多者名次列前。

29.4 全部比赛中净胜球多者名次列前。

29.5 全部比赛进球总和多者名次列前。

29.6 抽签排定名次。

29.7 以罚点球决定胜负的进球数，不计入净胜球数和总进球数的计算。

29.8 如遇弃权，胜队以 2∶0 计算比赛成绩。

## 第八章　弃权与申诉

**30 弃权**

比赛遇下列情况即为弃权：

30.1 超过比赛开始时间 15 分钟，参赛队仍未到场或上场队员不足 5 人。

30.2 参赛队在裁判员通知后拒绝比赛。

30.3 比赛中，某队场上队员少于 3 人时。

30.4 参赛队以其行动阻碍比赛进行。

**31　申诉**

31.1　比赛中某队对裁判员的判罚有异议，应由场上队长在死球时向裁判员提出自己的意见，提出意见的方式应平静而有礼貌。

31.2　比赛中裁判员可对提出质疑的某队解释他的判罚，但不能影响比赛的进行。

31.3　比赛结束后，如某队对比赛结果有异议，应在比赛结束后2小时内向仲裁委员会提出书面申诉意见，同时交纳申诉费。仲裁委员会依据仲裁委员会条例进行裁决。

## 第九章　裁判人员及其职责

**32　裁判人员**

32.1　比赛设裁判长1人、副裁判长2～3人，助理人员若干人。

32.2　每场比赛由两名裁判员担任比赛的裁判工作，分主裁判员和副裁判员，助理人员由记录员、计时员、宣告员等若干人员组成。

32.3　裁判员及其助理人员必须在赛前30分钟到达比赛场地，并开始行使其权力。当比赛结束，裁判员在记录表上签字后，这种权力即告结束。

**33　裁判人员职责**

33.1　裁判长职责

33.1.1　全面组织和领导裁判工作。

33.1.2　负责检查比赛场地和器材，安排竞赛日程和裁判员及助理人员的分工。

33.1.3　根据规则的精神解决比赛中出现的各种问题。

33.1.4　对比赛中出现的弃权、罢赛做出最终决定。

33.2　副裁判长职责

33.2.1　协助裁判长工作，在裁判长缺席时，代理裁判长职责。

33.2.2　组织安排记录台工作，做好比赛裁判人员的后勤工作。

33.2.3　比赛中，根据裁判长的安排，负责一个比赛场地的竞赛工作。

33.3　裁判员职责

33.3.1　检查场地、器材设备、运动员服装、护具等。

33.3.2　比赛前，在双方队长参加的情况下以抛币的方式决定开球权或场地。

33.3.3　宣布比赛开始与结束。

33.3.4　比赛中，当两名裁判员的判罚不一致时，主裁判员有权做出最终裁决。

33.3.5　执行加时赛罚点球的裁决。

33.3.6　具有行使劝告和使用黄、红牌的权力。

33.3.7　有权决定规则中未明确规定的事项。

33.3.8　比赛结束后，核对记录表、计时钟并签字。

33.4　记录员职责

33.4.1　比赛前认真登记各队队员姓名、号码、场上队长号码、服装颜色及教练员姓名。

33.4.2　按记录表规定，准确填写记录表中两队的得分、队员犯规、暂停和换人等有关情况。准确填写比赛的开始与结束时间。

33.5　计时员职责

按规定准确操作计时钟(表)。记录比赛(上、下半场)时间、暂停时间、加时赛(上、下半场)时间、中场休息时间等。暂停或比赛终了，应通知场上裁判员。

33.6　宣告员职责

语言应简练、准确，按规则规定发出信号并宣告暂停、换人、比赛结束、比赛结果等。

# 木球竞赛裁判法

## 前　言

《木球竞赛裁判法》是裁判员的实际工作方法，目的是使裁判员做出正确的判罚。它介绍了裁判员应具备的基本素质，木球比赛裁判的工作程序，以及临场的各种不同的选位和方法。帮助裁判员在比赛中取得最佳位置，正确判断和处理违反规则的动作和行为，提高有效控制比赛的技巧和方法。

## 第一章　裁判员应具备的基本素质

优秀的裁判员应具备较高的素质，这包括思想素质和业务素质，高水平的裁判工作有助于运动员养成遵守竞赛规则的习惯，对提高比赛的水平具有十分重要的意义。因此，裁判员应不断地学习研究，透彻地理解规则，以更新自己的认识。尽量使自己执法的比赛更加精彩激烈，并力求通过自己对规则的理解，使每一场比赛都能在正确的精神指导下进行。因此，裁判员应具备以下几种素质：

（一）严格遵守严肃、认真、公正、准确的基本原则，加强裁判员的职业道德修养，保证比赛的顺利进行。

（二）具备良好的心理素质，对比赛要保持一种不带任何感情色彩的冷静态度。任何时候都应集中精力，以确保比赛以外的任何事情都不会分散自己的注意力。

（三）认真地研究规则，精通规则内容，掌握木球运动规律。对任何违背规则精神的行为都应给予准确而严厉的判罚，使运动员认识到裁判员执行规则的坚决性。

（四）对比赛的动向或趋势要有预见性。只有随时保持警觉，并能超越当时的情况，预见到下一步行为，才能做一名称职的裁判员，判罚才能果断准确。

（五）裁判员自身要加强体能训练，提高身体素质以适应比赛的需要。

# 第二章　比赛前的准备

## 一、召开裁判员工作会议

当裁判员接到工作任务通知书后，为了共同执行好任务，主裁判员应立即召开裁判组工作会议。会议内容主要包括以下几点：

1. 比赛的入场式或赛前介绍，比赛开始时间的配合。
2. 统一罚则及有关特殊规定。
3. 分工和配合，特别是同时鸣哨时的处理方法。
4. 特殊情况下的选位和配合。
5. 犯规、违例、罚点球、得分、球出界的配合。
6. 比赛时间结束时(上、下半场，加时赛)的配合。
7. 暂停、换人的配合。
8. 对比赛队的技战术分析及重点队员的技术和品德的分析。
9. 对比赛场地、器材检查的分工配合。

**二、准备好服装、裁判用品**

裁判员应做好临场准备，临场裁判员着装应整洁、得体，注意仪表，必须穿裁判服临场执裁，带齐比赛用具。具体要求如下：

1. 临场裁判员的着装要求：

（1）裁判员应备有两套短袖上衣和运动裤。

（2）场上两名裁判员应服装统一，颜色有别于比赛队。

（3）裁判服应有装裁判用具的口袋。

（4）鞋具应能适应比赛场地的状况，具有防滑性能。

（5）裁判员应穿戴护腿板和护袜。

2. 助理人员的着装要求：

（1）全体人员着装整洁、统一，可穿着礼服或运动套装。

（2）为遮挡阳光可戴有帽檐的帽子。

（3）遇天气恶劣时，可穿戴必要的保护服装。

3. 裁判员应随身携带的器具：

（1）音质响亮的有带哨子，可加备用哨子。

（2）红、黄牌各一张，挑边器。

**三、裁判员的身体和心理准备**

木球比赛裁判员应具备良好的身体素质，每名裁判员在临场前换好衣服后，应以不同的方式做好体力上和精神方面的准备，做好准备活动，达到精神饱满，确保身体处于最佳状态，以适应比赛需要。同时也可以避免裁判员在临场执裁中受伤。

高度的信心和激情是必要的，它来自裁判员本身。因此，心理准备是非常重要的。

**四、到达比赛场地**

裁判员要提前30分钟到达比赛场地，完成比赛开始前的各项工作任务。

## 第三章　比赛开始前的任务

**一、检查比赛场地**

1. 检查比赛场地、器材。

主裁判员负责检查、批准比赛场地及比赛器材。木球比赛场地应由比赛区和无障碍区两部分组成。比赛场地必须是平整，无障碍物，土质或人造草地等均可。

（1）场地标准的检查方法。

检查场地是否符合规格，可以场地一角为起点，向各点丈量。

（2）球与击球板的检查。

以卷尺、卡尺和台秤等量具，对球与击球板给予称量(击球板的缠绕物应计算在球板的重量内)。

（3）球门的检查。

球门应固定在球门线上，横梁中点垂直于端线中点，白色球门网应向后撑起并固定，周边应压紧。

2. 检查比赛场地的辅助设施。

（1）在比赛场地边线无障碍区以外应设有记录台、仲裁(技术官员)席，双方运动员、教练员席和教练员活动区(6米×2米)分别设在记录台两侧。

（2）在记录台侧面应有大型记分牌(或电子记分牌)、计时钟(或电子计时钟)。

（3）记录台主要物品。

记录台应准备记录表格（成绩记录表、上场队员表、点球记分表）、电子秒表、锣、记分牌、犯规次数示意牌（其中1～4号为黑色，5号为红色）、广播器材、比赛用球、击球板（包括备用）、场上队长佩戴标志、红牌、黄牌以及必要的文具用品。

3. 检查记录台工作。

主裁判员应检查两队是否已将队员和教练员的名单交给记录员，记录表上是否标明两队上场队员名单及教练员是否已在表上签名。

**二、比赛开始前的工作**

1. 召集双方队长抽签，选择开球权或场地，并将抽签结果通知记录台。

2. 比赛前10分钟与副裁判员配合，组织双方运动员入场，并通过宣告员将双方运动员、教练员以及临场裁判员介绍给观众。

3. 宣布练习时间。

4. 比赛前1分钟，裁判员宣布停止练习，运动员离开比赛场地，回到队员座位上，保证比赛准时开始。

5. 主裁判员确认双方场上队长，应有明确标志。

6. 开球前，主裁判员进入中圈，面对记录台，将球放在开球点上，与副裁判员、记录台联系准备情况，当确认记录台已准备完毕后，并认为双方运动员已准备好，即鸣哨开球。

# 第四章　临场裁判员的配合

**一、比赛开始时的配合**

主裁判员应在中圈开球点面向记录台，副裁判员在靠近记录台一侧，发球一方的前场，同记录台取得联系，向主裁判员示意可以开始比赛。

**二、任意球的配合**

1. 在队员违例时，裁判员应跑向违例地点主持开球，另一裁判员予以相对配合。

2. 在队员犯规时，鸣哨裁判员跑向记录台以手势表示犯规队员号码，另一裁判员则交换位置并主持发球。

**三、争球的配合**

主持争球的裁判员应使参加争球的队员分别背向本方球门方向，另一裁判员相对注意其他队员。

**四、罚点球的配合**

1. 在主持罚点球时，一名裁判员位于罚球点侧前方，另一名裁判员在端线外球门附近注意是否进球。

2. 以罚点球决定胜负时，在选定的球门罚球点，主裁判员位于罚球点侧前方，副裁判员在端线靠近球门处。

**五、两名裁判员判罚不一致时的处理**

1. 两名裁判员同时鸣哨判罚同一名队员时，如轻重不一致，以重为主。

2. 鸣哨有先后，以先鸣哨为主。

3. 同时鸣哨，判罚不一致，以主裁判员的判罚为主。

4. 为避免不一致，应先注意另一裁判员的暗示或配合，通常副裁判员要以配合主裁判员为主。

**六、场上裁判员交换位置的几种情况**

1. 当一队得分时。

2. 场上运动员犯规时。

3. 比赛中罚点球时。

4. 争球时。

5. 场上发生情况裁判员认为需要换位。

## 第五章　临场裁判员的区域分工与职责

在木球比赛的临场裁判工作中，两名裁判员都应相互密切配合，场上队员都应在裁判员的视线之内。

两名裁判员距离球的运动要近，但不能影响比赛队员的运动。一名裁判员负责观察靠近球区域的队员，另一名裁判员负责观察远离球区域的队员。为了准确观察区域队员的动作，两名裁判员应以最合理、最快速的选位方式取得最佳位置，并要合理分工，各司其职，各负其责。两名裁判员的分工活动区域见图 1、图 2。

**一、追踪裁判员**

（一）追踪裁判员的位置。

追踪裁判员应处于球的后面，追踪和观察球和队员，一般选位于距离球侧后方 5 米左右。他应随时做好向相反方向移动的准备，以避免当进攻方向突然转变而阻碍队员运动路线。当球到前场时，他必须快速移动到前场。追踪裁判员不负责观察远端的边线，但有时球出界时，他应该协助同伴确定发球方向。

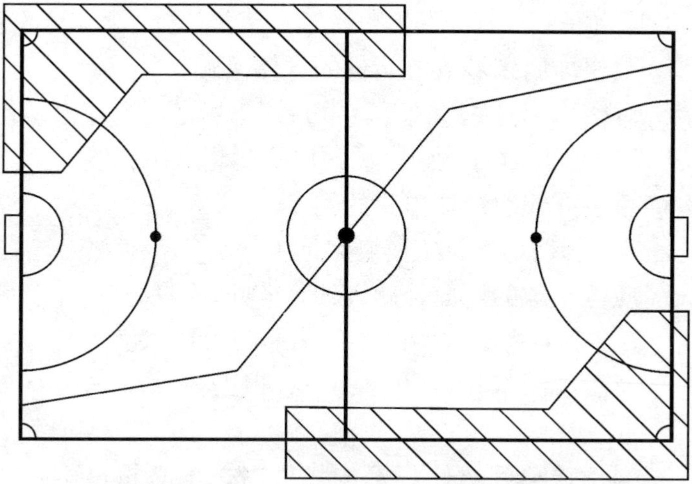

图 1 木球裁判员全场区域分工图

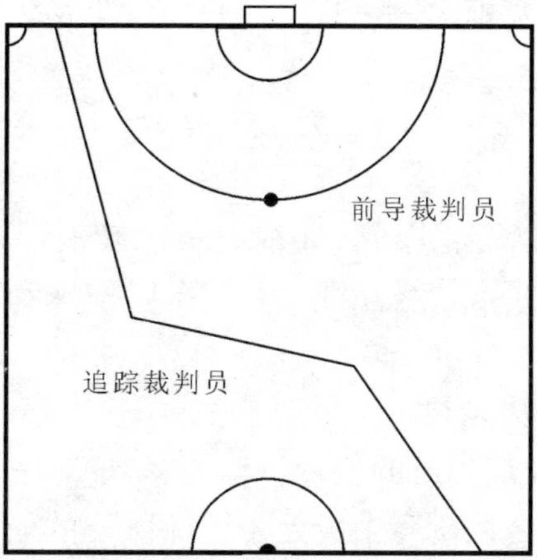


图 2 木球裁判员半场区域分工图

（二）追踪裁判员的职责。

追踪裁判员的责任，主要是观察远离球区域的比赛情况。其职责是：

1. 观察球门区域攻防队员的身体接触。

2. 观察远离球的其他区域可能发生的犯规。为了占据最佳位置，必要时可移到中场，但不要超过中轴线。

3. 负责同侧边线球出界的判定。

（三）追踪裁判员的注意事项。

1. 应位于球的后面外侧大约5米处，以保持一个宽阔的视线，追踪和观察比赛情况，但不能跨入罚球区。

2. 负责观察同侧的边线、中线以及球从前场转移到后场的可能性。

3. 当球转移到右侧很远的场区时，不必越过中轴线仍应位于球的左侧。

4. 当进攻队员进攻和射门时，特别注意观察防守队员的动作。

5. 当同伴在判断球出界需要帮助时，应立即提供帮助手势。

6. 从追踪裁判员到前导裁判员的转变，应采用侧身跑或后退跑的方式，始终注视比赛情况，使球和队员始终在视线内。

**二、前导裁判员**

（一）前导裁判员的位置。

前导裁判员在比赛中应处于控球队员的前方。要保持快速移动，不要落在进攻队员的后面。当前导裁判员移动到端线附近时，他的移动范围应在罚球区线和端线发球点附近。

（二）前导裁判员的职责。

前导裁判员主要负责观察有球区域的比赛，罚球区域攻防队员的犯规或违例，防守队员的非法掩护，球门区内的犯规。其职责是：

1. 重点负责观察球和靠近球区域的比赛。

2. 负责观察远离球区域的比赛。

3. 负责同侧边线球出界的判定。

（三）前导裁判员的注意事项。

1. 应以最快的速度，始终保持移动，努力获取最佳位置，避免被队员挡住视线。如果负责观察远离球的区域，也要了解球在何处。

2. 负责端线和同侧的边线，当球从自己管辖的区域出界时，应及时做出判断。

3. 当球在罚球区内时，要特别注意双方队员的身体接触，要对发生严重违规的动作给予严厉处罚。此外，还要了解队员是否占据新的位置和对方是否进行非法阻挠。

4. 不要宣判那些无关紧要的身体接触犯规，特别是在进攻队员射门，并且得分时。

5. 应在界线外移动，选择最佳位置，不要进入场内离球太近，更不要“穿过”罚球区。

6. 当同伴在判断球出界需要帮助时，应立即提供帮助手势。

## 第六章　裁判人员工作程序及要求

### 一、主裁判员

主裁判员是一场比赛的组织者，在比赛的全过程中，主裁判员的工作是关键。

（一）比赛前的工作与要求。

1. 比赛前的准备工作。

（1）召集裁判组成员开准备会，明确任务与分工。

（2）准备好比赛用品(服装、哨子、红牌和黄牌等)。

（3）准备提前 30 分钟到达比赛场地。

2. 入场式前的工作。

（1）检查比赛场地、球门和网、球和击球板。

（2）召集双方队长以抛币的方式选择开球权或场地，并将挑边结果通知记录员。

3. 入场与入场后的工作。

（1）与副裁判员带领双方队员列队入场。

（2）掌握两队的准备活动。

（二）比赛中的工作与要求。

1. 全面主持比赛场上的裁判工作。有权决定涉及比赛的一切问题，包括规则中没有规定的问题。

2. 在比赛中应看清事实，依据规则准确判罚。

3. 裁判手势应做到及时、清楚、准确、大方。

4. 主持加时赛的挑边和加时赛比分两队仍相等后的罚点球。

5. 对比赛中出现的意外问题要冷静对待，及时妥善处理，保证比赛顺利进行。

6. 对于在判罚过程中出现的误判，应及时纠正。

7. 在两名裁判员判罚不一致时，以主裁判员的判罚为最终结果。必要时，可与副裁判员商议后再做出决定。

8. 注意同记录台的联系。

（三）比赛结束后的工作与要求。

1. 宣布比赛结束。

2. 组织运动员退场。

3. 检查计时钟、记录表，并最后签字。

4. 向赛会竞赛处报告成绩，并进行小结。

**二、副裁判员**

（一）比赛前的工作与要求。

1. 比赛前的准备工作。

（1）参加准备会。

（2）准备好裁判用品(哨子、服装、红牌、黄牌等)。

（3）提前30分钟到达比赛场地。

2. 入场前的工作。

（1）协助主裁判员检查比赛场地、球门和网、球和击球板等。

（2）分发并核对双方队员登记表。

（3）检查比赛场地的辅助设施和器材。

3. 入场与入场后的工作。

（1）配合主裁判员，带领双方队员列队入场。

（2）向双方分发比赛用击球板。

（3）负责安排捡球员的工作。

（4）检查上场队员服装、号码、护具及场上队长标志等。

（二）比赛中的工作与要求。

1. 副裁判员在比赛场上同主裁判员有相同的判罚权力，协助主裁判员完成执法工作。

2. 在规则规定的职权范围内，对所辖区域的情况看清事实，准确判罚并及时鸣哨，做出手势。

3. 在遇到同主裁判员的判罚不一致时，要服从主裁判员的判定。

（三）比赛结束后的工作与要求。

1. 在记录表上签字。

2. 协助记录台收回比赛用具(球、板等)。

3. 参加赛后小结。

**三、记录员**

记录员工作是整个裁判工作中不可缺少的组成部分。记录员根据规则在比赛记录表上记录的一切，是一场比赛的正式记录。上场队员、得分、犯规、暂停、换人等，均以记录员在记录表上记载的内容为准，它是一场比赛成绩的唯一凭证和依据，是比赛情况的文字档案。因此，记录员在比赛中要思想集中，认真负责，积极配合，根据场上裁判员的最终判定，准确无误，实事求是地做好记录工作。

（一）比赛前的准备工作。

按照比赛要求准备好记录工作用具，每场比赛提前30分钟到比赛场地。

（二）每场比赛的工作与要求。

1. 到赛场后的准备工作。

（1）准备好记录表一份，应有备用记录表。

（2）按秩序册在记录表上预先登记好比赛队、时间、地点、组别及双方运动员的姓名、号码、队长等。

（3）准备好临场用品，如点球顺序表、比赛成绩报告单、秩序册、双色笔、复写纸、夹板、队长标志等。

2. 入场前的工作与要求。

（1）请双方教练员、队长核对记录表上本队队员姓名和号码。

（2）将主裁判员通知的双方选择开球权或场地的结果登记在记录表上。

（3）将表中开球一方做上标记。

3. 入场后的工作。

（1）根据两队交来的登记表(有教练员签名)，将双方先出场的队员名单和场上队长在记录表上做好标记。

（2）在裁判员鸣哨比赛开始前，核对双方上场队员是否正确，并通知裁判员。

（3）当主裁判员鸣哨开始比赛时，登记本场比赛开始的时间。

4. 比赛中的工作与要求。

（1）记录比赛中的每一个进球，同时登记进球队员号码。

（2）记录比赛中双方每一名队员的犯规，当一名队员犯规达到 5 次时，通过宣告员向裁判员报告。

（3）记录比赛中双方教练员要求的暂停次数。

（4）记录两队的每一次换人。

（5）记录比赛中双方队员的黄牌与红牌。

（6）当场上主裁判员宣布因某种原因中断比赛，应立即在记录表“备注”栏内记录比赛中断的原因和时间，并记清控球权一方。

（7）记录要准确，不能涂改，若发现裁判员判断有争议时，不要急于记录，待裁判员做出最终判定后再进行记录。

5. 比赛结束后的工作与要求。

（1）登记比赛结束时间和比赛结果并签名。

（2）请主、副裁判员检查并签名。

（3）填写成绩报告表，请裁判长签名，交赛会竞赛处。

**四、计时员**

1. 提前30分钟到达比赛场地。

2. 检查计时钟(表)是否正常。

3. 准确操作计时钟(表)，协助记录员记录比赛开始时间(上、下半场)、加时赛时间(上、下半场)、中场休息时间，暂停、换人、比赛结束时间等。

4. 比赛结束后交主裁判员核对时间。

**五、宣告员**

1. 提前30分钟到场，检查广播器材。

2. 以简练准确的语言，协助裁判员宣告双方队员入场，并介绍裁判员、运动员。

3. 根据规则要求发出信号并宣告暂停、换人、半场和全场比赛结束等。

4. 应记录台要求宣告有关事宜。

5. 比赛结束时宣告比赛成绩。

## 第七章　裁判员的鸣哨与手势

**一、裁判员鸣哨**

在下列情况应该鸣哨：

1. 全场比赛的上、下半场，加时赛上、下半场的开始与结束。

2. 球出界。

3. 违例或犯规。

4. 任意球。

5. 争球。

6. 角球。

7. 前场的边线与端线发球。

8. 点球。

9. 换人。

10. 暂停。

11. 因特殊情况裁判员认为需要暂停时。

**二、裁判员鸣哨的要求**

鸣哨应果断，哨音要响亮，并根据各种情况有长短轻重的区别，要使场上所有运动员都能听到，基本方法如下：

1. 比赛开始：长音。

2. 暂停与换人：中长音。

3. 犯规或违例：长重音。

4. 球出界或发定位球：响亮短促音。

5. 严重犯规：重而响亮的长音。

6. 进球得分：一长音。

7. 争球：一长音。

8. 纠正错误：连续短音。

9. 比赛结束：一短一长音。

**三、裁判员手势（图3）**

一般情况下，裁判员的主要手势是表示方向，一只手臂平举，五指并拢，手掌打开，手指的指向即发球方向。

对于各种判罚，裁判员要以手势表示，必要时加语言帮助，同时要表示出发球方向，一个判罚可以由两个动作完成。主要手势有以下几种：

**图 3　木球裁判员手势图**

1. 得分：单臂上举，伸出食指，接着再指向中圈。

2. 犯规：单臂握拳上举，再指出发球方向。

3. 违例：先五指并拢单臂上举，掌心向前，再指出发球方向。

4. 争球：双臂胸前前伸握拳，并伸出拇指。

5. 暂停：一臂在体前，手心向下，另一手单指点向掌心。

6. 换人：双臂在体前交叉，五指并拢伸直，掌心向内。

裁判员的手势应在鸣哨后做出，让所有运动员及观众都清楚裁判员的判罚。

**附：木球比赛用表（见本书第138～140页）**

表1　木球比赛记录表

表2　木球比赛运动员登记表

表3　木球罚点球统计表

**表 1**

# 木球比赛记录表

比赛名称：＿＿＿＿＿＿＿＿

比赛日期：＿＿＿＿＿＿　时间：＿＿＿＿＿＿　组别：＿＿＿＿＿＿　地点：＿＿＿＿＿＿

| （甲队）队名： | | | | | | | 服装颜色：（　） | | | | （乙队）队名： | | | | | | | 服装颜色：（　） | | | |
|---|---|---|---|---|---|---|---|---|---|---|---|---|---|---|---|---|---|---|---|---|---|
| 号码 | 姓名 | 上场队员 | 犯规 | | | | | 得分 | | | 号码 | 姓名 | 上场队员 | 犯规 | | | | | 得分 | | |
| | | | 1 | 2 | 3 | 4 | 5 | 号码 | 分值 | 时间 | | | | 1 | 2 | 3 | 4 | 5 | 号码 | 分值 | 时间 |
| | | | | | | | | | 1 | | | | | | | | | | | 1 | |
| | | | | | | | | | 2 | | | | | | | | | | | 2 | |
| | | | | | | | | | 3 | | | | | | | | | | | 3 | |
| | | | | | | | | | 4 | | | | | | | | | | | 4 | |
| | | | | | | | | | 5 | | | | | | | | | | | 5 | |
| | | | | | | | | | 6 | | | | | | | | | | | 6 | |
| | | | | | | | | | 7 | | | | | | | | | | | 7 | |
| | | | | | | | | | 8 | | | | | | | | | | | 8 | |
| | | | | | | | | | 9 | | | | | | | | | | | 9 | |
| | | | | | | | | | 10 | | | | | | | | | | | 10 | |
| | 教练员： | | | | | | | | | | 教练员： | | | | | | | | | | |
| 暂停 | 上半时 | | | 下半时 | | | | 加时赛 | | | 暂停 | 上半时 | | | 下半时 | | | | 加时赛 | | |
| | | | | | | | | | | | | | | | | | | | | | |

上半时比分＿＿：＿＿　罚点球比分＿＿：＿＿　比赛结束时间　宣告员＿＿＿＿　副裁判员＿＿＿＿

下半时比分＿＿：＿＿　比 赛 结 果＿＿：＿＿　时　分　记录员＿＿＿＿　主裁判员＿＿＿＿

加时赛比分＿＿：＿＿　优　胜　队＿＿＿＿　计时员＿＿＿＿

备注：

注：1. 得分、暂停、犯规均以时间记录。2. 红牌加注 R，黄牌加注 Y。

**表 2　　木球比赛运动员登记表**

队　　员：＿＿＿＿＿＿　　比赛时间：＿＿＿＿＿＿

比赛日期：＿＿＿＿＿＿　　比赛地点：＿＿＿＿＿＿

| 上场队员 | | 替补队员 | |
|---|---|---|---|
| 号码 | 姓名 | 号码 | 姓名 |
| | | | |
| | | | |
| | | | |
| | | | |
| | | | |
| | | | |
| | | | |
| | | | |
| | | | |
| | | | |
| | | | |
| | | | |
| | | | |
| | | | |

**表3　　　　木球罚点球统计表**

比赛地点：________　　　　比赛时间：________

| 甲队： | | | | 乙队： | | | |
|---|---|---|---|---|---|---|---|
| 罚点球队员 | | 进球情况 | | 罚点球队员 | | 进球情况 | |
| 姓名 | 号码 | 命中 | 未命中 | 姓名 | 号码 | 命中 | 未命中 |
| | | | | | | | |
| | | | | | | | |
| | | | | | | | |
| | | | | | | | |
| | | | | | | | |
| | | | | | | | |
| | | | | | | | |
| | | | | | | | |
| | | | | | | | |
| | | | | | | | |
| | | | | | | | |
| 罚点球<br>比　分 | 甲：________<br>乙：________ | | | 裁判员<br>签　字 | 主：<br>副： | | |

# 蹴球竞赛规则

## 第一章　比　赛

**1　　定义**

蹴球比赛是按照竞赛规则，双方运动员用脚底“蹴”球，使球通过脚底向前滚动，依据所“蹴”之球碰击对方或本方球的情况计算得分，以任一方先达到或超过规定分数而决定胜负的体育竞赛项目。

## 第二章　比赛场地及器材

**2　　比赛场地**

2.1　场地规格：长 10 米、宽 10 米的正方形平坦地面。

2.2　画线：线宽不得超过 5 厘米，边线及各线段均为场内和各区内的一部分。

2.3　停球区：在场地正中心，为一个半径 20 厘米的圆圈。

2.4　中心圆：在场地中央，为一个半径 2.4 米的圆圈。

2.5　发球区：在场地四角，每角一个，为半径 0.5 米的扇面，按逆时针方向编号为 1、2、3、4 区。(图 1)

**3　　比赛用球**

3.1　比赛用球为硬塑实心球，直径 10 厘米±0.2 厘米，重量 1000 克±10 克。

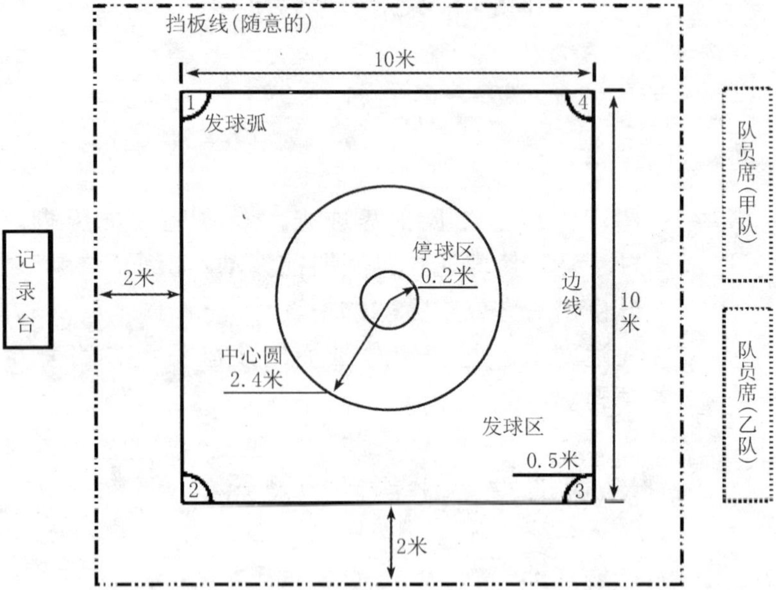


**图1　蹴球场地示意图**

3.2　比赛用球分两种鲜明颜色，分别标有1、2、3、4号。1、3号球为同一颜色，2、4号球为同一颜色。

## 第三章　运动员和教练员

**4　运动员**

4.1　运动员须按比赛规程或赛会要求统一进入赛场。

4.2 除不可抗拒原因可以由本队教练员或领队代替挑号外，队员必须按时到达赛场进行挑号。

4.3 队员必须接受裁判员对其进行的装备检查，凡不符合规定者，应立即更换。

4.4 上场队员，须穿佩大会统一号衣或号码布。号码按1、2、3、4排列，单、双号分别同色。号码宽20厘米，高14厘米。

4.5 运动员必须穿平底运动鞋，并不得对鞋底进行特别加工。

4.6 每局交换发球顺序后，同时交换号码。

4.7 在临场比赛的任何时间，队员均不得擅自退到挡板外接受指导或饮水。

4.8 参赛队的所有人员必须遵守竞赛规则、规程，并对自己的行为负责，不得做出妨碍比赛、干扰对方、破坏比赛气氛的任何行为。

4.9 运动员有权提示裁判员及时更正计分错误。

**5 教练员**

5.1 教练员应按赛会要求在指定地点进行观赛或指挥，未经裁判员允许，不得进入挡板或限制线内。

5.2 教练员在观赛或指挥时，不得干扰对方，也不许对任何人使用粗言秽语或辱骂性语言。

5.3 在本队比赛时，教练员有权提示裁判员及时更正计分错误。

## 第四章　计胜方法及名次判定

**6　计胜方法**

6.1　每场比赛当一方达到 80 分或 80 分以上时，比赛结束。

6.2　在每场比赛中当一方或双方达到 40 分或 40 分以上时，比赛停止，休息三分钟，然后双方交换首发权，接休息前的比分继续比赛。

6.3　在一方或双方达到 40 分或 40 分以上时，如一方有连蹴机会，比赛也不再进行。

6.4　在一方或双方达到 40 分或 40 分以上时，以球的止点判定比赛得分。

6.5　当一方或双方达到 80 分或 80 分以上有分差出现，在球停止时比赛即为结束。如果已达 80 分或 80 分以上但无分差出现，则比赛继续，以先得分者为胜(突然死亡法)。当最后一击出现同时得分且得分相等时，待球停止后计算得分，以得分高者为胜，循此直至分出比赛胜负。

6.6　胜一场积 2 分，负一场积 1 分，弃权为 0 分。

6.7　如遇一方弃权，以对方 80∶0 计胜。

6.8　比赛中罢赛超过 5 分钟，由裁判长宣布取消该选手(队)该赛项全部比赛成绩。

**7　循环赛赛制名次判定**

7.1　按全部比赛结束时积分多少排列名次，积分多者名次列前。

7.2 如遇两队或两队以上积分相等，则按积分相等队相互间得失分率确定名次，得失分率高者名次列前。

7.3 如再相等，按积分相等队在同一循环比赛的得失分率确定名次，得失分率高者名次列前。

7.4 如仍相等，以抽签确定名次。

## 第五章 比赛通则

**8 发球**

8.1 在裁判员主持下，由双方队长抽签确定开赛发球顺序，先抽到者可选择任何一种颜色球，即决定是否先发球。40 分或 40 分以上时双方交换顺序和颜色，交换发球权前后的首发球为 1、3 号(红色)球。

8.2 上场队员编为 1、2、3、4 号，队员编号与发球区号相同，开赛按 1、2、3、4 号顺序发球。单蹴比赛，队员仅分 1、2 号。

8.3 发球前，每名队员均应在裁判员的口令下将球放在自己的同号区内，待令蹴出。球一经放置，不得再移动。

8.4 发球时球一经蹴动，应触及中心圆线。

8.5 发出的球不得触及场内任何球。

8.6 发球时，球一经被触及即为进入比赛状态，可以进攻他球和被任何球攻击，当己方有蹴球权时，可以用已发出的球进攻他球或被任何球攻击，并按规则得失分。

8.7 发球同时出现两种或两种以上不同情况的犯规时，以此球结束时最高被动得分给对方加分，其他不再累计加分。

8.8 发球出界，应重新发球。

8.9 在有连蹴权的情况下，发本方出界的目标球时，如果发球出界，则视为失去一次蹴球机会。

**9 本球、目标球与复位球**

9.1 本球：是指蹴动的球，或攻方蹴出的主动球。

9.2 目标球：是指被本球蹴击的球。

9.3 复位球：是指不该被攻击或触及而受到攻击或触及的球。比赛中如遇下列情况，移位的目标球须由裁判员复位，本球不再复位：

9.3.1 发球击中任何一球。

9.3.2 半活球出停球区击中任何一球。

9.3.3 击中停球区内的死球及由此引起发生位置变化的其他任何一球。

9.3.4 犯规在先的或有不正当行为而触到的任何一球及由此引起发生位置变化的其他任何一球。

**10 死球、半活球与活球**

10.1 凡被他球击出界而应放置于停球区内的球为死球。对停球区内的死球若进攻方仍有连蹴权时，当次不得向其攻击，它包括连蹴两次时。将被攻击的球击出场外成死球这个人次轮过后，此死球就成为半活球，半活球不能攻击他球，但可以被任何球攻击。死球被当次进攻方队员蹴动或触及，半活球被对方队员蹴动或触及，或者被任一活球正常击中即为活球。停球区内的死球若被击活，在裁判员将其复位后，可以用此球攻击任何一球。

10.2　死球一经放置不得再次移动位置，放置时不得触及场内任何球。

10.3　半活球可以在任何时间向任何方向、任何距离前进，无攻击权。

10.4　死球或半活球可以被发球击活，但被击活球要复位。此后若正当发球方蹴球，只能用发出的球蹴球。

10.5　比赛中凡用身体触及或本球直接或间接触及死球，连蹴权立即取消。

10.6　如遇本球先直接触到死球，只按所触到的死球给对方加分，以后的情况不再计分；如遇本球间接触到死球或先击到活球，而活球又触到死球，则先计本球主动得分后计死球得分；当死球和其他球同时被击中，则视为先击中死球。

10.7　当一队在停球区内有一个半活球时，如果另一球又被击出界，此时这个出界球应发球。

10.8　半活球出区时，如果球出界，在给对方加分后，重新出区。

10.9　在停球区内的死球，被对方人为触活后，此球可以出区，也可以进攻他球。

**11　蹴击球与连蹴**

11.1　蹴击球：

蹴击球时以脚跟先着地，由脚掌触及球面，稳定后将球向前蹴出或挤压出。挤压后再触球，则犯规，不再连蹴。

11.2 连蹴：

11.2.1 连蹴一次：

蹴击球击中任何一球，可以用本方任何一球连蹴一次。

11.2.2 连蹴两次：

11.2.2.1 一蹴击中两球，可以用本方任何一球连蹴两次。

11.2.2.2 如遇规则 15.1.1.4～15.1.1.9 和 15.1.2.1～15.1.2.7 款情况出现在连蹴两次的第一次蹴球中，则视为队员已失去一次蹴球机会，允许队员连蹴第二次。

11.3 将对方两球蹴击出界，先出界球由队员将球放置停球区，另一球则由队员在同号发球区发球。

11.4 蹴击球或连蹴球必须攻向目标球。在蹴击球或连蹴时，若本球距目标球超过 2 米，蹴击球必须向目标球前进至少 1 米方视为进攻球。

11.5 蹴击球移动距离以起点到止点为准。

11.6 连蹴权仅指第一次蹴击球时。在连蹴的第二或第三蹴中又击中任何球，不再加连蹴权。

11.7 裁判员下达口令后，运动员应在 15 秒以内完成蹴球动作。

**12 出界球**

12.1 球体着地点脱离场地滚出边线并停止在边线外即为出界。

12.2　判断球是否出界以球自然滚动的最后停止点为判定点，凡触到任何人为设置的物体而弹回场内均属出界球。

12.3　本球出界或球被本方球击出界，应由队员在15秒之内用手将出界球放在与球同号的发球区，然后按发球的规则将球发出。

12.4　球被对方球击出界，应由队员在15秒之内将出界球放置于中心圆停球区内。如果两个球同时被蹴击出界，则按规则11.3执行。

12.5　本球击中对方球而双方球均出界，则守方先处置球。

12.6　本球出界无连蹴权。

12.7　若受到外界自然干扰，将场内的静止球改变位置或将场内的活动球挡在界内、外，均以最后止点来判定结果。

**13　回避球**

13.1　回避球是指由队员申请，经裁判员同意，可以不向对方球进攻而蹴向任何方向、任何距离的球。

13.2　每场比赛只允许每名队员在赛中休息前后各享有一次回避球申请权，若休息前未用，不得补加用于休息后的比赛中。

13.3　回避球如出现其他情况，则判本球犯规由对方得分。

13.4　在连蹴两次时，可以用任何一球回避。

13.5　发球不得回避。

**14　主动得分**

14.1　本球击中对方一球得1分。

14.2 本球将对方一球击出界得4分。

14.3 除发球外，蹴球中如遇多种情况同时出现，按事实，相应累计得分。

**15 被动得分**

15.1 对方得1分

15.1.1 当进行第一次蹴球时出现下列情况，攻方队员不再重蹴：

15.1.1.1 发球失误，球已经被触动。

15.1.1.2 半活球出停球区时，触及任何一球。

15.1.1.3 蹴球或连蹴时，攻击死球。

15.1.1.4 进攻方向或距离不符合规则要求。

15.1.1.5 蹴击球后又连续以脚触球或球触脚。

15.1.1.6 蹴击球动作不符合规定，如滑球、拨球、拉球、捅球等。

15.1.1.7 有意击本方球。

15.1.1.8 蹴击球前使球滚动。

15.1.1.9 比赛中，裁判员认为非故意使身体或其他物体触及场内任何一球。

15.1.2 队员蹴球前发生下列情况，判对方得1分后允许队员继续比赛：

15.1.2.1 未经裁判员允许队员擅自进入场内。

15.1.2.2 未经裁判员允许而擅自蹴击球。

15.1.2.3 未按时完成蹴击球。

15.1.2.4 用声音或其他方式间接影响对方蹴击球。

15.1.2.5 擅自更换人次，如双蹴时同方队员顺序错误等。

15.1.2.6 擅自更换比赛用球，如用错号或用对方球等。

15.1.2.7 未按规则蹴击球，如处置球的先后顺序错误、放错发球区等。

15.1.2.8 不满裁判员的判决而影响比赛正常进行。

15.1.2.9 放定球后又触及球。

15.1.2.10 放置死球时触及任何一球。若与其他球相连时，应由本人重新放置。

15.1.2.11 选号已确定先后发球权，裁判员发出放球口令，运动员未按时完成放球。

15.1.2.12 发球未触及中心圆。

15.2 对方得 2 分

15.2.1 将本方球蹴出界。

15.2.2 发球出界。

15.2.3 发球直接或间接触及任何一球。

15.2.4 发球直接或间接将本方球蹴出界。

15.2.5 半活球出停球区时，无论在区内或区外将本方球击出界。

15.3 对方得 4 分

15.3.1 发球直接或间接将对方球蹴出界。

15.3.2 半活球出停球区时，无论在区内或区外直接或间接将对方球击出界。

15.3.3 直接或间接将死球击出界。

15.4 对方得累加分

15.4.1 发球或蹴击球时出现蹴球动作犯规在先而随之触或击到任何一球，只对犯规例进行判罚，给对方加分，其后情况不再累计。

15.4.2 比赛中若故意用身体或借助外力破坏对方球的正

常运行，或故意触及对方球以减少对方得分而取得利益，按当时可能出现的最高得分，给对方加分。

15.4.3 除发球外，比赛中如遇两种或两种以上受罚情况同时出现，按事实，累计给对方加分。

**16 比赛暂停**

16.1 比赛中，若参赛队需要暂停比赛，须由教练员或队员在本方取得蹴球权时向裁判员提出请求，经裁判员允许后方可行使暂停。

16.2 每场比赛允许每队在赛中休息前后各请求暂停1次，每次时间为1分钟。暂停时，可以进行技术指导。

16.3 在暂停时间内，队员不能出场(如有挡板则以挡板为界)接受指导，教练员不能进场指导。

16.4 若场上队员发生意外，该队可以要求暂停比赛，但时间不得超过5分钟。

16.5 因场上意外情况需要处理，裁判员可令比赛暂停，待处理完毕立即恢复比赛。

## 第六章 弃权与申诉

**17 弃权**

比赛过程中凡出现下列任何一种情况均为弃权：

17.1 运动员超过规定开赛时间5分钟未到场。

17.2 因场上队员发生意外，暂停比赛时间超过5分钟。

17.3 拒绝上场比赛超过5分钟。

**18　　申诉**

18.1　比赛中如运动员对裁判员的判罚有异议，应及时向裁判员提出，但态度要平和而有礼貌。

18.2　参赛运动员若对比赛结果有异议，可在比赛结束后两小时内，向仲裁委员会提出书面申诉意见，并同时交纳申诉费。仲裁委员会依据仲裁条例进行裁决。

## 第七章　裁判人员及职责

**19　　裁判人员**

19.1　比赛设裁判长1人，副裁判长1～2人，裁判员、助理人员若干人。

19.2　每场比赛设裁判员1人，记录员1人，记分员1人。

19.3　裁判员对场上出现的异议情况，应及时征询记录台人员意见，按事实做出最后判决。

19.4　比赛中裁判员对运动员、教练员及随队人员可行使处罚权力，如果被处罚人员仍坚持其不正当行为，并影响比赛正常进行，则可将其罚出场外。若因被罚出场导致比赛不能继续，则判该队罢赛。

**20　　裁判长职责**

20.1　主持整个比赛过程，全面组织和领导裁判的各项工作。

20.2　负责检查场地器材，安排竞赛日程和裁判员及助理人员的分工。

20.3　根据规则的精神解决比赛中出现的各种问题。

20.4　对比赛中出现的弃权、罢赛做出最终判定。

**21　副裁判长职责**

21.1　协助裁判长工作，完成裁判长分配的工作。在裁判长缺席时代理裁判长职责。

21.2　组织安排发放裁判员用品、检查记录台的准备工作。

21.3　协助裁判长检查场地、器材，做好比赛裁判工作的后勤工作。

21.4　组织运动员入场。

21.5　根据比赛场地的分布，负责其中一些场地的比赛监督工作，对相关技术问题予以解决。

**22　裁判员职责**

22.1　检查运动员佩戴号码、服装、鞋子等必要装备。

22.2　组织双方队员抽签，确定双方发球顺序和队员用球。

22.3　宣布比赛开始和结束。

22.4　判断是否犯规，宣布得分。

22.5　宣布回避、暂停、中断比赛、比赛结果。

22.6　判断球体是否出界。

22.7　确认球的原始位置。

22.8　判断进攻方向与距离是否符合规则。

22.9　在本场比赛记录表上签字。

**23　记录员职责**

23.1　赛前登记双方队员的姓名、号码，并进行核对。

23.2　记录双方队员所得分数。

23.3　记录暂停、换人和回避球。

23.4　比赛结束，核对比赛记录内容无误后交裁判员签字，并交裁判长签字。

23.5　负责记录运动员完成动作的时间。

23.6　协助裁判员执行工作。

**24　记分员职责**

24.1　翻记分牌。

24.2　随时报比分。

24.3　协助记录员工作。

24.4　管理场地周边环境，确保比赛顺利进行。

24.5　管理场地器材。

24.6　协助裁判员执行工作。

# 蹴球竞赛裁判法

## 前 言

《蹴球竞赛裁判法》是蹴球裁判员的实际工作方法。它能够帮助裁判员对比赛中的变化，做出正确、及时地判断，准确处理违反规则的各种情况，目的是使裁判员对比赛做出正确的判罚。该裁判法介绍了蹴球裁判员应具备的基本素质和工作内容及程序，有助于蹴球裁判员更好地完成执法任务，保证比赛圆满顺利地进行。

## 第一章　裁判员应具备的基本素质

优秀的裁判员应具备较高的思想素质和业务素质，做好裁判工作有助于运动员养成遵守竞赛规则、公平竞争的习惯，对提高比赛的水平具有十分重要的意义。裁判员应当不断地学习研究，透彻地理解规则，使自己执法的比赛更加精彩，并力求通过自己对规则的理解，使每一场比赛都能在正确的精神指导下进行。因此，裁判员应具备以下几种素质：

（一）严格遵守严肃、认真、公正、准确的基本原则，加强裁判员自身的职业修养，保证比赛安全、顺利地进行。

（二）裁判员要具备良好的心理素质，对比赛要保持一种不带任何感情色彩的冷静态度。任何时候都应集中精力，以确保比赛以外的任何事情都不会分散自己的注意力。

（三）裁判员要认真学习规则、裁判法，精通规则内容，

掌握蹴球运动规律。对任何违背规则精神和体育道德的行为都应给予严厉的判罚，使运动员认识到裁判员执行规则的坚决性。

（四）裁判员要具备敏锐的观察能力、快速的判断能力、准确运用规则的能力、妥善处理问题的能力。

（五）裁判员自身要加强体能训练，提高身体素质以适应比赛的需要。

## 第二章　裁判人员工作内容及要求

### 一、裁判人员

（一）裁判长 1 人，副裁判长和裁判员若干人。

（二）每场比赛由 1 名裁判员担任裁判工作。另设有记录员、记分员、值场裁判员各 1 人共同完成比赛工作。

（三）裁判人员必须在赛前 30 分钟到达比赛场地，并开始行使其权力。当比赛结束，裁判员在记录表上签字后，这种权力即告结束。

### 二、工作内容及要求

（一）裁判长：

1. 比赛前的工作与要求。

（1）组织召开裁判组工作会议。

为了完成好裁判任务，裁判长应在比赛前组织召开全体裁判员工作会议。会议内容主要包括以下几点：

①学习大会有关文件，加强裁判员的思想教育。

②组织裁判员学习竞赛规程与规则，统一判罚尺度。

③解决各种疑难问题。

（2）参加教练员联席会议。为使比赛顺利进行，裁判长应在比赛前参加由竞赛委员会组织召开的教练员联席会议，并向教练员讲明临场判罚尺度、竞赛执法要求及注意事项。

（3）组织赛前和各阶段的抽签等工作。

（4）负责检查场地器材，安排竞赛日程和裁判员及助理人员的分工。

（5）组织裁判员赛前实习。

2. 比赛中的工作与要求。

（1）全面组织和领导裁判的各项工作。

（2）根据规则的精神解决比赛中出现的各种问题。

3. 比赛结束后的工作与要求。

在阶段比赛和全部比赛结束后，主持召开裁判工作总结会议，认真总结经验，帮助裁判员和助理人员提高业务水平。内容包括：

（1）评价执法过程中的心理状态。

（2）评价执行规则情况和控制引导比赛的能力。

（3）评价关键判罚的准确性。

（4）评价相互配合情况。

（5）分析、讨论典型、特殊判例。

（6）宣布重大问题处理意见的报告。

（7）布置下一阶段的任务和具体要求。

（二）副裁判长：

1. 比赛前的工作与要求。

（1）协助裁判长组织学习与实习。

（2）组织安排发放裁判员用品、检查记录台的准备工作。

（3）协助裁判长检查场地、器材，做好比赛的后勤工作。

（4）组织运动员入场。

（5）组织赛前和各阶段的抽签等工作。

按蹴球比赛要求和特点，在每个单元（每半天）比赛开始前要组织运动员统一进场，到达各自的赛场。入场的一般顺序为裁判员、记录员、记分员、运动员。

2. 比赛中的工作与要求。

根据比赛场地的分布，负责部分场地的比赛监督工作，对相关技术问题予以解决。

3. 比赛结束后的工作与要求。

总结经验，协助裁判长做好善后工作。

（三）裁判员：

1. 比赛前的工作与要求。

（1）准备好裁判员的服装和裁判用具。

①着装要求：服装统一、整洁，颜色有别于比赛队。

②比赛用具：记录用笔、挑号器。

（2）复查场地、器材。

①检查中心圆停球区和发球区地面是否平整。

②场地挡板应设置在距场地边线2米处，挡板与边线之间不得有任何物品。

③比赛用球的重量、规格、质地、颜色、标号必须符合规则规定。

④检查各种表格、计时表、翻分牌等器材，翻分牌号码是否齐全。

（3）检查运动员装备。

重点检查运动员的鞋底是否符合规则要求，以及服装、号码等，对不合格者，令其改正，否则裁判员有权禁止该队员参赛。

（4）组织挑号。

进入赛场后，裁判员应马上组织双方队员在执法三人都到齐在场的情况下，用抛币的形式挑号。选中方要用语言明确说出是先使红球还是后使红球，挑号后记分员和记录员立刻让双方队员穿戴好号码，填写《蹴球比赛记录表》。

（5）热身练习。

穿戴好号码后，允许队员进行2～3分钟的热身练习，并可以使用比赛用球。

2. 比赛中的工作与要求。

裁判员全面主持比赛场上的裁判工作，有权决定涉及比赛的一切问题，包括规则中没有涉及的问题。执法时，应看清事实，依据规则准确判罚。

3. 比赛结束后的工作与要求。

（1）当比赛结束，裁判员应立即宣布全场比赛结束。

（2）收回比赛用球。

（3）裁判员应认真检查记录表，并在记录表上签字。

（4）填写“成绩报告单”并请裁判长签字后交总纪录处。

（5）对比赛中发生的特殊情况，要在《蹴球比赛记录表》背面的“比赛情况报告”栏中注明。

（6）认真及时地总结临场工作。

（四）值场裁判员：

1. 比赛前的工作及要求。

（1）协助裁判员、记录员、记分员准备好比赛用品。

（2）协助裁判员检查场地设施及比赛器材。

2. 比赛中的工作及要求。

（1）在场上裁判员遇特殊情况而无法继续执裁时，替代场上裁判工作。

（2）指导记录员、记分员的工作。

（3）负责管理教练席和场外周边的秩序。

3. 比赛结束后的工作及要求。

组织记录员、记分员完成赛后的各项工作。

（五）记录员：

1. 比赛前的工作与要求。

（1）准备好比赛所需用具：比赛用球、号码、米尺、挑号器、计时器、记录表格、笔等。

（2）认真填写《蹴球比赛记录表》。

（3）核对比赛运动员是否正确，并通知裁判员。

（4）协助裁判员进行挑号工作，顺序是先挑号，根据双方所挑红蓝球，确定甲乙队再填写《蹴球比赛记录表》。

2. 比赛中的工作与要求。

（1）准确填写《蹴球比赛记录表》中双方运动员的得分、犯规等有关情况。

（2）随时向场上裁判员提供比赛成绩。

（3）队员蹴球时，协助裁判员观察场上情况，重点关注目标球的变化。如果裁判员出现明显的错、漏、反判时，可在下一名运动员蹴球前主动提醒裁判员。

3. 比赛结束后的工作与要求。

（1）及时统计出该场比赛结果，并向场上裁判员报告。

（2）整理好记录表，签字并分别请裁判长、裁判员、记分员签字。

（六）记分员：

1. 比赛前的工作与要求。

（1）准备好比赛所需用具：记分牌。

（2）协助裁判员进行挑号工作，并与记录员共同检查运动员穿戴号码是否正确。

2. 比赛中的工作与要求。

（1）在比赛中，应配合裁判员注意观察场上情况，如果裁判员出现明显的错、漏、反判时，可在下一名运动员蹴球前主动提醒裁判员。

（2）根据比赛情况，随时翻换记分牌。

3. 比赛结束后的工作与要求。

（1）比赛结束时，宣告比赛成绩。

（2）在《蹴球比赛记录表》上签字。

# 第三章　裁判员的工作方法

**一、裁判员的站位方法**

（一）裁判员应选位于蹴球队员平行处的侧面，以既能观察到队员蹴球动作、球的原始位置和目标球，又不干扰攻守双方的原则为宜。

（二）裁判员的位置不是固定的，应随着蹴球队员的动作和球的滚动方向而随时相应变化位置。其原则是尽可能面向记录台，使队员及球处于裁判员与记录员、记分员之间，且宣判时应面向记录台，站稳后再进行。

## 二、裁判员的技术处理

（一）放球。

热身练习完毕，队员将球交到记录台后，裁判员正式进入临场执法阶段，从他发出的第一个口令“放球”开始，双方已进入正式比赛。按规则 15.1.2.11 的规定，如果队员不按口令要求放球，将会被判由对方被动得分。此时的裁判员应根据场上具体情况，适时发出放球的信号。

比赛进行中如比赛用球出现自然破裂或其他损坏，裁判员应立刻停止比赛，迅速更换用球，将原球、目标球和一切被触及的球放回原处，之后立即恢复比赛。在触到目标球前的损坏，此球导致的任何得分均视为无效。比赛用球是否符合规定以及是否需要更换，以裁判员审定为主。

（二）发球。

1. 发球时，如遇下列情况应重新发球：

（1）裁判员认为由于外界干扰使队员不能正常发球时。

（2）由于场地器材原因而使队员不能正常发球时。

（3）由于裁判员的失误而影响了队员发球时，如击中裁判员或误判等。

2. 无论单蹴或双蹴时，裁判员在运动员到发球处放好球后，再发出发球信号。

3. 记录员也应在裁判员发出发球信号后开始计时。

4. 比赛开始的首轮发球应由裁判员先叫号，如 1 号、2 号、3 号、4 号。

5. 开球或发球，以球是否已动为准。

（三）蹴击球。

1. 裁判员对蹴出的球向前移动是否超过 1 米距离有疑问

时，应按规则规定的方法进行实地丈量确定。

2. 由裁判员认定球前进方向是否具有进攻性。

3. 裁判员对自己的误判应予纠正。

4. 裁判员有权在外界人员进场干扰比赛时暂停、中止或推迟比赛。

5. 裁判员应在每次球运行完全停止后再进行宣判。

6. 连蹴时，裁判员应报出“×方得×分，连蹴×次”。

7. 队员用错球主要有三种情况：（1）用对方球；（2）用错本方球；（3）未按规则蹴球，如人次顺序错误、处置球先后的顺序错误、放错发球区等。均应在判罚得分后，将所有相关球回位，允许队员重新按规则蹴球。

8. 连蹴两次时，第一蹴犯规，如前进不足1米、方向不正等，须对第一次连蹴的犯规进行判罚，第二次连蹴机会仍然有效。

9. 队员可以将己方球击出界，只要本球不出界，他可以利用发目标球，达到接近对方球来更好发挥连蹴效果。

10. 得分或被动得分的判罚只用于场上参赛队员。

11. 遇外界干扰蹴击球时，裁判员有权决定是否让队员重新蹴球。

12. 前进方向不包括停球区免受攻击的死球。

13. 裁判员复位球的四种情况：

（1）发球犯规；

（2）出停球区犯规；

（3）击中停球区内的死球；

（4）犯规在前的蹴击球。

（四）死球、半活球与活球。

1. 当遇到发球、球出停球区、击中停球区内的死球、蹴球前或蹴球一刹那犯规后被击中的任何目标球，应由裁判员将被击中的球复位。

2. 死球只有被球击中后才被视为活球，人为触动不为活球。

3. 裁判员要特别注意由死球变成半活的球。

4. 裁判员要提醒被击活球，如“×号球已成活球”。

5. 裁判员要准确计算出击中死球前后的得失分。

（五）回避球与出界球。

1. 回避球必须由队员先提出申请，经裁判员同意，并由裁判员报出“同意回避”后才能触球进行。

2. 发球不得申请回避球。

3. 回避球没有方向，距离的限制，它可以任意进行，但蹴击球动作必须符合规则规定。

4. 回避球出现下列情况时，可按规则判给守方被动得分：

（1）蹴击球犯规。

（2）击中对方球。

（3）击中本方球。

（4）本球出界。

（5）目标球被击出界。

（6）本球与目标球同时出界。

（7）击中停球区内的死球。

5. 回避球只有一蹴机会，出现任何情况只进行判分，不允许连蹴球。

6. 出现连蹴时，队员可以用本方任何一球回避。

7. 队员可以提出或撤消自己回避球的申请，但撤消提出后，裁判员应报出“同意撤消回避”的口令。如裁判员认为故意用这种方法欲想在时间等方面钻规则空子，应做出相应处罚。

（六）出界球。

1. 判断球是否出界，应以球的着地点为准，球的着地点压到边线任何一点均为界内球，否则视为界外球。

2. 裁判员认为由于地形、风力、自然震动等自然因素而影响到球滚出界或重新滚回到界内，应视为一次性蹴击球的正常结果，须在球完全停止后再做判罚。做出判罚后，再出现上述情况，则将球复位到判罚前的原始位置。

3. 当目标球被击出界后，裁判员须先报得分，然后再报“×号球放入停球区”或“×号发球”。

4. 凡触及场外挡板、人员或任何其他物体而弹回界内的球，应视为界外球。

（七）主动得分与被动得分。

1. 裁判员报得分时应同时使用手势和口令两种信号，皆应清晰明确。

2. 遇双方得分的情况，裁判员应先报攻方得分、后报守方得分。其口令为“×方得×分，×方得×分”。

3. 出现下列情况时亦应给对方加 4 分：

（1）将停球区内死球击出界。

（2）发球直接或间接将对方球击出界。

（3）出停球区时直接或间接将对方球击出界。

（4）本方两球均滚出界。

4. 如遇队员在比赛中故意用身体或借助外力破坏对方

正在行进的球，或故意触及球而取得得分利益者，裁判员有权根据当时场上实际情况，如所有目标球的位置、区域、方向等，判断可能出现的最高得分，做出判罚，由对方被动得分。此条的目的是为了避免队员出现不正当竞争，而对于队员无意识的失误不应列入此条的得分中。

5. 规则 8.7 是指两种犯规同时出现时，对较高的被动得分进行处罚，不再累计较低的被动得分，如果两种或两种以上被动得分数相等时，也只处罚其中一种。

6. 规则 15.4.1 是指两种犯规是先后出现时，只对第一个犯规进行判罚被动得分，以后的得分不再计算。

**三、比赛中常见问题的处理办法**

（一）混双比赛时，同队男、女运动员服装颜色不一致，但号衣颜色一致，应允许比赛。

（二）按规则规定不允许人为对鞋底进行加工，违者不能参加比赛。装备是否符合规定以裁判员认定为准。

（三）双蹴比赛时，只要不影响对方，并遵守规则中的时间规定，队员之间可以相互商量。

（四）“突然死亡”法中，可能出现的分差有下列几种：

1. 同时击中对方两球，本方得 2 分。

2. 击中对方一球，本方得 1 分。

3. 击中本方球，对方得 1 分。

4. 发球击中场内任何一球，对方得 2 分。

5. 击球未中，出界，对方得 2 分。

6. 发球同时击中两球，对方得 4 分。

7. 发球同时击中三个球，对方得 6 分。

8. 同时击中双方各一球，各得 1 分。

9. 同时击中三球，本方得2分，对方得1分。

10. 同时击中对方两球，其中一球为死球，对方得1分。

11. 同时击中双方三球，其中一球为死球，对方得1分。

12. 发球同时击中三个球，其中一球为死球，对方得1分。

当最后一击出现同时得分且得分相等时，应等球停止后再判定胜负。除此以外，比赛应立刻结束，不再看球的止点。

（五）判定全场胜负的方法是：

1. 交换发球前的比赛以球的止点判定胜负，当一蹴球停止后，一方比分达到40分或超过40分时，比赛结束。如有连蹴权则不再进行，交换发球，赛中休息。

2. 交换发球后的比赛仍以球的止点判定，当球停止后，比分达到80分或80分以上时，全场比赛即结束。但如果全场比分仍相等，则比赛继续进行，此时的比赛则以先得分者为胜(突然死亡法)，除出现一击同时得分且得分相等时，应等球停止后再判定胜负外，不再看球的止点。

3. 如果交换发球后的比赛结束时，得分已出现一方多于另一方时，则全场比赛结束。

（六）待发球被己方球挡在发球区内时，不允许用手将球拿开，只能采取“失分发球”的方法发球。

（七）按规则规定可以利用挤踩方法进行发球，以达到该球触到中心圆线后，又滚回来的目的，因为发球触线是看过程不看止点。此种判罚仅适于发球。

（八）当一方发球击中停球区内的本方半活球，按规则10.4规定，给对方加2分，并将目标球复位，只能用所发的本球蹴球，被击中的半活球已成为活球。

（九）将球进行复位球时应注意：

目标球必须回原位，本球位置由裁判员放定，但无论何时，两球不能有粘连。

（十）当出现队员用身体将本方半活球触动时，应将被触动的球复位，此球仍为半活球。

（十一）在对方没有完成连蹴权的情况下，若自己发球将本方刚放入的停球区内死球（相对于攻击方）击中，此时停球区内的球已被本方“击活”，在裁判员给对方加 2 分后，将目标球复位，攻方可以攻击场上任何一球。

（十二）队员蹴球，若身体触动了对方的死球，应给对方加 1 分，死球变活球，将触动球复位，该队员失去连蹴权。

（十三）如队员一蹴将对方一球击成死球，再将对方第二球击出界后，球回旋同时，又击到区内死球，此时，第二球应放进停球区内，因为此时第一球已被击活。

（十四）队员放球时，触到对方的半活球，被触动的半活球要复位，它已为活球，此球可以攻击任何一球，也可以按半活球出停球区。

（十五）如果队员发球，击中停球区内或场内任何球，此后他利用所发球又获得连蹴两次的机会，不允许换球连蹴，前提是发球时他触到任何一球，只能将这次机会视为“用发出的球”（规则 10.4）那条规定，在最后一蹴时，可以回避另一球。

（十六）一方一蹴将双方各一球击出界，对方球放置停球区，而本方出界球发球，在发球时，若触到死球，此时进攻方虽然有连蹴两次机会，但他在连蹴机会内，发球触到死球，他已丧失了所有的连蹴权。因为这不属于发球击活球的规定(该规定特指本方发球触到半活球)，另按规则 10.5 规定，此事件属于比赛中触到死球。

（十七）出停球区时，只要触到任何一球，应给对方加 1 分，并将被触到的目标球复位。该球无论有几次连蹴，都将立即失去连蹴权。

（十八）若队员一蹴先击中对方一活球，目标球滚动中触到死球，目标球又出界，应视为先触到有效球，即攻方得 4 分，防守方得 1 分。

（十九）规则对于蹴球动作的规定包括：

1. 脚跟先着地，脚掌触及球面，至少要暂短的停顿再出球。

2. 晃动只限于向两侧的，不能向前滑动，晃动后应回到原点。

3. 不能有连续两次击球动作。

4. 不允许有蹴球—踩球动作，即使球未离开脚底也属犯规。

以上动作是否犯规，以当场裁判员判罚为准。

（二十）按规则 11.2.2.1 “蹴击球与连蹴” 中规定，获得连蹴两次机会，攻方队员可以选择本方任何一球连蹴两次，这包括连续换球连蹴。但在连蹴完成之前，出现下列情况，将立即丧失连蹴权：

1. 直接或间接攻击到死球(包括用身体触到)。

2. 本球出界。

3. 半活球出停球区时触到任何一球。

4. 蹴球后，脚又触到球或球触脚。

（二十一）发球未出发球区，应判对方得 1 分，比赛继续，不再重发球，此球可以攻击他球或被他球攻击。

（二十二）在连蹴两次时，不可以用第一次连蹴机会将半活球出停球区，或用于回避半活球的方法，再将球进行第二蹴。如果将上述两种打法用于连蹴中的第二蹴是可以的，否则被视为擅自更换用球或用错球。

（二十三）对于进攻球在距离上的规定是：若两球之间距离超过 2 米，则按规则 11.4 规定执行，若少于 2 米时，进攻球前距离可不受 1 米的限制。但起止点方向必须向目标球前进。

（二十四）球出界后，处置球的方法是：

1. 将己方球蹴出界，由蹴球队员自己拣球、放球、发球。

2. 被对方蹴出界的球，由与球同号队员拣球、放球、发球。

（二十五）当雨天球上黏有砂粒、胶粒或其他异物时，如果球出界，在拣球、放球的过程中允许擦球，但是必须符合规则中对时间的规定。其他情况下不允许擦球。

（二十六）当两球相连，队员蹴球的一刹那，已经产生了得失分，如果随后发生其他情况，按规则规定得失分。

（二十七）甲方进攻人次轮过后，乙方可以立即提出暂停，无须先处置球。

（二十八）队员回避球中击到球，将按下列情况进行处理：

1. 击中对方球，对方得 1 分。

2. 将对方球击出界，对方得 4 分。

3. 击中本方球，对方得 1 分。

4. 击中死球，对方得 1 分，目标球要复位。

5. 将死球击出界，对方得 4 分，目标球要复位。

6. 本球出界，对方得 2 分。

7. 将本方球击出界，对方得 2 分。

8. 击中若干球，按相应情况给对方加分。

（二十九）当两球相碰后，在同时向前滚动中又数次相撞，只记第一次撞击的分数。

（三十）一蹴同时击中对方两球，其中一球被击出界，应判攻方得 5 分。

（三十一）当队员瞄准双方各一球，欲想获得击中两球，连蹴两次机会，但未击中任何一球时，裁判员应以本球行进路线是远离哪方球为准。如果球行进的路线近于本方球而远离对方球，则视为击本方球未中。

（三十二）队员击自己的球未中，而本球出界，应判对方得 2 分。

（三十三）放置死球时，没有放进区，应给对方加 1 分，重新放好。但当攻方比分达到差 1 分停止或结束比赛（如39 分或 79 分）时，如果裁判员认为被攻方故意以此剥夺攻方进攻权，以达到结束比赛的目的，此情况应属于规则 15.4.2 的犯规，此时攻方虽已达到或超过 40 分或 80 分，但有权选择行使或放弃继续蹴击球的权利，实际比分按选择后的行动结果计算。

（三十四）当对方有蹴球权并仅差 1 分就停止或结束比赛（如39 分或 79 分）时，出现故意用身体任何部位（脚蹴球出界除外)、言语或行动进行犯规，以主动为对方加1分让比赛结束，使攻方因失去应有进攻机会而少得分的故意犯规情况，将被视为违反了规则15.4.2的规定，由裁判员根据当时的场上情况按“可能出现的最高得分给攻方加分”。此时攻方虽已达到或超过40分或80分，但有权选择行使或放弃继续蹴击球的权利，实际比分按选择后的行动结果和裁判员的加分累加计算。但此条不适用于在已方获得蹴球权时。

(三十五）队员用挤压蹴球方法，将两球击中后，本球在回旋时又触到脚时，应对球触脚的动作进行判断，给对方加1分，他已失去连蹴权。

(三十六）发球击中场内两球，是属于同时出现同一种情况的犯规，给对方加4分。不属于“同时出现两种不同情况的犯规”(规则8.7)。

(三十七）当比赛出现裁判员未看到，而记录员与记分员看到的犯规情况时，应按规则19.3、规则23.6和规则24.6规定，裁判员在征询记录员、记分员提示，相互商量后再进行判决。

**四、裁判员的口令及手势**

(一）裁判员常用口令。

1. “各队放球”用于开球前运动员已就位于各发球区时，单蹴比赛运动员使用1、2号区后。

2. “比赛开始，×方，×号发球。”

3. “发球犯规，×方得×分。”

4. “发球出界，×方得×分，×号重新发球。”

5. “×方蹴球得×分，×方得×分，连蹴×次。”

6. “×号球放停球区，×号球发球。”常用于两球或两个以上球出界时。

7. “蹴球犯规，×方得×分。”

8. “×方球出界，×方得×分。”

9. “同意×方回避”或“同意×方撤消回避。”

10. “×方超时，×方得×分。”

11. “×方犯规，×方得×分。”

12. “×方请求暂停，……暂停时间到。”

13. “×方罢赛超过5分钟，比赛结束。”

14. “×××要求暂停。”用于裁判员、记录员、记分员需要暂停。

15. “停止比赛，×方×分，×方×分，比赛结果，×方暂时领先，休息三分钟。”

16. “全场比赛结束，×方×分，×方×分，比赛结果，×队胜。”

（二）裁判员常用手势。

1. 两臂侧平伸，掌心向前，同时报出“比赛开始”。

2. 单臂侧平伸，指向某一个号区，同时报出“×号发球”。

3. 报比分，面向记录台，单臂上举，按先报攻方后报守方的顺序报出得分。

4. 单臂前平伸，手掌上翘，同时报出“同意×方回避”。

5. 左臂在胸前弯曲，手平伸，掌心向下，右手伸出一手指，指向掌心同时报出“×方请示暂停”。

6. 单臂上举，手握拳，同时报出“停止比赛”或“全场比赛结束”。

## 五、赛制与编排

根据比赛规程规定，无论采用何种赛制必须按国际通用的循环赛制、淘汰赛制的编排方法和种子号位、轮空号位的方法进行。

**附：蹴球比赛用表（见本书第 176～178 页）**

表 1　蹴球比赛记录表

表 2　蹴球比赛成绩报告单

## 表 1　　蹴球比赛记录表（正面）

比赛名称：………………………………………………

甲队（红球）：……………………　乙队（蓝球）：……………………

比赛编号(场次)：…………　日期：…………　地点：…………　场地：…………

甲队（红球）：……………………

暂停：换发球前□　换发球后□

| 号码 | 队员姓名 | 回避 | |
|---|---|---|---|
| | | 换发球前 | 换发球后 |
| | | | |
| | | | |

教练员：

乙队（蓝球）：……………………

暂停：换发球前□　换发球后□

| 号码 | 队员姓名 | 回避 | |
|---|---|---|---|
| | | 换发球前 | 换发球后 |
| | | | |
| | | | |

教练员：

比分：换发球前甲(红)……乙(蓝)……

换发球后甲(蓝)……乙(红)……

全场比分：甲队……乙队……

获胜队：……………………

裁判员：……………………

记分员：……………………

记录员：……………………

值　场：……………………

| 累　计　分 | | | |
|---|---|---|---|
| 交换发球前 | | 交换发球后 | |
| 甲队（红球） | 乙队（蓝球） | 甲队（蓝球） | 乙队（红球） |
| 1 | 1 | 41 | 41 |
| 2 | 2 | 42 | 42 |
| 3 | 3 | 43 | 43 |
| 4 | 4 | 44 | 44 |
| 5 | 5 | 45 | 45 |
| 6 | 6 | 46 | 46 |
| 7 | 7 | 47 | 47 |
| 8 | 8 | 48 | 48 |
| 9 | 9 | 49 | 49 |
| 10 | 10 | 50 | 50 |
| 11 | 11 | 51 | 51 |
| 12 | 12 | 52 | 52 |
| 13 | 13 | 53 | 53 |
| 14 | 14 | 54 | 54 |
| 15 | 15 | 55 | 55 |
| 16 | 16 | 56 | 56 |
| 17 | 17 | 57 | 57 |
| 18 | 18 | 58 | 58 |
| 19 | 19 | 59 | 59 |
| 20 | 20 | 60 | 60 |
| 21 | 21 | 61 | 61 |
| 22 | 22 | 62 | 62 |
| 23 | 23 | 63 | 63 |
| 24 | 24 | 64 | 64 |
| 25 | 25 | 65 | 65 |
| 26 | 26 | 66 | 66 |
| 27 | 27 | 67 | 67 |
| 28 | 28 | 68 | 68 |
| 29 | 29 | 69 | 69 |
| 30 | 30 | 70 | 70 |
| 31 | 31 | 71 | 71 |
| 32 | 32 | 72 | 72 |
| 33 | 33 | 73 | 73 |
| 34 | 34 | 74 | 74 |
| 35 | 35 | 75 | 75 |
| 36 | 36 | 76 | 76 |
| 37 | 37 | 77 | 77 |
| 38 | 38 | 78 | 78 |
| 39 | 39 | 79 | 79 |
| 40 | 40 | 80 | 80 |
| 41 | 41 | 81 | 81 |
| 42 | 42 | 82 | 82 |
| 43 | 43 | 83 | 83 |
| 44 | 44 | 84 | 84 |
| 45 | 45 | 85 | 85 |
| 46 | 46 | 86 | 86 |
| 47 | 47 | 87 | 87 |

## 蹴球比赛记录表（背面）

| |
|---|
| 如发生重大事故应说明原因、当时情况及处理措施： |
| |
| 比赛场地、设备情况： |
| 运动队表现： |
| 观众秩序： |
| 建议： |

**表 2　　　　　蹴球比赛成绩报告单**

男子/女子/男女混合　　　　　单打/双打　　　　年　月　日

<table>
<tr><td>场　地</td><td colspan="2"></td><td>时　间</td><td colspan="2">午　时　分</td></tr>
<tr><td rowspan="2">比赛队</td><td>甲队</td><td>乙队</td><td rowspan="2">成绩</td><td rowspan="2">：</td><td rowspan="2">胜队</td></tr>
<tr><td colspan="2">—</td></tr>
<tr><td>比　赛<br>情　况</td><td colspan="5">裁判员签名：</td></tr>
</table>

注：比赛结束一小时内送交裁判长签字：

# 秋千竞赛规则

## 第一章 比 赛

**1 定义**

秋千为女子项目。运动员在秋千架上试荡，以尽可能少的预摆次数达到领先其他人的高度或触铃次数，即为胜者。

## 第二章 场地及器材

**2 场地**

2.1 比赛场地为平坦的长方形土地或草地，长 20 米，宽 8 米。

2.2 比赛场地上空距地面 15 米高的空间内不得有任何障碍物。

**3 器材**

3.1 秋千架：用钢管或相应的坚固材料制成。两根立柱下端间距不少于 3.5 米，上端间距 2 米，两立柱顶端为第一横杆，距地面高度为 12 米；往下 1 米处为第二横杆。秋千架应牢固地安装在场地中央，间距均从内沿丈量。（图 1）

3.2 秋千绳：使用伸缩性小的苎麻绳、棕麻绳或尼龙绳，其直径为 2.5～3 厘米。绳的两头分别系在第一横杆上，两绳间距为 1 米（从内沿丈量）；再在第二横杆上向系铃架方向缠绕一圈垂落下来，在

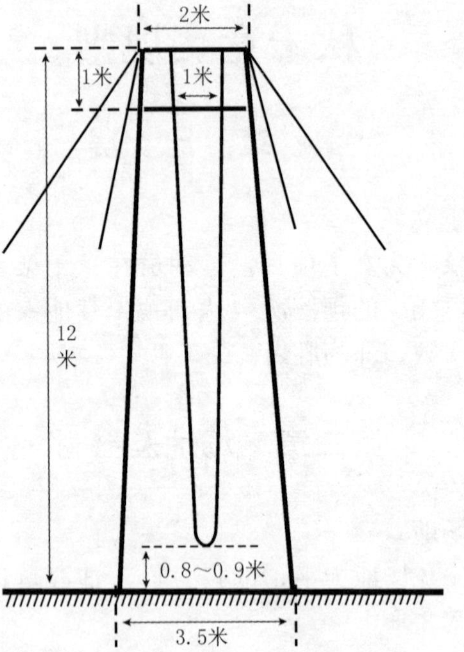


**图 1　秋千架示意图**

封闭的下端安置脚踏板，其下沿距地面 0.8～0.9 米。

3.3　脚踏板：单人脚踏板长 30 厘米，宽 10 厘米；双人脚踏板长 40 厘米，宽 10 厘米，厚均为 2.5～3 厘米，脚踏板应能牢固地卡在秋千绳上。采用大会提供的或自备的脚踏板均可。

3.4　起荡台：供运动员试荡开始时，上脚踏板用的台子。台面为长 1 米，宽 1 米的正方形，高 1.3 米（包括台子的脚轮）。起荡台一侧应设有供运动员上下的梯子。

3.5 系铃架：与秋千架平行、并可随意升降、前后移动的系有铃铛的架子，是高度和触铃比赛判定成绩的标志。系铃架两根立柱的间距应不少于 4.5 米，并相互平行。从系铃架顶端悬下一根 3 米长的横杆为系铃杆。系铃杆上用线绳系有若干铃铛。（图2）

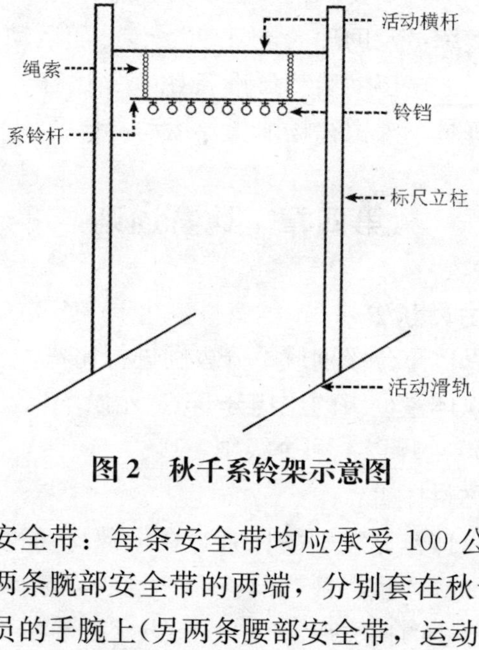


**图 2　秋千系铃架示意图**

3.6 安全带：每条安全带均应承受 100 公斤的拉力。两条腕部安全带的两端，分别套在秋千绳和运动员的手腕上（另两条腰部安全带，运动员可选用）。可使用大会提供的或自备的安全带。

## 第三章　运动员和教练员

**4　运动员**

4.1 根据比赛时间，赛前 30 分钟开始检录。

4.2 运动员发式：长发必须束起并牢固盘于脑后，其高度不得超过 5 厘米；短发最长处不得超过 5 厘米。

4.3 可穿紧身运动服，不得佩戴超长装饰品。

**5 教练员**

5.1 根据规则要求指导运动员参加比赛。

5.2 教练员及助理人员(1～2 人)可随运动员进入比赛场地，协助运动员准备比赛。比赛开始后，限教练员 1 人留在场地指导运动员比赛。

## 第四章 比赛通则

**6 比赛办法**

6.1 以体重分级别或不分级别进行比赛。

6.2 以体重分级的比赛分 55 公斤以下(含55 公斤）和 55 公斤以上两个级别。

6.3 称量体重：

6.3.1 以体重分级别的比赛，在全部比赛过程中只称量一次体重，开赛前一天称量，称量体重工作应在一小时内完成。

6.3.2 由裁判长 1 人、裁判员 2 人、记录员 1 人和医生 1 人组成称量体重组，进行称量体重工作。保存原始称量记录，不得涂改。

6.3.3 运动员称量体重时，必须持有效证件，经称量体重组核对资格后，方可进行称量。称量体重时，只可穿运动短裤和短袖运动衣。

6.3.4 先由体重轻的级别开始称量，每人称量一次。如称量后运动员体重超过原属级别，并在规定称量时间内不能达到原属级别，则不能参加所属级别比赛。

6.4 准备比赛：裁判员发出准备比赛口令后，运动员方可进入比赛场地，上起荡台，系好安全带，双手握住秋千绳，一只脚踏在脚踏板上，另一只脚站在起荡台上，并向裁判员报告准备完毕，等待比赛开始信号。自裁判员发出准备比赛口令至运动员报告准备完毕的时限为 3 分钟。

6.5 开始比赛：裁判员在听到运动员报告准备完毕后鸣哨，运动员方可开始试荡。

6.6 结束比赛：当出现下列情况时，则鸣锣表示该次试荡结束。

6.6.1 触铃比赛：预摆次数达 30 次时仍未触铃，裁判员则鸣锣结束比赛。

6.6.2 高度比赛：预摆次数达到《系铃架与秋千架的距离和不同高度的预摆次数表》（见本书第184 页）中所规定的预摆次数时，仍未触铃，裁判员则鸣锣结束比赛。

6.6.3 在试荡过程中，运动员或教练员可以提出终止该次试荡的要求，裁判员则鸣锣结束比赛。

6.7 一名运动员在连续两次试荡之间，可以休息 5 分钟。

6.8 有效成绩：运动员双手握住秋千绳，双脚站在脚踏板上，秋千绳或该运动员身体的任何部位触到铃或铃杆均为有效成绩。

6.9 系铃架的移动：裁判员根据运动员或教练员的要求，每次试荡前可移动一次系铃架，向前或向后移动的距离不得超过30厘米。系铃架与秋千架的距离见《系铃架与秋千架的距离和不同高度的预摆次数表》。

**系铃架与秋千架的距离和不同高度的预摆次数表**

| 铃杆高度（米） | 高度比赛时预摆次数（次） | 系铃架与秋千架的距离（米） |
|---|---|---|
| 6.00 | 18 | 8.20 |
| 6.30 | 20 | 8.40 |
| 6.60 | 24 | 8.55 |
| 6.90 | 26 | 8.70 |
| 7.20 | 30 | 8.80 |
| 7.50 | 30 | 8.90 |
| 7.80 | 30 | 9.00 |
| 8.10 | 30 | 9.10 |
| 8.40 | 30 | 9.20 |
| 8.70 | 30 | 9.30 |
| 9.00～11.00 | 30 | 9.40 |

6.10 因系铃架或电子计时系统发生故障而停止比赛，待故障排除后可重新开始比赛。因器械故障受影响的运动员可在本单元比赛最后一名运动员之后

重新试荡，如运动员放弃重新试荡，则故障发生前的成绩有效。

**7　高度比赛**

7.1　单人比赛为 4 次试荡。

7.2　双人比赛为 3 次试荡。

7.3　铃杆高度：是指从铃杆(包括铃铛)的最低点至地面的垂直距离。比赛中，铃杆的高度只升不降。

7.3.1　铃杆的起荡高度均为 6 米。

7.3.2　铃杆升高幅度：

7.3.2.1　6～9 米（含 9 米)：每次升高 30 厘米或 30 厘米的倍数。

7.3.2.2　9 米以上：每次升高 20 厘米或 20 厘米的倍数。

7.3.2.3　10 米以上：每次升高 10 厘米或 10 厘米的倍数。

7.3.2.4　极限高度：双人 11 米，单人不限。

7.4　单人或双人应在每次试荡结束后的 3 分钟内，向裁判员报一次试荡高度。

7.5　允许单人或双人在某一高度失败后，在同一高度或更高的高度上进行试荡。

**8　触铃比赛**

8.1　单人或双人比赛均为 1 次试荡，限时 10 分钟。

8.2　铃杆高度：单人 6.3 米，双人 7.2 米。

**9　犯规与处罚**

9.1　抢摆：抢摆是指运动员在裁判员发出哨声前开始试荡。

9.1.1　高度比赛：第一次应给予劝告，并增加 1 次预摆次数；第二次给予警告并再增加 1 次预摆次数；

第三次则判定该次试荡失败。

9.1.2　触铃比赛：第一次应给予劝告；第二次给予警告并扣除1次触铃次数；第三次则取消比赛资格。

9.2　在试荡过程中，如出现运动员的手离开秋千绳或脚离开脚踏板时：

9.2.1　高度比赛：判定该次试荡失败。

9.2.2　触铃比赛：触铃瞬间发生上述情况，裁判员鸣锣终止该次试荡，并判此次触铃无效，但终止前的成绩有效。

9.3　试荡过程中，运动员借助外力增加或减少摆荡力量者。

9.3.1　高度比赛：判定该次试荡失败。

9.3.2　触铃比赛：裁判员应鸣锣终止该次试荡，终止前的成绩有效。

9.4　如果运动员准备比赛的时间超过3分钟时：

9.4.1　高度比赛：判定该次试荡失败。

9.4.2　触铃比赛：超1～30秒，扣除一次触铃次数；超31～60秒，再扣除一次触铃次数；超过60秒以上者，则取消该项目比赛资格。

9.5　试荡过程中，如教练员或运动员自行移动系铃架，则判定试荡失败。

9.6　对有不正当行为的运动员，第一次给予警告；第二次取消比赛资格。被取消比赛资格前的成绩有效。

9.7　在比赛中，如教练员妨碍裁判员工作，第一次警告，第二次罚其离场。

# 第五章　名次的判定

**10　高度比赛**

10.1　单人或双人比赛均以其最好的一次试荡成绩，作为最后决定名次的成绩。

10.2　高度高者名次列前。

10.3　出现成绩相同时：

10.3.1　在成绩相同的高度上，试荡次数少者名次列前。

10.3.2　在成绩相同的高度上，预摆次数少者名次列前。

10.3.3　在成绩相同的高度前，试荡失败次数少者名次列前。

10.3.4　在成绩相同的高度前，试荡次数总和少者名次列前。

10.3.5　在成绩相同的高度前，预摆次数总和少者名次列前。

10.3.6　在相同的高度上加赛一次，预摆次数少者名次列前，如预摆次数相同则并列。

**11　触铃比赛**

11.1　单人或双人在规定时间内，触铃次数多者名次列前。

11.2　出现成绩相等时：

11.2.1　以预摆次数少者名次列前。

11.2.2　以连续触铃次数多者名次列前。

11.2.3　双人加赛5分钟，铃杆高度8.2米；如触铃次数、预摆次数、连续触铃次数都相同，再加赛5分钟，铃杆高度8.7米；如触铃次数、预摆次数、连续触铃次数还相同则并列。

单人加赛 5 分钟，铃杆高度 6.6 米；如触铃次数、预摆次数、连续触铃次数都相同，再加赛 5 分钟，铃杆高度 6.9 米；如触铃次数、预摆次数、连续触铃次数还相同则并列。

**12　团体名次**

12.1　依据各队运动员在各项比赛中最好成绩之和排定。

12.2　如出现得分相等，以获得第一名多者名次列前；如仍相等，则以获得第二名多者名次列前，依次类推。

## 第六章　弃权与申诉

**13　弃权**

13.1　触铃比赛：超过比赛时间 5 分钟未到场。

高度比赛：每次试荡开始前 5 分钟未到场。

13.2　因对裁判员的判罚有异议而拒绝继续比赛，中断时间达 5 分钟。

**14　申诉**

运动员对裁判员裁决有争议时，由领队或教练员在比赛结束后 2 小时内以书面形式向仲裁委员会提出申诉，同时交纳申诉费。仲裁委员会依据仲裁条例进行裁决。

## 第七章　裁判人员及其职责

**15　裁判人员**

比赛设裁判长 1 人，副裁判长 1～2 人，裁判员、检录员、计时员、记录员、宣告员等若干人。

**16 裁判人员职责**

16.1 裁判长

16.1.1 组织裁判人员学习和熟悉竞赛规程及规则，明确有关工作任务和事项。

16.1.2 安排裁判人员的分工。

16.1.3 领导全体裁判人员检查场地、器材及其他比赛用具。

16.1.4 保证规则得以执行，处理规则中未作明文规定的有关问题。

16.1.5 对比赛中发生的争议或异议做出最后裁决。

16.1.6 对所有成绩、名次进行审核签字。

16.1.7 有权对有不正当行为的运动员或教练员提出警告或取消比赛资格。

16.2 副裁判长

16.2.1 协助裁判长进行工作，裁判长缺席时，副裁判长代理裁判长的工作，行使其职权。

16.2.2 做好比赛的后勤保障工作。

16.3 裁判员

16.3.1 赛前协助裁判长检查场地及器材。

16.3.2 测量秋千架、系铃杆高度以及系铃架与秋千架的距离。

16.3.3 比赛中检查器材，保证器械的安全性。发现有不安全因素时，应及时通报裁判长终止比赛。

16.3.4 对试荡的预摆次数、触铃次数和空荡次数的判定。

16.3.5 对运动员成绩和犯规情况的判定。

16.3.6　发出准备比赛和比赛开始命令。

16.3.7　移动起荡台和系铃架。

16.3.8　保护运动员的安全。

16.3.9　维持比赛场地的秩序。

16.4　检录员

16.4.1　赛前根据竞赛日程和比赛顺序进行检录，并将检录结果及时通报裁判长。

16.4.2　比赛进行中负责比赛运动员的入场。

16.5　计时员

16.5.1　准确操作计时钟(表)，计取和记录运动员准备比赛时间及延误时间。

16.5.2　准确计取触铃比赛时间，当比赛时间到，则停表、鸣锣结束比赛。

16.6　记录员

16.6.1　记录比赛成绩(试荡次数、预摆次数、触铃比赛的空荡次数、试荡高度、试荡的成功与失败情况)。

16.6.2　记录运动员的名次，并交裁判长审核、签字。

16.6.3　将比赛成绩交宣告员宣告。

16.6.4　统计各项比赛名次，并交裁判长审核、签字。

16.7　宣告员

16.7.1　宣告比赛进程(高度)、介绍参赛选手情况及相关信息。

16.7.2　宣告比赛成绩及运动员试荡中途的时间。

# 秋千竞赛裁判法

## 前　言

《秋千竞赛裁判法》是根据秋千比赛的特点所设计的，是裁判员的工作方法。首先它能够使裁判员明确各自的职责；正确地判断和处理比赛过程中出现的各种情况；使比赛过程中各个环节协调配合，不至于由于裁判员的配合失误而出现漏判或误判；保证运动员的竞技水平能够得到充分的发挥，使比赛更具竞技性、娱乐性和观赏性；保证比赛按照规则公正、公平地进行，顺利地完成比赛任务。

## 第一章　裁判员应具备的基本素质

裁判员应具备的素质是裁判员是否能够完成裁判任务的保证，裁判员要有良好的思想素质、业务素质和身体素质。

（一）裁判员要有良好的道德素质，作为体育比赛的执法者要坚持公正、公平的原则，在执法的过程中不应带有任何个人的感情色彩。

（二）裁判员要熟悉秋千项目及其特点，通晓比赛的规则，应认真学习规则，特别是对规则中的重点难点认真加以研究，对比赛当中可能出现的比较难处理的情况要有预见性。

（三）裁判员要有良好的心理素质。比赛过程中千变万化的形势对裁判员的心理素质是一个考验，有良好的心理素质才能够有良好的应变能力，才能够及时准确地做出判断，掌握住比赛的局势。

（四）裁判员要有良好的身体素质，这是做好裁判工作的物质保证。

## 第二章　裁判人员工作程序及要求

比赛设裁判长 1 人，副裁判长 1～2 人，裁判员、检录员、计时员、记录员、宣告员、助理裁判员等若干人。

**一、裁判长**

（一）比赛前的工作与要求。

1. 组织召开裁判组工作会议。

为了完成好比赛任务，裁判长在比赛前应当组织全体裁判员召开数次工作会议。通过学习解决以下几个问题：

（1）加强裁判员的职业道德教育，能够在比赛中公平、公正地执法。

（2）组织裁判员学习和熟悉竞赛的规程及规则，必要时进行规则考试。对规则中的重点、难点进行讨论，最后统一判罚的尺度。

2. 参加教练员、领队联席会议。向各队讲明判罚的尺度、竞赛执法要求及注意事项。

3. 检查器材的准备情况。秋千是在高空中举行的比赛项目，安全非常重要，所以裁判长要带领裁判员仔细检查器材，赛前及时发现安全隐患，保证运动员的人身安全。

4. 根据每一位裁判员的自身特点进行裁判工作分工。

5. 安排裁判员赛前实习。通过实习发现问题，商量解决的对策，保证比赛的顺利进行。

（二）比赛中的工作与要求。

1. 裁判长全面组织和领导裁判的各项工作，掌握裁判工作的进程。

2. 保证规则得以执行，处理规则中未作明文规定的有关问题，并做出最后的裁决。

3. 对比赛中发生的争议或异议，向临场裁判详细了解当时情况，认真听取临场裁判的意见，仔细进行分析，按规则和规程的规定，及时果断地做出最后的裁决。

4. 对有不正当行为的运动员或教练员视情节轻重提出警告以至取消比赛资格。

5. 对所有的比赛成绩、名次进行审核、签字。

6. 密切注视器材的运行状态，保证器材的安全使用。

（三）比赛后的工作与要求。

每个比赛单元结束后或比赛过程中对判罚出现争议后，要召开全体裁判员工作会议，对裁判工作进行总结，以便解决以下问题：

1. 裁判员的工作态度和心理状态。

2. 规则执行的情况、判罚的尺度是否掌握得统一，关键的判罚是否掌握得准确。

3. 裁判员之间的相互配合情况。

4. 分析有争议的判罚，各抒己见，统一认识。

5. 通报重大问题的处理意见。

6. 根据前一阶段比赛的情况和出现的问题，布置下一阶段的任务和具体要求。

**二、副裁判长**

（一）比赛前的工作与要求。

1. 协助裁判长组织裁判学习和实习。

2. 负责协助裁判长进行规则、规程的学习和裁判实习，检查记录台的准备工作。

3. 负责场地、器材、裁判员用品的准备工作，协助裁判长检查场地、器材。

4. 每个单元比赛开始之前组织裁判员统一入场，入场的顺序是裁判长、检录员、裁判员、记录员、计时员。

（二）比赛中的工作与要求。

1. 做好比赛中的后勤保障工作。

2. 负责场地、器材，保证器材的安全使用。

3. 负责检查和监督计时员和记录员的工作，并指导和协助其做好裁判工作。

4. 协助裁判长解决好比赛过程式中出现的异议和争议。

（三）比赛后的工作与要求。

1. 对自己所负责的工作认真总结，及时发现问题，及时总结。

2. 协助裁判长召开全体裁判员工作会议。

**三、裁判员**

秋千比赛设临场裁判员 5 名(发令员 1 名、移动起荡台 2 名、判定触铃结果 2 名)。

（一）比赛前的工作与要求。

1. 认真学习大会的有关文件、规程和规则。特别是对规则当中未明文规定的、在比赛当中有可能出现的情况，一定要掌握好统一判罚的尺度。

2. 准备服装和比赛用具。

3. 协助裁判长检查场地、器材，熟悉场地。

4. 认真进行赛前的裁判实习，通过实习熟悉各队和运动员的情况。

5. 测量秋千架、系铃杆的高度以及系铃架与秋千架的距离。

（二）比赛中的工作与要求。

1. 按照比赛的项目或运动员的要求，测量好秋千架、系铃杆的高度以及系铃架与秋千架之间的距离。

2. 将起荡台移动到运动员出发的位置。

3. 发出准备比赛的口令，并开始计时运动员的准备时间(3 分钟)。

4. 在准备的时间内听到或看到运动员准备好的信号后，鸣哨发出比赛开始的口令，同时示旗，此时要判断运动员是否抢摆，如抢摆则鸣哨召回，根据规则的规定进行处罚。

5. 比赛中检查器材，保证器械的安全。发现不安全因素时，应及时通报裁判长终止比赛。

6. 判定运动员的预摆次数、触铃次数和空荡次数。

7. 比赛开始后对运动员的犯规情况进行判定。

8. 保护运动员的安全。

9. 对运动员的比赛成绩进行判定。

10. 维持比赛场地的秩序。

（三）比赛后的工作与要求。

1. 每个单元比赛结束后，检查场地器材，如发现安全隐患，报告裁判长。

2. 总结经验。协助裁判长做好善后工作。

**四、检录员**

（一）比赛前的工作与要求。

1. 准备服装和比赛用具。

2. 认真学习大会的有关文件、规程和规则。

3. 熟悉场地。

（二）比赛中的工作与要求。

1. 根据竞赛日程和比赛顺序，比赛前30分钟开始检录。

2. 负责核实运动员的身份。

3. 检查运动员自带的踏板是否符合规则规定。

4. 检查运动员的发式、着装、佩戴的饰物是否符合规则规定。

5. 将检录的结果及时通报裁判长。

6. 负责将运动员带入比赛场地。

（三）比赛后的工作与要求。

1. 每单元比赛结束后收拾好裁判用器材。

2. 总结经验。协助裁判长做好善后工作。

**五、计时员**

（一）比赛前的工作与要求。

1. 认真学习大会的有关文件、规则和规程。

2. 准备服装和比赛用具(秒表、锣、锣锤)。

（二）比赛中的工作与要求。

1. 操作计时钟(表)，负责计取和记录下列时间：

（1）记录运动员的准备比赛时间(3分钟）及延误时间。

（2）记录触铃比赛的时间(10分钟)。

（3）记录运动员在连续试荡之间的休息时间(5分钟)。

2. 负责下列情况下停表、鸣锣结束比赛：

（1）在触铃比赛中预摆次数达 30 次时，仍未触铃则鸣锣结束比赛。

（2）在高度比赛中，预摆次数已达到规则中所规定的预摆次数时，仍未触铃则鸣锣结束比赛。

（3）在试荡过程中，运动员或教练员提出终止该次试荡的要求，则鸣锣结束比赛。

（4）在裁判员终止运动员比赛的判罚发出后，鸣锣结束比赛。

（三）比赛后的工作与要求。

1. 检查比赛用器材。

2. 总结经验。协助裁判长做好善后工作。

**六、记录员**

（一）比赛前的工作与要求。

1. 认真学习大会的有关文件、规程和规则。

2. 准备服装和比赛用具。

（二）比赛中的工作与要求。

1. 记录比赛成绩(试荡次数、预摆次数、触铃比赛的空荡次数、试荡高度及试荡的成功、失败情况)。

2. 记录运动员的名次，并交裁判长审核、签字。

3. 将比赛成绩交宣告员宣告。

4. 统计各项比赛名次，并交裁判长审核、签字。

（三）比赛后的工作与要求。

1. 整理每个单元的比赛成绩，并录入电脑。

2. 总结经验，协助主管记录台工作的副裁判长做好善后工作。

**七、宣告员**

（一）比赛前的工作与要求。

1. 认真学习大会的有关文件、规程和规则。

2. 准备服装，试用播音器材。

3. 了解秋千运动的起源和发展，熟悉各参赛队和选手的情况。

（二）比赛中的工作与要求。

1. 宣布裁判员入场。

2. 向观众介绍秋千运动及其比赛的规则、参赛队和参赛选手。

3. 在高度比赛中宣告运动员试荡的高度、预摆的次数和试荡成功或失败。

4. 在触铃比赛中，宣告铃杆的高度、预摆的次数、触铃的次数、空荡的次数、试荡中途的时间。

6. 宣告比赛成绩。

7. 播放音乐。

（三）比赛后的工作与要求。

总结经验。协助裁判长做好善后工作。

## 第三章　临场裁判员的站位及其相互配合

**一、临场裁判员的位置(图 1)**

**二、临场裁判员之间的配合**

1. 比赛开始后裁判长掌握整个比赛，副裁判长主要负责器材的运行和使用情况及记录台工作。

2. 检录员将运动员带入比赛场地后，经负责记录台工作的副裁判长确认临场裁判员准备工作完成后，并发出指令，由2名裁判员将起荡台移动到运动员出发的位置，运动员上起荡台准备开始比赛。

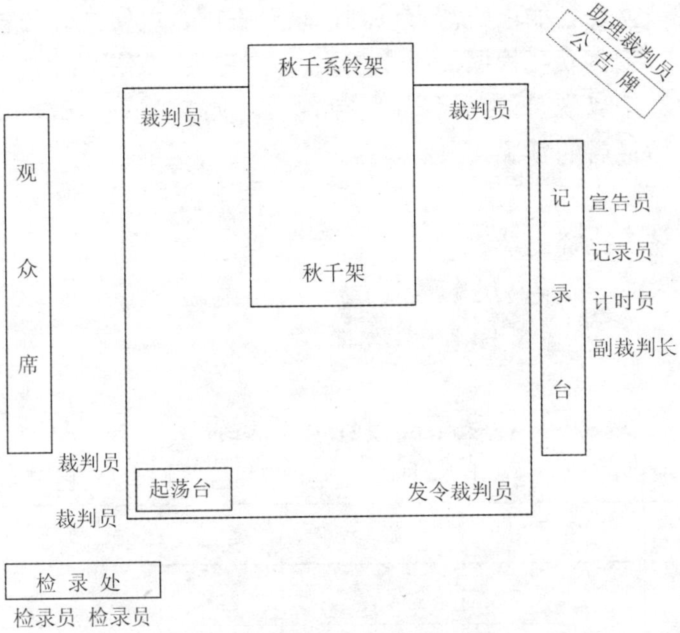


**图1　秋千比赛场地裁判员位置分布图**

3. 发令裁判员发出“开始”的口令后，运动员开始上踏板系安全带，在规定的准备时间内完成，在得到运动员准备好的示意后，发令裁判员鸣哨挥旗比赛开始，在发令裁判员发出“开始”的口令和鸣哨开始比赛之时，发令裁判员与计时员要密切配合，计时员要准时开表。

4. 记录员密切注视裁判员的判定，根据裁判员的判定记录比赛成绩。

5. 宣告员在裁判员判定后再宣告成绩，宣告员对宣告的成绩有疑义时，可以与同台的记录员核对，得以确认。

6. 负责公告牌的助理裁判员，听到宣告员的宣告后进行成绩公告，如未听清可以到记录台查阅，以便准确公告。

7. 计时员要根据裁判员的判定及时停表、鸣锣结束比赛。

8. 秋千架下的两名判罚裁判员，如判罚不一致，请裁判长做最后的判决。

**附：秋千比赛记录表**

表 1　秋千高度比赛记录表

表 2　秋千触铃比赛记录表

**表 1**　　**秋千高度比赛记录表**

比赛项目：______　比赛时间：______年____月____日____时____分

<table>
<tr><td rowspan="2">序号</td><td colspan="3">单位</td><td colspan="3">姓名</td><td colspan="2">高度</td><td colspan="3">试荡次数</td></tr>
<tr><td colspan="3"></td><td colspan="3"></td><td colspan="2"></td><td colspan="3"></td></tr>
<tr><td rowspan="6"></td><td rowspan="6">预摆次数</td><td>1</td><td>2</td><td>3</td><td>4</td><td>5</td><td>6</td><td>7</td><td>8</td><td>9</td><td>10</td></tr>
<tr><td></td><td></td><td></td><td></td><td></td><td></td><td></td><td></td><td></td><td></td></tr>
<tr><td>11</td><td>12</td><td>13</td><td>14</td><td>15</td><td>16</td><td>17</td><td>18</td><td>19</td><td>20</td></tr>
<tr><td></td><td></td><td></td><td></td><td></td><td></td><td></td><td></td><td></td><td></td></tr>
<tr><td>21</td><td>22</td><td>23</td><td>24</td><td>25</td><td>26</td><td>27</td><td>28</td><td>29</td><td>30</td></tr>
<tr><td></td><td></td><td></td><td></td><td></td><td></td><td></td><td></td><td></td><td></td></tr>
</table>

成绩：________　记录员：________　裁判长：________

**表 2　　　　秋千触铃比赛记录表**

比赛项目：______　比赛时间：______年___月___日___时___分

| 序号 | | 单位 | | | | 姓名 | | | |
|---|---|---|---|---|---|---|---|---|---|
| 1 | 2 | 3 | 4 | 5 | 6 | 7 | 8 | 9 | 10 |
| 11 | 12 | 13 | 14 | 15 | 16 | 17 | 18 | 19 | 20 |
| 21 | 22 | 23 | 24 | 25 | 26 | 27 | 28 | 29 | 30 |
| 31 | 32 | 33 | 34 | 35 | 36 | 37 | 38 | 39 | 40 |
| 41 | 42 | 43 | 44 | 45 | 46 | 47 | 48 | 49 | 50 |
| 51 | 52 | 53 | 54 | 55 | 56 | 57 | 58 | 59 | 60 |
| 61 | 62 | 63 | 64 | 65 | 66 | 67 | 68 | 69 | 70 |
| 71 | 72 | 73 | 74 | 75 | 76 | 77 | 78 | 79 | 80 |
| 81 | 82 | 83 | 84 | 85 | 86 | 87 | 88 | 89 | 90 |
| 91 | 92 | 93 | 94 | 95 | 96 | 97 | 98 | 99 | 100 |
| 总计 | 预摆次数：　连续触铃次数：<br>总触铃次数： | | | | | | | | |
| 备注 | 预摆符号："△"　触铃符号："√"<br>空荡符号："○" | | | | | | | | |

记录员：________　　　　裁判长：________

# 射弩竞赛规则

## 第一章　总　则

**1　宗旨**

1.1　本规则适用于少数民族传统体育射弩比赛。

1.2　制定本规则是为了公平、科学地进行比赛，达到互相帮助、交流经验，共同提高、促进各民族团结的目的。

**2　安全规则**

2.1　任何情况下弓弩不得对人。

2.2　严禁在非指定场地训练发射。

2.3　未经同意不得摆弄他人弩、箭，也不得随意将弩、箭借给非上场比赛人员。

2.4　运动员进入发射区后，只能将弓弩按发射方向放置。

2.5　裁判员未下达“比赛开始”口令前和下达“停放”口令后，运动员不得将弓弩成待发或发射箭状态。

2.6　比赛中弓弩应始终指向发射方向。

2.7　发射完毕放下弩、箭并报告裁判员，经裁判员检查后，方可离开发射区。

2.8　在危及安全的情况下，裁判员有权随时中断发射。

2.9　运动员严重违反安全规则，裁判长可以取消其比赛资格。

# 第二章 场地设置和器材

## 3 比赛场地

3.1 射弩场地应平坦、开阔，室内、室外均可。长不少于 30 米，宽度可根据所设靶位数酌定。（图 1）

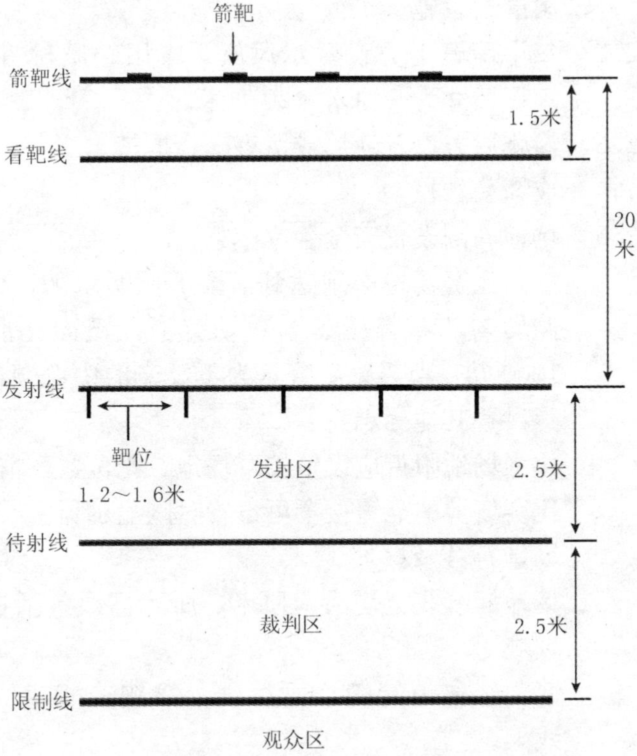


**图 1 射弩场地示意图**

3.2 一次比赛应在同一个场地进行，特殊情况下，可经竞赛委员会批准在不同场地进行，一个项目必须在同一个场地进行。

3.3 室外场地：

3.3.1 在室外场地比赛时，发射方向应避免阳光直射。

3.3.2 室外场地必须提供下列设施：

3.3.2.1 设有运动员、裁判员和比赛工作人员免受日晒和雨淋的设施。

3.3.2.2 每个箭靶上方设置示风旗，旗用轻质材料制成，矩形尺寸为5厘米×20厘米。

3.3.2.3 箭靶后方设置箭挡或留有安全地带。

3.3.2.4 成绩公告栏。

3.3.2.5 场地周围设置安全警戒标志。

3.4 室内比赛场地必须达到需要的照明水平，全场光照均匀，不得低于300勒克斯，靶面光照至少1000勒克斯，靶后背景为不反光的中性颜色，不得设置其他标志物。

3.5 比赛场地附近应设置校弩场地，靶位数酌情而定。

3.6 比赛场地的显著位置可设置时间显示器。

**4 场地标线及区域**

场地标线线宽均为5厘米，所示标线包括在所在区域内。

4.1 箭靶线：为箭靶设立标线，箭靶应垂直立于该线上。

4.2 看靶线：为运动员看靶限制线，距箭靶线1.50米并与之平行。

4.3 发射线：为运动员发射限制线，与箭靶线平行。

4.4 比赛距离：20米。为发射线至靶面之间的垂直距离。

4.5 待射线：为运动员发射前的等候线，距发射线后2.50米并与之平行。

4.6 发射区：发射线与待射线之间的区域为发射区。每个射击位置宽1.20～1.60米，并标有与靶号相同的标号。

4.7 裁判区：待射线后2.50米内为裁判区。

4.8 限制线：为裁判工作区与观众区的界线。

4.9 观众区：裁判区后为观众区。比赛场地两侧及箭靶方向均不得有观众。裁判区与观众区之间应以标志物相隔，高度为1米。

**5 箭靶**

5.1 同一比赛场地的箭靶高度必须一致，直立于箭靶线外沿上，每两个箭靶间距为1.20～1.60米，并标有明显的靶号。

5.2 箭靶尺寸为：60厘米×60厘米，靶面软硬适度，厚度以箭能插稳且不穿透为准。

5.3 箭靶中心高度为1.10米。

5.4 箭靶必须牢固，不能有明显摆动。

**6 靶纸**

6.1 在正常光线和相应的距离下，靶纸的颜色和材料不得有反光。在正常的气象条件下，靶纸和环线应保持尺寸的精度，箭孔没有过分的撕裂或者变形。

6.2 靶纸尺寸：10环直径4厘米，其余环距均为2厘米，每 2 环为一种颜色，由内向外依次为黄、红、蓝、黑、白。

6.3　环线应该清晰，圆形环线不得有明显偏差、变形。

6.4　环线标准：

6.4.1　环线宽度为 0.1 厘米，黑色区环线为白色，其他色区为黑色。

6.4.2　环线外沿包括在内环区域内。

**7　器材**

7.1　民族标准弩(简称标准弩)：

7.1.1　全弩重量不得超过 3.5 公斤。

7.1.2　弩身必须用竹、木或复合木等材料制成。弩身长不得超过 80 厘米。

7.1.3　弓片、弩弦、箭槽可选用任何材料。弓片拉力最大不超过 32 公斤，弩弦长度不得超过 80 厘米。

7.1.4　击发机可选用任何材料，扳机引力不得少于 0.5 公斤。

7.1.5　只准使用柱形准星和缺口式照门且方向高低可修正的瞄准具，瞄准基线长不得超过 60 厘米，最前点不得超过弩身前切面，不得使用水平仪和光学瞄准具。

7.1.6　上弦不得使用各种助力器具。

7.1.7　箭体使用材料不限，总长度 30～55 厘米；箭杆直径不超过 0.8 厘米；箭头锥体的长度不超过 3 厘米；箭尾可安装不超过 3 片的尾翼，箭尾、箭翼材料不限。

7.1.8　弩身手托部位下沿至箭道水平面垂直高度不得超

过 7 厘米，不得外加托座和把手。

7.2 民族传统弩(简称传统弩)：

7.2.1 全弩应为手工制作，重量和弩身长度不限。

7.2.2 弩身、弓片、箭槽、瞄准具等必须用竹、木材料制成，不得使用复合木。

7.2.3 弩弦不得使用金属材料制作，长度不得大于 1.2 米，但不得影响相邻射手比赛。

7.2.4 击发机的穿钉部件材料不限，其他部件只能用竹、木、骨等非金属材料制作。

7.2.5 上弦不得使用各种助力器具。

7.2.6 箭杆必须用竹、木或复合材料，长度不限，箭杆直径不超过 0.8 厘米。箭头可用金属材料，箭翼材料不限。

7.3 允许使用箭孔观察镜，可放在发射区或挂在身上，但不得设置在弩身或与之相关联的部位。

## 第三章　比赛项目

**8　民族传统弩**

8.1 20 米立姿 20 枝箭。

8.2 20 米跪姿 20 枝箭。

8.3 20 米全能 2×10 枝箭。

8.4 20 米团体赛 60 枝箭。

**9　民族标准弩**

9.1 20 米立姿 20 枝箭。

9.2 20 米跪姿 20 枝箭。

9.3　20 米全能 2×10 枝箭。

9.4　20 米团体赛 60 枝箭。

**10　公开赛**

10.1　20 米民族传统弩公开赛 60 枝箭。

10.2　20 米民族标准弩公开赛 60 枝箭。

**11　男女混合团体赛**

11.1　20 米民族传统弩 60 枝箭。

11.2　20 米民族传统弩 80 枝箭。

11.3　20 米民族标准弩 60 枝箭。

11.4　20 米民族标准弩 80 枝箭。

## 第四章　比赛通则

**12　比赛姿势**

12.1　立姿：两全脚掌着地，身体站立，两臂悬空，双手托举弩身，弩身不得接触身体的其他任何部位。

12.2　跪姿：一腿屈膝，全脚掌着地；另一腿弯曲，膝盖和前脚掌着地并与前腿成三角支撑。臀部可坐在膝盖着地之脚后跟上，脚跟和脚掌的中心垂直线左右倾斜不超过 45 度。持弩手势同立姿，托举弩身一肘可放于膝上，弩身不得接触身体任何部位。

12.3　不得使用任何附加物。

**13　比赛方法**

13.1　每种姿势试射 3 枝箭，时间为 3 分钟。

13.2　记分设每 5 枝箭为一组，时间为 5 分钟。

13.3 团体赛：

13.3.1 每项每队出场 3 人(或相应人数)。

13.3.2 发射顺序为先立姿 10 枝箭，后跪姿 10 枝箭。

13.3.3 分资格赛和决赛两阶段。以资格赛成绩排列进入决赛的名次，以资格赛和决赛两个成绩之和确定最后名次。

13.4 个人赛：

13.4.1 分资格赛和决赛两阶段。

13.4.2 每个项目资格赛 20 枝箭。依据录取名次进行决赛。决赛为 5 枝箭，立姿或跪姿每枝箭均限时 50 秒。根据资格赛和决赛的成绩之和决定最终名次。

13.5 公开赛：

13.5.1 每项每队出场 3 人，性别不限。

13.5.2 比赛方法同规则 13.3.2 和规则 13.3.3。

**14 比赛程序**

14.1 运动员按规定时间带弩、箭到检录处报到。每场比赛前 15 分钟开始检录。

14.2 运动员集体进入场地后有 2 分钟准备时间。

14.3 比赛时间结束，未射出的箭不得再发射。

14.4 每组射完，裁判长宣布“看靶”口令后，裁判员及记分员到靶标处，由裁判员判定成绩，记分员负责记录成绩；运动员在看靶限制线等候，待裁判员及记分员成绩统计完毕，环值无争议，经裁判员允许运动员方可拔箭。

14.5 每组结束用记分牌挂于靶标下公布成绩。

14.6 每项比赛结束，运动员须在登记表上签字方可离开比赛场地。

**15　故障处理**

15.1　运动员在比赛中如发生器材故障，经裁判员允许可以更换经检查合格的器材，也可自行排除，但不得延长比赛时间。

15.2　因箭靶损坏、靶纸脱落等非射手原因致使比赛无法进行时，未发射的箭每枝补时1分钟。

**16　犯规与罚则**

16.1　警告使用黄牌，扣环使用白牌，取消比赛资格使用红牌。

16.2　记分射开始口令未下达，发射的箭均按脱靶计算。

16.3　超出发射线的发射均以脱靶计。

16.4　试射时错射他人靶上，从本人第一组记分射成绩中扣除2环。

16.5　记分射错射他人靶上，错射者为脱靶，被错射者分不清错射箭时，减去一枝或多枝低环箭。从第二次错射开始，每错射一枝，除计为脱靶外，再扣除2环。

16.6　出现多射箭，第一次从本组中扣除最高环值的箭并警告一次，以后每多射1箭，均在本组成绩中扣除最高环值数的箭并再追加扣除2环。

16.7　妨碍他人比赛的，第一次警告，第二次从该组成绩中扣2环。

16.8　比赛中，运动员在发射区内不得接受任何方式的技术指导。违反者，第一次警告，第二次从本人该组记分射中扣2环。

16.9 选手姿势犯规，第一次警告，第二次从记分射中扣2环。

16.10 使用未经检查或检查不合格的弩、箭等器材，每发射1箭从总成绩中扣除2环。

16.11 比赛中出现下列情况者，可以取消比赛资格：

16.11.1 严重违反安全规则者。

16.11.2 违反规则并刻意隐瞒者。

16.11.3 不服从裁判员的指挥，严重影响比赛秩序者。

16.11.4 弄虚作假，伪造成绩者。

16.11.5 在比赛前或者比赛中擅自改变已经检查过的装备者。

16.11.6 竞赛中第三次妨碍他人比赛者。

16.11.7 姿势犯规第三次不改者。

16.12 所有警告、扣环、补时间及取消比赛资格等，必须由裁判长参与执行。

## 第五章 成绩及名次评定

**17 成绩**

17.1 以现场所判定的环值为最后成绩。团体赛总成绩按每项目所有参赛人员成绩之和累加计算。个人项目的总成绩按照资格赛和决赛成绩之和计算。

17.2 凡箭已脱离箭槽的发射，射手在发射线内用手无法捡回的箭均为有效发射。

17.3 箭不中环区均为脱靶，箭杆碰环线按高环计(包括斜插箭)。

17.4 箭击中靶后脱落，均以箭孔计算成绩。

17.5 重箭均以被击中的箭尾有无痕迹判定，无痕迹只计一箭的环数。

**18 名次评定**

18.1 总成绩高者名次列前。

18.2 同分评定。

18.2.1 团体赛

18.2.1.1 根据录取名次出现两队或两队以上成绩相同时，各队同时出场，每人立姿发射一枝箭进行决赛，以各队成绩之和高者名次列前。如成绩仍相同，则再次发射一枝箭进行决赛，直至决出胜负。

18.2.1.2 如出现多队多名次成绩相同，则先进行低名次决赛，后进行高名次决赛。

18.2.1.3 团体赛总成绩不涉及进入录取名次的排位方法：

18.2.1.3.1 立姿总成绩高者名次列前。

18.2.1.3.2 立姿总成绩中最后一组环值高者列前。

18.2.1.3.3 总成绩最后一组中 10 环、9 环、8 环……数量多者列前。

18.2.2 个人赛

18.2.2.1 根据录取名次出现两人或两人以上成绩相同时，按照个人赛决赛方式以发射一枝箭进行决赛，环值高者名次列前。如成绩仍相同，则再进行单箭决赛，直至决出胜负。

18.2.2.2 决赛后总成绩相同时，在原靶位进行单枝箭决赛，不进行试射，如仍相同，则再进行，直至决出胜负与名次。

18.2.2.3 如出现多人多名次成绩相同，则先进行低名次决赛，后进行高名次决赛。

18.2.2.4 个人赛的资格赛不涉及进入录取名次的排位方法：

18.2.2.4.1 按倒数第一组(5枝)、倒数第二组(5枝)……，依次类推，成绩高者列前。

18.2.2.4.2 按倒数第一组10环、9环、8环……，倒数第二组10环、9环、8环……，数量多者列前。

## 第六章　弃权和申诉

**19　弃权**

19.1　在第一组记分射裁判员下达“开始”口令后，运动员仍未到场，视为弃权。

19.2　只参加了前部分比赛，因故后部分比赛没有参加为弃权。公布所发射的成绩并标明弃权理由。

**20　申诉**

20.1　如果在拔箭前，运动员发现记分表记录有误，应立即向裁判员提出抗议，裁判员核实后可以改正。

20.2　拔箭前，对靶上箭支的环值发生疑问时，记分员或运动员应立即向裁判员提出，由三名裁判员表决，判定箭支的环值。运动员拔箭后不能再抗议。

20.3　对损坏严重的靶面或其他器材、场地设备有意见，运动员或教练员可向裁判员提出，由裁判员决定修整或撤换。

20.4　每项成绩公布后，裁判长签署该成绩申诉截止时间，这一时间为15分钟。超过该时间，不再受理该成绩申诉事宜。

20.5 运动员对裁判员裁决有争议时，由领队或教练员以书面形式向仲裁委员会提出申诉，同时交纳申诉费。

20.6 仲裁委员会依据仲裁条例进行裁决。

## 第七章 裁判人员及其职责

**21 裁判人员**

射弩比赛设裁判长1人，副裁判长2～3人，裁判员、发令员、记分员、编排记录员、检录员等若干人。

**22 裁判人员职责**

22.1 裁判长

22.1.1 全面负责主持整个裁判工作。

22.1.2 对比赛中发生的疑难问题进行处理和裁决。

22.1.3 对严重违犯规则的运动员，有权取消比赛资格。

22.1.4 有权处理在执行裁判工作中犯有严重错误或不称职的裁判员。

22.1.5 审核并签署比赛成绩单、成绩公告。

22.1.6 主持靶位抽签。

22.1.7 召开裁判员会议，对当日比赛进行小结。

22.2 副裁判长

22.2.1 协助裁判长进行工作，当裁判长不在时，代行其职务。

22.2.2 比赛前，带领裁判员检查场地设施和运动员比赛器材。

22.2.3　主持或协助裁判长组织决赛场次的工作。

22.3　裁判员

22.3.1　赛前检查场地设施、运动员比赛器材。

22.3.2　召集各组运动员按时进入比赛场地，通知竞赛注意事项。

22.3.3　运动员进入发射区后核对号码。

22.3.4　判定运动员发射是否有效，对一般犯规者有权给予处罚。

22.3.5　在比赛中，做好裁判工作，判定运动员比赛成绩（每枝箭的环数）。

22.4　发令员

22.4.1　负责比赛的统一发令、计时和场地安全。

22.4.2　记录比赛因故中断的原因和时间。

22.4.3　负责比赛期间的音响播放（播放有关比赛通知、项目介绍、各队情况等材料）。

22.5　记分员

22.5.1　核实和记录每箭环数并注明竞赛中出现的问题及处理意见。

22.5.2　指挥运动员拔箭和标好箭孔。

22.5.3　核算个人累积环值，每项比赛结束后让运动员在记分表上签字并送交记录处。

22.5.4　记分员无权改动记分表上记载每枝箭环值的数字，需改动时，必须由裁判员执笔并与运动员共同签字方为有效。

22.5.5　对疑难箭环及时报告裁判长，待裁决后再登记。

22.6　编排记录员

22.6.1　赛前准备比赛所需表格、裁判用具。

22.6.2　准备比赛、训练靶纸，编写靶位号码。

22.6.3　负责靶位编排工作，抽签后打印竞赛通知书。

22.6.4　负责比赛的记录、成绩记分表的收集、复核与整理。

22.6.5　填写成绩报告单，并经裁判长审核签字。

22.6.6　打印正式成绩公报、成绩册，公布成绩。

22.6.7　落实裁判长交给的各项任务。

22.7　检录员

22.7.1　根据比赛安排对参赛运动员进行检录。

22.7.2　检查运动员比赛器材(弩、箭)。

22.7.3　带领运动员进入比赛场地。

# 射弩竞赛裁判法

## 前　言

《射弩竞赛裁判法》是根据射弩竞赛特点而设计的。他能够帮助裁判员对比赛中发生的各种情况做出正确、及时地判断，并依据竞赛规则，对违反规则的行为做出判罚。该裁判法介绍了射弩裁判员应具备的基本素质和工作内容及程序，有助于射弩裁判员更好地完成执法任务，保证比赛圆满顺利地进行。

## 第一章　裁判员应具备的基本素质

优秀裁判员应具备较高的思想素质和业务素质，高水平的裁判工作是完成好竞赛的需要。因此，裁判员应不断地学习研究，透彻地理解规则，使每一次裁判工作都能在正确的思想指导下进行。裁判员应具备以下素质：

（一）严格遵守严肃、认真、公正、准确的基本原则，保证比赛安全顺利进行。

（二）具备良好的心理素质，任何情况下都能排除干扰，集中精力，做好裁判工作。

（三）认真学习竞赛规则和裁判法，精通规则内容。对任何违背规则的行为都能给予准确的判罚。

（四）裁判员要有健康的身体，不怕苦累，抗疲劳，以适应比赛的需要。

（五）裁判工作要果断、迅速。

（六）服从裁判岗位的需要，能承担各岗位的裁判工作。

## 第二章　裁判人员工作岗位、职责与配备

**一、裁判长**

比赛设裁判长 1 人，在具体工作中，要求抓好以下环节：

1. 精通规则，对规则中的每一条文都能做出准确解释和判定，及时处理或裁决比赛中的问题。

2. 掌握竞赛工作的全面计划和裁判员情况，合理安排裁判员工作岗位。

3. 注意检查赛场的安全，具体提出各裁判岗位所要注意的安全事项。

4. 组织裁判员检查竞赛场地、靶位编排和抽签工作。

5. 召开裁判组会议，学习规则、裁判法、大会总规程及竞赛规程，统一裁判工作尺度。

6. 参加组委会，并报告裁判工作各方面的情况，特别注意说明本次竞赛的特殊规定。

7. 每项比赛结束，审核成绩公布表并签字，同时标明该项目申诉截止时间。

8. 负责裁判员的考评。

9. 参与发奖工作，宣布比赛成绩。

10. 竞赛结束，写好裁判工作总结。

**二、副裁判长**

比赛设副裁判长 2～3 人。

1. 协助裁判长工作，负责各项裁判器材的保障保管工作。

2. 负责与竞赛有关部门保持密切联系。

3. 副裁判长中，一名分管后勤和与竞赛有关部门的联系工作；一名分管临场裁判工作；一名分管编排记录组工作，做好竞赛成绩的统计与审定。

**三、裁判员**

每2个靶位设裁判员1名。

1. 检查竞赛场地和器材。

2. 安排运动员赛前训练。

3. 检查成绩记录表和比赛靶纸是否正确，靶架是否完好。

4. 检查运动员比赛器材及发射姿势。

5. 在比赛现场即时判定环值，处理穿箭、重箭等事宜。

6. 负责在成绩记录表上和靶纸上记录对犯规、干扰、故障、错射、多射等情况的处理。

7. 协助编排记录组进行比赛靶纸、现场成绩表的收发。

**四、发令员**

每场比赛设发令员1～2名。

1. 根据竞赛项目的时间安排，负责比赛的统一发令、计时和安全(包括练习场地)。

2. 记录比赛因故中断的原因和时间。

3. 控制扩音器的使用，播放比赛现场有关事宜。

**五、记分员**

每1～2个靶位设记分员1名。

1. 赛前负责靶架的安装和调试。

2. 赛中监督运动员发射的箭数和记录成绩(要求字迹清楚、工整)，引导运动员看靶，并负责换靶纸和记分牌。

3. 检查运动员比赛时的姿势，并进行监督。竞赛中出现问题，及时报告裁判员处理。

4. 比赛结束后准确地计算出运动员的比赛成绩，并督促运动员在成绩记录表上签字。

**六、编排记录员**

每场比赛设 4～6 名。

1. 比赛前准备裁判用具、比赛所需表格、制作竞赛靶位通知书等。

2. 准备训练和比赛靶纸并编写靶位序号。

3. 准备运动员号码布和决赛号码布。

4. 比赛前向各靶位裁判员、记分员分发靶纸和成绩记录表。

5. 每场比赛结束,向所负责靶位的记分员收取成绩记录表。

6. 每项比赛结束，统计最后成绩，并将最终的比赛成绩公布表交裁判长签字。

7. 每项比赛结束，即时打印成绩公报，公布成绩。

**七、检录员**

每场比赛设检录员 1～2 名。

1. 比赛前 15 分钟对参赛运动员进行检录。

2. 根据规则要求，严格检查参赛运动员的弩、箭及其他器材，填写检查表格，发放合格证。

3. 检录完毕后引导运动员进入比赛场地。

# 第三章 比赛开始前的工作及准备

## 一、比赛开始前的工作

1. 学习比赛规程及有关比赛的规定，了解比赛队伍情况。

2. 检查比赛场地及设施。

（1）场地检查。由裁判长率裁判组对比赛场地进行检查，并填写《场地设备检查报告表》，场地检查报告由裁判长签名后交上级单位存档备查。

（2）竞赛场地及其设施要求：场地平坦，开阔。在保证安全的情况下，长不少于30米，宽度根据所设靶数酌定（不包括观众区）。

（3）比赛时运动员均在一个比赛场地进行。比赛如在室外进行，发射方向应避免阳光直射。

（4）发射线宽50毫米，应与箭靶线平行。

（5）每个发射位宽1.20～1.60米，发射位应有与靶位相应的靶号标志。发射线后2.50米与发射线平行的线为待射线，待射线后2.50米内为裁判区，裁判区后为观众区，两个区域间以标志物相隔。

（6）箭靶高度一致并设在同一直线上，箭靶面应与箭靶线前沿相垂直。每个箭靶上应有明显的号位标志，间距1.20～1.60米。

（7）比赛场地的检查方法。

①射弩比赛距离为20米。测量比赛距离应从发射线的后沿至箭靶前沿距离。用钢卷尺测量3处，每处测三次求其

平均值，误差为±30毫米。

②靶心高度为1.10米。测量方法：靶心高度是指靶心中央至箭靶前沿的垂直距离，可制作高度为1.10米的直角尺。

③测量发射位置与靶位的左、右偏差，应使用经纬仪在发射线位置的中心点，测量其偏差。

④照明度：用测光仪测量靶面的照明度。

3. 检查安全措施，公布安全制度。

（1）根据安全规则，裁判员对比赛场区人员应严格要求，对于可能发生的事件要有预防措施。

（2）严格管理运动员比赛器材，在练习和比赛中，发射和拔箭要有统一信号。

（3）在射弩比赛及训练场地必须公布安全制度，其主要内容是：

①携带弓弩出入比赛场地，箭枝不得入槽或成待发状态。

②只准在规定的时间、场地进行练习。

③当发现发射前方有人、畜或其他有碍射弩安全的情况时，应立即停止击发，并取下弩箭。

**二、比赛开始前的技术、器材准备**

1. 召开裁判员工作会议。

当裁判员报到后，为了共同执行好任务，裁判长应立即召开裁判员工作会议。

会议内容主要包括以下几点：

（1）统一执裁尺度及有关特殊规定。

（2）比赛中的分工与配合。

（3）对裁判员的要求和管理制度、规定。

（4）场地、器材、设施安全的检查。

2. 比赛器材准备。

（1）裁判区应有的设备：裁判员用桌凳、记分板、计时钟、广播器材等。

（2）裁判工作用具：秒表、处罚牌（红、白、黄）、50米钢卷尺、标杆、水平仪、示风旗、经纬仪、测光仪、拉力测试器、备用箭靶、靶架、靶钉、记分牌和卡尺等。

（3）文具：彩色笔、铅笔、图钉、笔记本、圆珠笔、透明胶纸、讲义夹、订书机等。

（4）弩、箭器材检查用具和登记表格、合格证等。

（5）电脑、打印机、软盘、纸张、号码布等。

（6）成绩公布栏及照明设施。

（7）场地设备检查报告表、靶纸、比赛成绩登记表等。

3. 裁判员着装应齐整得体，注意仪表，服装颜色、款式统一。

4. 裁判员要提前到达比赛场地，完成比赛开始前的各项工作任务。

5. 靶纸准备。

（1）根据各项目参加比赛的人数、使用的靶位和赛前训练的时间，确定靶纸数量。

（2）根据标准的靶纸样品，挑选大小规格一样，纸面颜色基本一致，环线清晰、厂家和印版相同的靶纸，作为一个项目的比赛用靶。

（3）对靶纸按项目、靶位编写序号。

# 第四章　裁判员的工作程序

## 一、入场、试射中的工作

1. 裁判员在竞赛前进入比赛场地进行准备后，裁判长检查各组裁判员、记分员、记录员等就位情况，核对钟表的时间是否准确。检查比赛所用的器材是否完好。检录时，检录员对参赛运动员及运动员所使用的弩、箭进行检查后由检录员引导参赛人员进入比赛场地。

2. 比赛前2分钟，发令员发布口令："现在进行的项目是××××的×姿比赛。运动员注意！准备2分钟。"此时，记分员应核对本靶位的运动员姓名和号码是否与成绩记录表相符，同时检查运动员的射弩姿势。

## 二、竞赛开始

1. 接近开始前几秒钟，发令员发布口令："准备时间到，试射3枝箭，时间3分钟，开始。"同时开启倒计时设备。口令要响亮、清楚、简练。比赛开始后，裁判长、副裁判长负责处理竞赛中所遇到的问题。记分员要集中精力注意运动员发射的每一箭，并将发射的箭数及环数登记在成绩记录表上。

2. 记分射开始，发令员发布口令："运动员注意，记分射×姿，5枝箭，5分钟，开始。"在每组比赛时间还剩1分钟时要宣布："还有1分钟。" 时间到时下达"停放"口令。再宣布运动员、裁判员"看靶"口令。

3. 至少一名裁判长与裁判员、记分员、运动员一起前往箭靶处，对疑难箭环由二名裁判员和一名裁判长以少数服从多数的方式当场裁决。在看靶期间进行报环、判环、记分、标箭孔、公布记分牌、换靶纸等。

4. 竞赛结束后，全体裁判员整理场地，准备下一场比赛。

**三、决赛工作**

1. 团体比赛中成绩相同情况下的工作。

（1）团体比赛录取名次中如出现成绩相同，则进行决赛分出名次。

（2）团体比赛中的相同成绩决赛只进行立姿比赛，并且无试射。

（3）成绩相同的两个或两个以上的队（每队3人或相同人数）同时上场参加比赛。

（4）每人只发射1枝箭。如成绩仍相同，再进行单箭决赛，直至决出胜负。

（5）多组名次成绩相同时，先进行低名次决赛，再进行高名次决赛。

2. 个人项目决赛。

（1）根据录取名次以资格赛的成绩，按顺序排列靶位。

（2）参加决赛的选手后背号码布的内容有：单位、姓名、靶位号（资格赛名次）。

（3）决赛箭靶下方设有成绩公布牌，上层为试射或决赛单枝箭成绩（二位数），下层为资格赛与决赛成绩之和（三位数）。

（4）资格赛成绩公布的申诉截止时间为决赛检录开始时间。

（5）检录后列队进入发射区。发令员介绍参加决赛的运动员，运动员向观众致意。发令员依次发出口令："××项目决赛开始准备，准备时间2分钟"、"准备时间到"、"试射3枝箭3分钟，开始"、"试射时间到，停放"、"看靶"。

（6）裁判员、记分员、运动员到箭靶处报环、记分、拔箭……公布试射成绩。

（7）运动员、裁判员返回发射区后，裁判长口令："准备决赛，决赛5枝箭，每枝箭立姿(或跪姿) 50秒，第1枝箭装箭"、"注意，3——2——1开始"、"停放，看靶"。运动员可不离开发射区，用箭孔观察镜看靶，由裁判员代替看靶和拔箭。三名裁判员和记分员前往箭靶处，裁判员从1号靶报起，大声报出"1号××环、2号××环……"记分员登记环值、公布成绩、标箭孔……返回。"第二枝箭装箭"……按以上程序进行。

（8）决赛第5枝箭结束后，运动员同裁判员一起到箭靶处看靶，在成绩表上签名，取回自己的箭枝回到原靶位。裁判长宣布"××项目，第一名××，×××环，第2名××，××环"。

（9）决赛中出现总成绩相同时，裁判长宣布"第×号靶位，第×号靶位……射手注意，同分决赛第一枝箭装箭。注意，3——2——1开始……"成绩如仍相同，则再进行单箭决赛，直至决出胜负与名次。裁判长宣布比赛最终成绩。

**四、裁判工作中应注意的问题**

1. 裁判员应做到四勤：即腿、眼、耳、嘴勤。处理问题时，应先计时间，令运动员放下弓弩，再查明原因。处理后，注意在成绩记录表上注记。若有犯规扣环时，要在成绩表上注记。

2. 注意安全，维持赛场秩序。竞赛开始后新闻记者不得进入比赛和裁判区，不能使用闪光灯摄影。

3. 记分员在竞赛前的准备时间里，要核对靶纸的编号与靶位号是否相符，清点靶纸张数无误后，放在指定位置上，靶面向上。

4. 记分员发现脱靶、重射、错射等情况，要报告裁判员，查明原因，共同处理。处理疑难弹着点时，至少要有一名裁判长在场。

5. 执场裁判要及时处理疑难问题，并将处理结果签署在靶纸上。对"重箭"、"脱靶"等问题，裁判长与两名裁判员三人表决后在靶纸上签字。

## 第五章　有关问题处理和犯规处罚

### 一、遇到一般问题的处理

1. 竞赛中靶板出现损坏和靶纸脱落，首先开表计时，通知运动员暂停发射，令其将箭取出箭槽。待其他运动员本组比赛完毕，及时进行修理或更换后让其比赛，未发射的箭，每一枝箭补时 1 分钟。

2. 比赛中，弩、箭、弦发生故障，经裁判员允许可更换经检查合格的器材，也可自行排除，但不补时间。

3. 凡箭已脱离箭槽的发射，射手在发射线内用手无法捡回的箭均记为有效发射。

4. 发射的箭不中环均算脱靶，箭杆碰环线算高环(包括斜插箭)。

5. 如箭击中靶板后脱落均以箭孔计算成绩。

6. 重箭均以被击中的箭尾有无痕迹判定，无痕迹不算重箭。

7. 执裁中遇到本单位（地区、代表队）运动员出场，裁判员应主动提出回避执裁，并由裁判长重新调换执裁靶位，不参与有关疑难环值的表决。

8. 所有警告、扣环及取消比赛资格的处分由裁判长判决。

**二、警告、扣环的处罚**

1. 记分射开始口令未下达而发射的箭均算脱靶，并从本人该组记分射中再扣2环。

2. 运动员站位超出发射线的发射均算脱靶。裁判员有责任在射手练习和试射中对踩线者进行纠正。

3. 试射错射他人靶上，从本人第一组记分射成绩中扣除2环。

4. 记分射错射到别人靶上，错射者为脱靶。被错射者分不清错射箭时，减去环值最低的一枝或多枝箭，从第二次错射开始，每错射一枝，除计为脱靶外再扣除2环。

5. 出现多射箭，均从本组中扣除最高环值的箭并警告一次，以后每多射1箭在本组中追加扣除2环。

6. 比赛中运动员在发射区内不得接受任何方式的技术指导，凡违反者，对其均给予警告，以后每重犯一次，从被指导者总成绩中扣除2环。

7. 运动员姿势犯规，第一次给予警告，第二次从本人记分射成绩中扣除2环，如仍不改正错误，则取消比赛资格。

8. 竞赛中妨碍他人比赛，第一次警告，第二次从总成绩中扣除 2 环。

9. 使用未经检查或不合格的弩或者违反规定的箭参加比赛，每发射 1 箭，从本人总成绩中扣除 2 环。

**三、比赛中出现下列情况，可以取消比赛资格**

1. 弄虚作假、伪造成绩者。

2. 严重违反安全规则者。

3. 竞赛中第三次妨碍他人比赛者，第三次姿势犯规者。

4. 在比赛前或者比赛中擅自改变已经检查过的弩及装备者。

5. 不服从裁判员指挥，严重影响比赛秩序者。

6. 违反规则并刻意隐瞒者。

**附：射弩比赛用表（见本书第 230～231 页）**

表 1　射弩全能比赛记分表

表 2　射弩个人比赛记分表

**表 1**　　**射弩全能比赛记分表**

比赛地点：______　　组别：______　　____年___月___日

| 靶位 | 姓名 | 单位 | 立姿 | | | | | | | | | | 合计 | 跪姿 | | | | | | | | | | 合计 | 全能成绩 | 名次 | 备注 |
|---|---|---|---|---|---|---|---|---|---|---|---|---|---|---|---|---|---|---|---|---|---|---|---|---|---|---|---|
| | | | 1 | 2 | 3 | 4 | 5 | 6 | 7 | 8 | 9 | 10 | | 1 | 2 | 3 | 4 | 5 | 6 | 7 | 8 | 9 | 10 | | | | |
| 1 | | | | | | | | | | | | | | | | | | | | | | | | | | | |
| 2 | | | | | | | | | | | | | | | | | | | | | | | | | | | |
| 3 | | | | | | | | | | | | | | | | | | | | | | | | | | | |
| 4 | | | | | | | | | | | | | | | | | | | | | | | | | | | |
| 5 | | | | | | | | | | | | | | | | | | | | | | | | | | | |
| 6 | | | | | | | | | | | | | | | | | | | | | | | | | | | |
| 7 | | | | | | | | | | | | | | | | | | | | | | | | | | | |
| 8 | | | | | | | | | | | | | | | | | | | | | | | | | | | |
| 9 | | | | | | | | | | | | | | | | | | | | | | | | | | | |
| 10 | | | | | | | | | | | | | | | | | | | | | | | | | | | |

**表 2　　　　　射弩个人比赛记分表**

男子/女子　　　传统/标准：　　　　时间：

| 组别 | | | | 靶位 | | | | | | |
|---|---|---|---|---|---|---|---|---|---|---|
| 单位 | | | | 姓名 | | | | | | |
| 箭枝<br>项目 | 1 | 2 | 3 | 4 | 5 | 6 | 7 | 8 | 9 | 10 | 合计 |
| 立姿 | | | | | | | | | | | |
| 跪姿 | | | | | | | | | | | |

运动员：________　　　　　　裁判员：________

# 陀螺竞赛规则

## 第一章 比 赛

**1 定义**

陀螺是一项两队在比赛场地上，从守方旋放陀螺开始，由攻方将自己的陀螺抛掷，击打守方陀螺，将守方陀螺击出比赛场区或比守方陀螺在比赛场区内旋转的时间更长的比赛项目。比赛只计攻方得分，以当场比赛的累计得分决定该场胜负，得分多的队为获胜队。

## 第二章 场地及器材

**2 比赛场地**

陀螺比赛在平整无障碍物的地面上进行。比赛场地包括比赛场区和无障碍区。（图 1）

2.1 比赛场区为长 20 米（女子比赛场区长 19 米），宽 15 米的长方形。场地线宽 5 厘米（以内沿计算），其四周应有 2 米以上的无障碍区。

2.2 预备区：

2.2.1 守方预备区。

在场地左边线距底线 4.5 米的无障碍区内，画一 4 米×2 米的长方形区域为守方预备区。

2.2.2 攻方预备区。

在攻击线左侧底线外无障碍区内画一 4.5 米×2

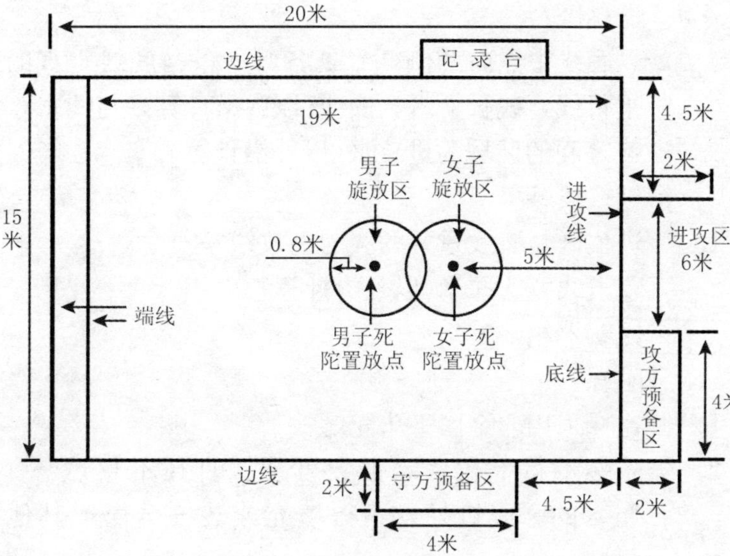


**图 1　陀螺比赛场地示意图**

米的长方形区域为攻方预备区。

2.3　死陀置放点：

2.3.1　男子死陀置放点。

由底线中点并垂直于底线，向场内 6 米处画一半径为 5 厘米的实心圆，此圆为男子死陀置放点。

2.3.2　女子死陀置放点。

由底线中点并垂直于底线，向场内 5 米处画一半径为 5 厘米的实心圆，此圆为女子死陀置放点。

2.4　旋放区：

以死陀置放点中心为圆心，画一半径为 0.8 米的圆，为旋放区(可铺设橡胶垫)。

2.5　进攻区：

以底线中点向两侧3米处各画一条与底线垂直的平行线，线长2米。底线(以内沿计算)与两垂直线之间的区域为进攻区(以外沿计算)。

2.6　进攻线：

2.6.1　进攻区与底线重叠的线为进攻线。

2.6.2　攻击线宽5厘米(以外沿计算)。

**3　比赛器材**

3.1　陀螺：

3.1.1　比赛采用非金属平头陀螺。

3.1.2　陀螺不得上色，除锥尖可装置直径不超过0.4厘米的金属钉外，不得填充或装饰金属或其他材料。

3.1.3　陀螺直径为9～10厘米，高度(含钉高度)为10～12厘米，陀螺圆柱体高度5～6厘米，圆柱体的丈量从陀螺的顶部平面至与锥体的交界处，重量800～900克。

3.2　鞭：

3.2.1　鞭由鞭绳、鞭杆(无鞭杆亦可)组成。

3.2.2　鞭绳不得用金属材料制作，其粗细不限，鞭绳长度男子为6米，女子为5米(不得少于2米)。如有鞭杆，鞭杆长度不超过0.6米。

3.3　比赛前陀螺应经过检验，检验合格并作标记、攻守陀螺应区别标记。

## 第三章　运动员和教练员

**4　运动员**

4.1　团体比赛，每队由 4 名队员组成，其中 3 名为比赛队员，1 名为替补队员。

4.2　单项比赛包括男(女)单打、男(女)双打。

**5　场上队长**

5.1　在团体比赛中，应指定其中 1 名队员为场上队长。

5.2　场上队长须在上衣佩有明显标志，代表本队在赛前抽签选择攻守权。

5.3　场上队长被替换下场后，教练员另指定 1 名场上队员行使场上队长职责。

**6　教练员**

6.1　比赛前填写、送交比赛顺序表。

6.2　比赛中可向记录台提出换人或暂停请求。

6.3　比赛过程中及局间休息时在无障碍区外对运动员进行指导。

## 第四章　比赛通则

**7　比赛办法**

7.1　团体比赛

7.1.1　守方队员按下列号码顺序轮换放陀；第一轮为 1、2、3；第二轮为 2、3、1；第三轮为 3、1、2。攻方队员按 1、2、3 顺序轮流进攻，各轮攻击顺序不变。

7.1.2 守方放陀3次，攻方进攻3次为一轮；三轮为一节；每节比赛结束，双方互换攻守。两节为一局；两局为一场。

7.1.3 第一局比赛结束后，按赛前抽签决定的攻守顺序两队互换，局间休息3分钟。

7.2 单项比赛

7.2.1 单打按抽签顺序攻守。每场比赛每名队员攻守各6次(双方运动员进攻或防守一次，并交换位置)。

7.2.2 双打比赛，守方每人放陀2次，攻方每人进攻2次为一轮；两轮为一节，两节为一场。

7.2.3 在双打比赛中，守方队员按号码顺序轮换放陀，第一节为1、2；第二节为2、1。攻方队员按1、2顺序各连续进行两次攻击。然后双方攻守互换，直至每人完成攻守各4次。

**8 赛前准备**

8.1 赛前15分钟,双方队员必须到达比赛场地进行检录。

8.2 赛前5分钟，由教练员把比赛顺序表送交记录台后，名单不得更改。

8.3 赛前由双方队长抽签决定攻守顺序。

**9 比赛方法**

9.1 比赛由裁判员鸣哨示意攻守双方队员在各自预备区内就位。

9.2 攻守双方运动员须在预备区内将陀螺用鞭绳缠绕好，缠绕在陀螺上的鞭绳长度不得少于1米。

9.3 裁判员鸣哨并用明确手势示意守方队员旋放陀螺为比赛开始。守方队员可在旋放区外任何位置旋放陀螺。

9.4　待守方队员旋放陀螺并退回预备区后，裁判员即鸣哨并以手势发出攻击信号，攻方队员即可对守方陀螺进行攻击。

9.5　当裁判员做出判定报分后，该次攻守即结束。攻守双方队员方可进入比赛场区内取回陀螺。

**10　器材更换**

10.1　运动员只允许使用经裁判员检验合格的器材参加比赛。

10.2　比赛中若遇器材损坏，可报请裁判员更换。经裁判员检查同意后，须在2分钟内更换完毕。

**11　比赛判定**

11.1　停转

陀螺呈椎尖离地的转动。

11.2　死陀

11.2.1　死陀的判断：

11.2.1.1　在裁判员明确发出放陀信号后，未用鞭绳将陀螺缠绕好。

11.2.1.2　在裁判员明确发出放陀信号后，器材脱手或松绳掉陀。

11.2.1.3　陀螺旋放在旋放区外。

11.2.1.4　陀螺虽已旋放在旋放区内，但在守方队员(含鞭)未退出场外前停转或旋出旋放区。

11.2.1.5　陀螺虽已旋放在旋放区内，但在裁判员发出攻击信号后攻方未实施进攻的有效进攻时间内，守方陀螺停转或旋出旋放区。

11.2.2　死陀的判罚：

11.2.2.1　由裁判员将陀螺平头朝下置于死陀置放点上，重新发出进攻信号，由攻方队员进行攻击。

11.2.2.2　死陀被攻方陀螺击中后，均视为停转。

11.3　无效进攻

11.3.1　未用鞭绳将陀螺缠绕好。

11.3.2　未直接将陀螺投入旋放区内。

11.3.3　直接将陀螺投入旋放区内后，未间接击中守方陀螺。

11.3.4　裁判员发出攻击信号后5秒钟内未完成的进攻。

11.3.5　鞭绳触及守方陀螺(缠在陀螺上的鞭绳除外)。

11.3.6　裁判员未发出进攻信号且守方陀螺未被判为死陀时即实施的进攻(无论击中与否)。

11.4　有效进攻

具备下列三种情况为有效进攻：

11.4.1　必须用鞭绳将陀螺缠绕好。

11.4.2　直接将陀螺投入旋放区内直接或间接击中守方陀螺。

11.4.3　裁判员发出攻击信号后5秒钟内完成的进攻。

11.5　打停

在有效进攻中，攻方陀螺仍在场地内旋转的前提下，出现下例情况判为打停：

11.5.1　使守方陀螺出界。

11.5.2　使守方陀螺停转。

11.6　旋胜

在有效进攻中，攻守双方陀螺均在场内旋转，守方陀螺先于攻方陀螺停转。

11.7　旋平

在有效进攻中，出现下例情况判为旋平：

11.7.1　双方陀螺均出界(不分先后)。

11.7.2　双方陀螺同时在场内停转。

11.7.3　守方陀螺停转，攻方陀螺出界或攻方陀螺停转，守方陀螺出界。

11.7.4　攻方陀螺击中死陀后停转或出界。

11.8　旋负

在有效进攻中，出现下列情况判为旋负：

11.8.1　攻守双方陀螺均在场内旋转，攻方陀螺先于守方陀螺停转。

11.8.2　攻方陀螺停转或出界，守方陀螺仍在场内旋转。

## 第五章　比赛间断与延误比赛

**12　暂停和换人**

12.1　暂停

12.1.1　团体比赛中每局允许请求 1 次暂停。

12.1.2　要求暂停须由教练员向记录台提出。记录台鸣笛经裁判员同意方可实施暂停。

12.1.3　暂停时间为 1 分钟。

12.2　换人

12.2.1　团体比赛中，每场只允许替换 1 名队员。

12.2.2　要求换人时，须由教练员向记录台提出。记录台鸣笛经裁判员同意后即可换人。

**13　　延误比赛及判罚**

比赛中以不正当行为拖延比赛继续进行，出现下列情况者给予警告：

13.1　裁判员未发出放陀信号前的放陀。

13.2　裁判员未发出攻击信号前，守方陀螺已呈死陀时，攻方队员实施的进攻。

13.3　守方旋放的陀螺被判为死陀后，守方队员仍不退出场外。

**14　　比赛意外中断**

14.1　外界干扰

比赛中，若遇无关人员或非本场陀螺进入赛旋区而触及本场任何一方的陀螺以及其他意外事故而影响比赛的正常进行时，裁判员应立即鸣哨中断比赛，双方该次攻守的行为和效果均为无效。

14.2　受伤

14.2.1　比赛中，若发生严重伤害事故，裁判员应立即中断比赛，双方本回合的放陀和攻击行为均为无效。

14.2.2　团体比赛中，如发生运动员受伤，裁判员可允许替换。

14.2.3　比赛中，因不可抗拒原因中断比赛，以双方中断时的比赛成绩为有效成绩。

## 第六章　得分、比赛胜负及名次计算

**15　　得分**

比赛只计攻方得分。

15.1 打停得 4 分。

15.2 旋胜得 3 分。

15.3 旋平得 2 分。

15.4 旋负得 1 分。

**16 比赛胜负**

16.1 团体比赛结束后，若两队得分相等，休息 5 分钟，抽签决定攻守顺序，加赛一局。若得分再相等，仍按此方法处理(中间无休息)。如加赛三局比分仍相等，则以加赛前的最后一局中的 4 分、3 分、2 分、1 分的多少给予判定。如仍相等，则以倒数第二局的相应得分给予判定。如仍相等，则依次类推，直至决出胜负。

16.2 单项比赛中，一场比赛后双方得分相等，抽签决定攻守顺序，每人再攻守各一次。若得分再相等，则继续加赛，如加赛五次，比分仍相等，则以加赛前的最后一场的 4 分、3 分、2 分、1 分的多少给予判定。如仍相等，则以倒数第二场的相应得分给予判定，如仍相等，则依次类推，直至决出胜负。

**17 循环赛名次计算**

17.1 各队(人)胜一场得 2 分，负一场得 1 分，弃权得 0 分。积分多者名次列前。

17.2 若遇两队(人)积分相等，以两队(人)之间的胜负决定名次；胜者列前。

17.3 若两队(人)以上场次积分相等，则根据他们之间的场次得分计算，得分多者名次列前；若得分再相等时，按各场比赛所得 4 分、3 分、2 分、1 分的累计总次数顺序类推决定名次，大分值多者名次列前。

17.4 若再相等，则从比赛最后一场的最后一陀开始，往前类推对比，分值高者列前，直至推算出最终结果。

## 第七章 犯规、不良行为及判罚

**18 犯规及判罚**

18.1 犯规

18.1.1 守方队员旋放陀螺时身体的任何部位及鞭杆触及旋放区。

18.1.2 攻方队员在进攻时身体的任何部位或鞭杆超越进攻区各条线段而触及比赛场区地面。

18.1.3 攻方队员实施进攻后，可滞留在进攻区内。但在裁判员未做出最后判定和报分前，身体的任何部位及鞭杆超越进攻区而触及比赛场区地面。

18.1.4 在裁判员未做出最后判定和报分前，守方队员身体的任何部位触及比赛场区地面(提前进入比赛场区)。

18.1.5 无效进攻。

18.1.6 顺序错误。

比赛中，攻守的一方或双方未按比赛位置表顺序出场参加比赛。

18.1.7 更换器材的时间超过 2 分钟。

18.1.8　在裁判员未做最后判定前，攻方队员在比赛场区所含进攻区内触及任何一方的比赛陀螺。

18.2　犯规的判罚

18.2.1　攻方犯规，判其失去该次进攻机会；守方犯规，判攻方得4分。

18.2.2　判罚对象：

判罚对象特指实施放陀或进攻的队员。

18.2.3　对于超越无障碍区比赛场区线段的其他队员及当场教练员，应给予警告的处罚。但处罚的时机须在该次攻守结束后。

18.2.4　比赛中如在一轮的比赛结束后发现顺序错误，则不予追究，比分有效。

**19　不良行为及判罚**

19.1　不良行为

19.1.1　有意干扰、恫吓对方。

19.1.2　违背道德和文明举止，有侮辱性表示。

19.1.3　诽谤、侮辱性语言或形态。

19.1.4　人身侵犯或企图侵犯。

19.2　不良行为的判罚

对于不良行为者，第一次给予警告(黄牌)，第二次则取消其本场比赛资格(红牌)。

## 第八章　弃权与申诉

**20　弃权及处理**

20.1　弃权的行为：

20.1.1 运动员超过比赛时间5分钟未到场。

20.1.2 因伤病(须大会医生证明)而不能参加比赛，且无法替换。

20.1.3 因参加比赛的队伍(包括团体赛中队员因被取消比赛资格且无法替换)阵容不整而无法比赛。

20.2 比赛中，对裁判员的判罚及处理有异议，须由场上队长向裁判员提出。不论对裁判员的解释是否满意，都须将比赛进行至结束。否则，以该队弃权论处。

20.3 弃权后的成绩计算：

20.3.1 非弃权方的场次得分为2分。已赛场次中的最高分值即作为该场比赛的得分，所计得分场次的每陀得分亦作为该场比赛的每陀分值；若遇在第一场即出现弃权，以非弃权方下一场实际比赛的成绩计算得分和每陀分值。

20.3.2 因队员被取消比赛资格而弃权的成绩计算。

20.3.2.1 团体比赛：

因队员被取消比赛资格且已实施过换人，保留该队其他队员在本场比赛中的此前得分，在未进行的各轮比赛中，均按给对方每次得4分处理，并按累计得分数决定该场比赛的胜负。若遇本场比赛得分相等，不再进行加赛决胜局的比赛，直接判被取消比赛资格队员的所在队为负方。

20.3.2.2 单项比赛：

被取消比赛资格的队员本场比赛中的得分无效。在未进行的比赛中，均按给对方每次得4分处理。

**21　申诉**

21.1　如对比赛结果有异议，可在比赛结束后2小时内，以教练员签名的书面材料向仲裁委员会提出申诉，同时交纳申诉费。超过规定时间不予受理。

21.2　仲裁委员会依据仲裁条例进行裁定。

## 第九章　裁判人员及其职责

**22　裁判人员**

22.1　陀螺比赛设裁判长1名，副裁判长2～3名，裁判员若干名。

22.2　每场比赛设裁判员1名，司线员2名，记录员、检录员、宣告员等各1名。

**23　裁判人员职责**

23.1　裁判长

23.1.1　组织领导裁判工作，掌握比赛进程，安排裁判员的分工。必要时裁判长可以撤换不称职的裁判人员。

23.1.2　负责处理比赛中遇到的各种问题。对比赛中出现的弃权、罢赛做出最后判定。

23.1.3　负责对比赛中发生的疑问和异议进行解释和处理。有权决定涉及比赛中的一切问题。

23.1.4　确认并宣布比赛成绩。

23.2　副裁判长

23.2.1　协助裁判长工作，在裁判长缺席时，代理裁判长职责。

23.2.2　组织记录台工作，做好比赛裁判的后勤工作。

23.2.3　根据裁判长的安排，比赛中负责部分比赛场地的竞赛工作。

23.3　裁判员

23.3.1　赛前检查场地和比赛器材，主持双方队长的抽签。

23.3.2　用哨音和明确、规范的手势主持比赛，并对比赛结果做出判定。

23.3.3　掌握局间休息时间，检查监督更换器材，同意按规则换人、暂停。

23.3.4　临场裁判员的判定为场上的最终判定。

23.3.5　签字确认该场比赛结果。

23.4　司线员

23.4.1　比赛前协助裁判员检查场地和器材。

23.4.2　比赛中对其职责以内的判定出示旗示。当司线员与裁判员的判定不一致时，应服从裁判员的判定。

23.4.3　当裁判员对比赛情况有疑问时，有义务配合裁判员说明情况。

23.4.4　比赛结束后，负责收回各队队员佩带的号码布和比赛用陀螺。

23.5　记录员

23.5.1　请双方教练员填写比赛位置表，登记比赛队员名单、顺序，准确记录并举牌示意每陀得分。

23.5.2　准确记录换人、暂停次数，并将结果通知裁判员进行及时的判定。

23.5.3　监督队员放陀、进攻顺序，一经发现有误，立即向裁判员报告。

23.5.4　记录比赛成绩；及时通知裁判员进行攻守及场区的交换；及时确定比赛结果(双方得分及胜负)，并通知裁判员当场公布；比赛结束后请双方队长及裁判员、司线员在记录表上签字。

## 第十章　裁判员手势及旗示

**24　手势（表 1）**

24.1　放陀：右手掌心向上，向前平伸，面向放陀队员，再指向旋放区。

24.2　死陀：右手握掌，伸直上举。

24.3　攻击：右手侧平伸，掌心向下，先指向攻方队员处，再指向旋放区。

24.4　5 秒违例：右手五指张开，掌心朝向违例队员，伸直上举。

24.5　无效进攻：两手在体前交叉摆动。

24.6　打停：右手伸直上举，伸出四指(屈拇指)。

24.7　旋胜：右手伸直上举，伸出拇指、食指、中指。

24.8　旋平：右手伸直上举，伸出食指和中指。

24.9　旋负：右手伸直上举，伸出食指。

24.10　出界：两臂前伸，掌心向后，作屈肘摆动。

24.11　踩(越)线：右手掌心向内伸直下垂，在体侧作前后摆动。

24.12　换人：两手在体前作前臂环绕状。

24.13　顺序错误、暂停、中断比赛：左手五指并拢、掌心向下、屈肘与肩平，右手并拢五指、掌心向左并置于左手掌下。

24.14　互换攻守：掌心向内，两小臂在胸前交叉。

24.15　场(局)结束：掌心向内，两小臂在额前交叉。

**25　旗示（表1）**

25.1　出界：单手执旗上举

25.2　停转：右手执旗上举，左手并拢五指，指向停转陀螺(属攻方陀螺时掌心向下；属守方陀螺时，掌心向上)。

25.3　踩(越）线：单手执旗摇动上举。

25.4　意外情况：右手执旗摇动上举后，将旗放至胸前，左手五指并拢、掌心向下，置于旗上。

**附（见本书第249～252页）：**

表1　陀螺裁判员手势、旗示图表

**表 1　　　　陀螺裁判员手势、旗示图表**

| 内容 | 图示 | 应用 |
| --- | --- | --- |
| 允许放陀 |  掌心向上<br>由放陀队<br>员处指向<br>旋放区 | 规则 9. 3 |
| 死　　陀 |  右手握拳<br>伸直上举 | 规则 11. 2 |
| 允许进攻 |  掌心向下<br>由攻方队<br>员处指向<br>旋放区 | 规则 9. 4 |
| 5 秒违例 |  右手五指<br>张开上举<br>掌心朝向<br>违例队员 | 规则 11. 3. 4<br>11. 4. 3 |
| 无效进攻 | 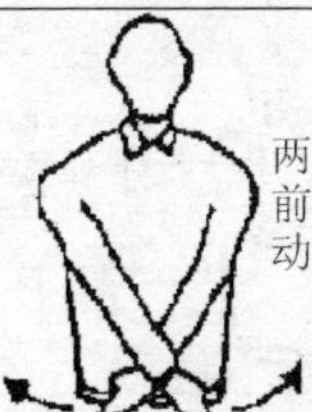 两手在体<br>前交叉摆<br>动 | 规则 11. 3 |

（续上表）

| | | |
|---|---|---|
| 打　停 |  右手屈拇指并伸直上举 | 规则 11.5 |
| 旋　胜 |  右手张开拇指、食指、中指并伸直上举 | 规则 11.6 |
| 旋　平 |  右手张开食指、中指并伸直上举 | 规则 11.7 |
| 旋　负 |  右手伸出食指并伸直上举 | 规则 11.8 |
| 出　界 |  两臂前伸掌心向后做屈肘动作 | 规则 11.5<br>11.7<br>11.8 |

（续上表）

| | | |
|---|---|---|
| 踩（越）线 |  左手掌心向内伸直下垂，在体侧作前后摆动 | 规则 18.1.1<br>至 18.1.4 |
| 黄牌警告<br>红牌罚出场<br>红黄牌取消比赛资格 |  | 规则 19 |
| 换　　人 |  两手在体前作环绕动作 | 规则 12.2 |
| 顺序错误<br>暂　　停<br>中断比赛 |  左手五指并拢、掌心向下、屈肘与肩平，右手并拢五指、掌心向左并置于左手掌下 | 规则 12.1<br>14.1<br>18.1 |
| 攻守互换 |  掌心向内两小臂在胸前交叉 | 规则 7 |

（续上表）

| | | |
|---|---|---|
| 场（局）结束 |  掌心向内两小臂在额前交叉 | 规则 7 |
| 出　　界 |  单手执旗伸直上举 | 规则 11.5<br>11.7<br>11.8 |
| 停　　转 |  右手执旗伸直上举左手掌心向上指向守陀，掌心向下指向攻陀 | 规则 11.1 |
| 踩（越）线 |  单手执旗摇动上举 | 规则 18.1.1<br>至 18.1.4 |
| 意外情况 |  右手执旗摇动上举后将旗放至胸前左手五指并拢掌心向下置旗上 | 规则 14 |

# 陀螺竞赛裁判法

## 前　言

《陀螺竞赛裁判法》是陀螺裁判员的实际工作方法。它能够帮助裁判员对比赛中的变化，做出正确、及时的判断和处理违反规则的各种情况，目的是使裁判员对比赛做出正确的判罚。该裁判法介绍了陀螺裁判员应具备的基本素质和工作内容及方法，有助于陀螺裁判员更好地完成执法任务，保证比赛圆满顺利地进行。

## 第一章　裁判员应具备的基本素质

优秀的裁判员应具备较高的思想素质和业务素质，做好裁判工作有助于运动员养成遵守竞赛规则，公平竞争的习惯，对提高比赛的水平具有十分重要的意义。裁判员应当不断地学习研究，透彻地理解规则，使自己执法的比赛更加精彩，并力求通过自己对规则的理解，使每一场比赛都能在正确的精神指导下进行。因此，裁判员应具备以下几种素质：

（一）严格遵守严肃、认真、公正、准确的基本原则，加强裁判员自身的职业修养，保证比赛安全、顺利地进行。

（二）裁判员要具备良好的心理素质，对比赛要保持一种不带任何感情色彩的冷静态度。任何时候都应集中精力，以确保比赛以外的任何事情都不会分散自己的注意力。

（三）裁判员要认真学习规则、裁判法，精通规则内容，

掌握陀螺运动规律。对任何违背规则精神和体育道德的行为都应给予严厉的判罚，使运动员认识到裁判员执行规则的坚决性。

（四）裁判员要具备敏锐的观察能力、快速的判断能力、准确运用规则的能力、妥善处理问题的能力。

（五）裁判员自身要加强体能训练，提高身体素质以适应比赛的需要。

## 第二章　裁判人员工作程序及要求

**一、裁判长**

（一）比赛前的工作及要求。

1. 组织召开裁判组工作会议。

2. 学习大会有关文件，加强裁判员的思想教育。

3. 组织裁判员学习竞赛规程与规则，统一尺度。

4. 参加裁判长、教练员联席会议。

5. 检查场地器材。

（二）比赛中的工作与要求。

1. 全面负责裁判员的各项工作。

2. 根据规则、规程解决处理比赛中出现的各种问题。

（三）比赛结束后的工作与要求。

召开裁判工作总结会议，对比赛中出现的问题进行分析，认真总结经验。

**二、副裁判长**

（一）比赛前的工作及要求。

1. 协助裁判长组织裁判员学习、实习。

2. 组织安排发放裁判员用品，检查记录台的准备工作。

3. 协助裁判长检查场地、器材，做好比赛准备工作。

（二）比赛中的工作与要求。

协助裁判长负责比赛监督工作并解决一些问题。

（三）比赛后的工作要求。

认真总结，做好结束后的工作。

**三、裁判员**

（一）比赛前的工作要求。

1. 认真参加学习规则、规程及有关文件规定。

2. 精通规则及裁判法，及时处理比赛中的问题。

3. 参加赛前裁判员实习。

4. 准备裁判员所需服装和用具(哨子、红黄牌)。

5. 参与赛前检查、复查场地、器材。

6. 组织比赛前双方抽签，挑选进攻或防守。

（二）比赛中的工作要求。

1. 全面主持比赛场上的裁判工作。

2. 比赛过程中的每次鸣哨后应出示手势或旗示，并有短时间的停顿。

（三）比赛结束后的工作要求。

1. 宣布全场比赛结束。

2. 回收号码布和比赛用陀螺。

3. 认真检查记录表，并在记录表上签字。

**四、记录台人员(记录员、检录员、宣告员)**

（一）比赛前的工作要求。

1. 准备好比赛所需用具：陀螺(指统一提供)、示分牌、红黄牌、裁判用旗和播音设备等。

2. 认真填写比赛记录表，登记上场队员名单、顺序。

记录表每场比赛一式三份，一份交竞赛组，另两份交攻、守双方(复写纸第一局用蓝色，第二局用红色)。

3. 认真核对比赛运动员。

4. 检查双方队员陀螺、鞭绳是否合格(大会提供除外)。

5. 协助裁判员进行挑边工作，发放号码布。

（二）比赛中的工作要求。

1. 准确认真填写比赛记录表，登记双方运动员的每陀得分。

2. 监督队员放陀，进攻顺序。

（三）比赛结束后的工作要求。

1. 记录比赛时间并统计出该场比赛结果，并通知裁判员。

2. 整理好记录表，签字并分别请裁判长、裁判员、司线员签字。

## 第三章　比赛程序

### 一、比赛前的准备

1. 裁判工作人员提前 30 分钟到达比赛场地，做好一切准备工作。

2. 对比赛场地、器材进行检查。

3. 临场裁判员赛前 15 分钟，请双方(团体赛为队长)进行挑边，决定攻守顺序。

4. 记录台人员(记录 1 人、宣告 1 人、检录 1 人)。

(1) 赛前 15 分钟比赛双方进行检录。

(2) 对比赛双方运动员的陀螺进行检验(大会提供除外)，检查陀螺、鞭绳是否符合规则要求。

（3）团体赛请双方教练员提交运动员出场顺序表，并填写在记录表上。

（4）协助裁判员进行挑边。

（5）发放攻守双方号码布。

5. 裁判员通知比赛双方练习 3 分钟。

**二、比赛中**

1. 记录台鸣笛比赛准备开始，双方运动员停止练习，攻守双方就位。

2. 裁判员、司线员各就各位准备比赛。

（1）裁判员站位于陀螺旋放区右边，距陀螺旋放区 3 米的地方（见图 1）。

（2）第一司线员初始站位应与进攻线平行，负责看攻方

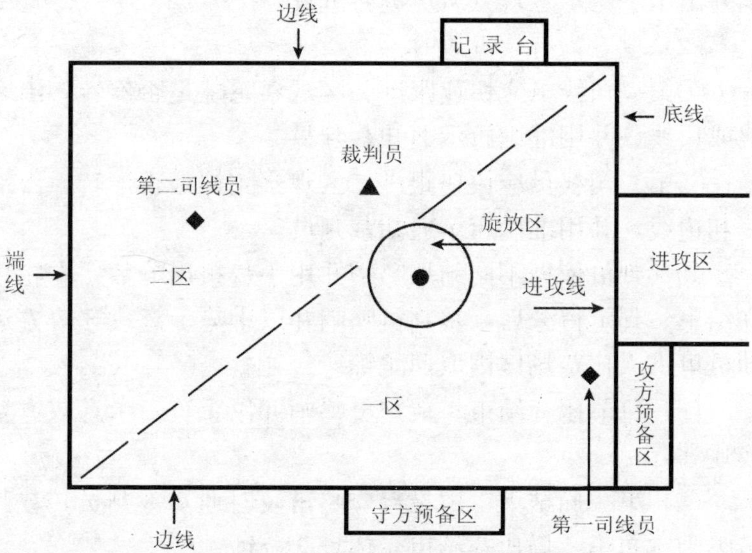


**图 1　陀螺比赛裁判位置图**

陀螺，在裁判员攻击信号发出后观察攻方队员是否越线。

（3）第二司线员初始站位于进攻区右侧距端线约5米的地方。应以能否观察守方队员踩（越）线而定。负责看守方队员放陀时是否触及旋放区线或旋放区地面。

3．记录台（宣告员）介绍比赛攻守双方队（运动员）、担任本场比赛裁判员、第一司线员、第二司线员。

4．介绍完毕，裁判员鸣哨比赛开始。

（1）裁判员鸣哨以明确手势示意守方队员旋放陀螺。

①当守方陀螺在旋放区基本旋稳，并且守方队员退出比赛场地后，裁判员鸣哨并以明确手势示意攻方队员进行进攻。

②当守方陀螺旋放为死陀时，裁判员应鸣哨，并以手势示意为死陀，并将陀螺平头朝下置于死陀置放点上，再次鸣哨并出示手势示意攻方队员进行进攻。

（2）攻方为有效进攻时：

①第一司线员应快速跟进一区观察陀螺是否停转、出底线或边线，并用准确旗示通知裁判员。

②第二司线员应快速跟进二区观察陀螺是否停转、出端线和边线，并用准确旗示通知裁判员。

③裁判员依据不同结果鸣哨并用手势报出分数，本轮攻守结束。判定得分后，裁判员鸣哨并以手势示意攻守双方运动员可进入比赛场区内取回陀螺。

（3）每节比赛结束，裁判员鸣哨并以手势，示意双方互换攻守。

（4）第一局结束，记录台应鸣笛及时通知裁判员，裁判员鸣哨宣布第一局比赛结束，休息3分钟。

（5）休息3分钟后，记录台鸣笛第二局比赛开始。

(6) 比赛中暂停(换人)。

①比赛中暂停(换人)必须是教练员到记录台提出请求暂停(换人)。

②当一方请求暂停(换人),记录台应及时鸣笛并宣告,同时通知裁判员。

③裁判员鸣哨以手势,示意某队暂停(换人)。

④记录台鸣笛暂停时间到,比赛开始。

**三、比赛结束**

1. 当记录台鸣笛比赛结束,裁判员应立刻鸣哨宣布比赛结束。

2. 如比赛结束时,双方比分相等,裁判员应主持双方队长挑边并加赛一局。

3. 记录台(宣告员)宣告双方比赛成绩,请双方队长签字。

4. 记录员、司线员、裁判员认真检查后签字,然后将记录表发双方队各一张,另一张交竞赛组。

## 第四章　比赛中出现的问题及处理

**一、裁判员未发出放陀或进攻信号前,双方即实施的行为的处理**

1. 守方队员旋放陀螺的行为。

守方队员旋放陀螺的行为和效果均为无效。裁判员应先对其进行警告,允许其重新旋放。

2. 攻方队员已经实施的进攻。

(1) 当守方陀螺呈死陀时,裁判员应先判为死陀,并对其给予警告,允许其重新进攻。

（2）当守方陀螺未呈死陀时，无论击中与否，均判其该次进攻为无效进攻。

**二、裁判员发出进攻信号后出现死陀的处理**

1. 裁判员发出进攻信号后，在规定时间内，攻方完成进攻动作(陀离手)前，守方陀成死陀，裁判员鸣哨，先判守方死陀，裁判员重新发出进攻信号。

2. 裁判员发出进攻信号后，攻方陀离手(或瞬间)，守方陀成死陀，且裁判员鸣哨，此时攻方进攻有效，触及陀，依实际情况给予判定，未触及陀，则判死陀，重新发出进攻信号。

**三、有关规则 11.4.2 中直接或间接击中守方陀螺的认定**

1. 直接击中：攻方队员将陀螺未触及旋放区而直接击中守方陀螺。

2. 间接击中：攻方队员先将陀螺触及旋放区后再击中守方陀螺为间接击中，如是在触及旋放区后又通过旋转再触及守方陀螺则不为间接击中，应判为无效进攻。

**四、队员取消比赛资格后的处理**

1. 被取消比赛资格的队员离场后，允许该队替补队员上场继续参加比赛，并按累计得分数决定该场比赛的胜负。

2. 被取消比赛资格的队员必须离开比赛现场，并不得参加其后的剩余比赛。

**附：陀螺比赛用表（见本书第 261～263 页）**

表 1　陀螺团体比赛记录表

表 2　陀螺个人比赛记录表

表 3　陀螺比赛成绩公布表

**表 1**

# 陀螺团体比赛记录表

比赛名称：________ 时间：________年____月____日____时____分　　　　地点：________

| 甲队 | | | | | | 暂停 | | 总得分 | | 乙队 | | | | | | 暂停 | | 总得分 | |
|---|---|---|---|---|---|---|---|---|---|---|---|---|---|---|---|---|---|---|---|
| | | | | | | 1 | 2 | | | | | | | | | 1 | 2 | | |
| 姓名 | 号码 | 每陀得分 | | | | | | 合计 | 换人 | 姓名 | 号码 | 每陀得分 | | | | | | 合计 | 换人 |
| | | 一 | 二 | 三 | 四 | 五 | 六 | | | | | 一 | 二 | 三 | 四 | 五 | 六 | | |
| | | | | | | | | | | | | | | | | | | | |
| | | | | | | | | | | | | | | | | | | | |
| | | | | | | | | | | | | | | | | | | | |
| | | | | | | | | | | | | | | | | | | | |
| | | | | | | | | | | | | | | | | | | | |
| | | | | | | | | | | | | | | | | | | | |
| | | | | | | | | | | | | | | | | | | | |
| | | | | | | | | | | | | | | | | | | | |
| 备注 | | | | | | | | | | | | 全场比赛结束时间：时 分 | | | | | | | |

胜队：________ 教练员：________ 记录员：________ 裁判员：________

负队：________ 教练员：________ 第一司线员：________ 第二司线员：________

表 2

## 陀螺个人比赛记录表

比赛名称：________ 时间：________年____月____日____时____分 地点：________

| 甲方 | | | | | | | | | | | | 乙方 | | | | | | | | | | | |
|---|---|---|---|---|---|---|---|---|---|---|---|---|---|---|---|---|---|---|---|---|---|---|---|
| 单位 | 姓名 | 号码 | 每陀得分 | | | | | | 合计 | 备注 | 单位 | 姓名 | 号码 | 每陀得分 | | | | | | 合计 | 备注 |
| | | | 一 | 二 | 三 | 四 | 五 | 六 | | | | | | 一 | 二 | 三 | 四 | 五 | 六 | | |
| | | | | | | | | | | | | | | | | | | | | | |
| | | | | | | | | | | | | | | | | | | | | | |
| | | | | | | | | | | | | | | | | | | | | | |
| | | | | | | | | | | | | | | | | | | | | | |
| | | | | | | | | | | | | | | | | | | | | | |
| | | | | | | | | | | | | | | | | | | | | | |
| | | | | | | | | | | | | | | | | | | | | | |

胜方：________ 负方：________ 记　录　员：________ 裁　判　员：________

________ ________ 第一司线员：________ 第二司线员：________

________ ________

________ ________

表 3　　**陀螺比赛成绩公布表**

| 成绩 队名 / 队名 | 1 | 2 | 3 | 4 | 5 | 6 | 积分 | 胜负率 | 各场陀分数统计 | | | | 名次 | 备注 |
|---|---|---|---|---|---|---|---|---|---|---|---|---|---|---|
| | | | | | | | | | 四 | 三 | 二 | 一 | | |
| 1 | | — | — | — | — | — | | | | | | | | |
| 2 | — | | — | — | — | — | | | | | | | | |
| 3 | — | — | | — | — | — | | | | | | | | |
| 4 | — | — | — | | — | — | | | | | | | | |
| 5 | — | — | — | — | | — | | | | | | | | |
| 6 | — | — | — | — | — | | | | | | | | | |

# 押加竞赛规则

## 第一章 比 赛

**1　定义**

押加比赛是由 2 名运动员在比赛场地上，将一条长绸布带做成的圆环分别套于颈部（带子从两腿间通过），四肢着地并背向对方，向自己的前进方向用力，以一方将置于两者之间的坠条拉过自己一侧的决胜线为胜利。

## 第二章 场地与器材

**2　比赛场地**

2.1　比赛应在平整硬质地面上进行。

2.2　比赛场地为长方形，长 9 米，宽 2 米。场地的丈量从界限的内沿量起。（图 1）

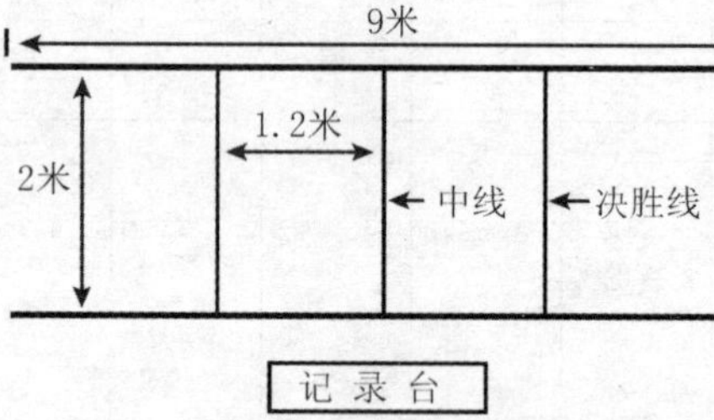


**图 1　押加比赛场地示意图**

2.3　界线：

比赛场地应有明显的标线，两条长边为运动员比赛限制线。线宽均为5厘米，场地四周至少2米以内不得有任何障碍物。

2.4 中线和决胜线：

2.4.1 中线：连接两条边线的中点，画一条与边线垂直的线为中线。

2.4.2 决胜线：距中线两侧各1.2米处，各画一条与中线平行的线为决胜线。

**3 器材**

3.1 带子：长6.5米，用红色绸缎(幅宽1.2～1.6米)制成。带子两端呈圆环形，圆环周长为1.0～1.10米。带子中间系一条可移动的、并有适当重量的坠条，作为判定胜负的标志。

3.2 护垫：为长30厘米、宽15厘米、厚2厘米的海绵，以软布包裹后，固定在带子两端圆环处的受力处，用于保护脖颈。

3.3 标志带：用于鉴别双方运动员的比赛绸带，标志带为两种不同颜色。

## 第三章　运动员和教练员

**4 运动员**

4.1 比赛设男子和女子项目。运动员按各自体重，参加规定级别的比赛。

4.2 比赛期间，一名运动员只能参加一个级别的比赛。

4.3 运动员必须穿运动短裤和运动背心或短袖进行比

赛，比赛服式样各队应统一。

4.4 比赛鞋为平底胶鞋，鞋底不能涂抹任何附加物(大会提供除外)。

**5 教练员**

比赛过程中，教练员应坐在指定的座位上，并不得干扰裁判工作的进行。

## 第四章　比赛通则

**6 赛制**

比赛可采用淘汰制或循环制。

**7 比赛场数**

运动员一天比赛场数不得超过两场，特殊情况除外。场与场之间至少有 30 分钟的休息时间。

**8 体重分级**

8.1 男子项目 8 个级别：

8.1.1 55 公斤级。

8.1.2 61 公斤级。

8.1.3 68 公斤级。

8.1.4 76 公斤级。

8.1.5 85 公斤级。

8.1.6 95 公斤级。

8.1.7 110 公斤级。

8.1.8 110 公斤以上级。

8.2 女子项目 7 个级别：

8.2.1 48 公斤级。

8.2.2 53公斤级。

8.2.3 58公斤级。

8.2.4 63公斤级。

8.2.5 69公斤级。

8.2.6 75公斤级。

8.2.7 75公斤以上级。

**9 称量体重**

9.1 称量体重应在比赛前2小时进行，全部比赛只称量一次体重，称量体重工作应在一个小时内完成，过时以弃权论。

9.2 称量体重先由体重轻的级别开始，每人称量一次。如称量后运动员体重超过原属级别，并在规定称量时间内达不到报名参赛级别要求，将被取消该级别比赛资格。

**10 比赛方法**

10.1 比赛礼节：比赛开始前和比赛结束后，双方运动员应相互握手，并与场上裁判员握手致意。

10.2 比赛姿势：四肢着地，带子两端的圆环分别套在双方运动员的颈部，带子经胸前和两腿中间经过。双方运动员身体距中线最近点的距离应该相等，运动员向各自的前方用力。(图2)

10.3 比赛胜负：带子中间坠条垂直于中线，裁判员发令后比赛开始，在运动员向前进方向用力的过程中，以坠条拉过自己一侧的决胜线者为胜。

10.3.1 每局比赛以一方获胜为结束，但在一局比赛中如遇双方相持达90秒不能决出胜负，则暂停比赛，

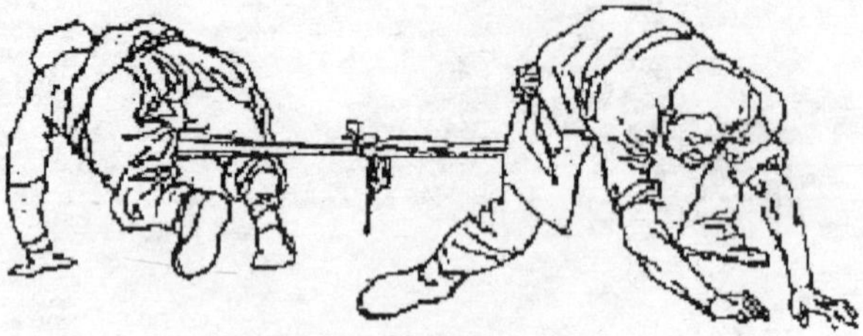

**图 2　押加比赛示意图**

休息一分钟后重新开始比赛。

10.3.2　一局比赛中，如在两个 90 秒后仍未决出胜负，则在第三次比赛中，裁判员发出口令后的 30 秒内，以垂直于中线的坠条偏离中线向那一边者为胜。

10.4　比赛过程中，如遇比赛带子断裂，应换取新的比赛带子重新进行比赛，已完成的比赛成绩有效。

**11　比赛要求**

11.1　每局比赛的开始与结束，均以场上裁判员鸣哨为准。

11.2　比赛进行中，当记录台发出信号，场上裁判员发出停止口令时，双方运动员应立即停止比赛。

11.3　全场比赛结束时，场上裁判员宣布该场比赛结束后，运动员方可离开比赛场地。

## 第五章　胜负及名次

**12　胜负**

12.1　每场比赛为三局二胜制，胜一局得 1 分，先得 2 分者为胜。

12.2　对方弃权，获胜方以2∶0计分。

**13　名次(循环制)**

13.1　比赛以其胜负场次的积分排列名次，胜1场得2分，负1场或弃权得0分。积分多者名次列前。

13.2　如两人积分相等，则按两人在比赛中的胜负确定名次，胜者名次列前。

13.3　如两人以上积分相等而又循环互胜，则按以下程序确定名次：

13.3.1　获2∶0多者名次列前。

13.3.2　获2∶1多者名次列前。

13.3.3　受罚次数少者名次列前。

13.3.4　体重轻者名次列前(原始体重)。

13.3.5　抛币。

## 第六章　犯规与罚则

**14　犯规**

出现以下情况者视为犯规行为：

14.1　故意延误比赛者。

14.2　双方运动员双手着地后，一方运动员未经裁判员允许，而自行站起者。

14.3　运动员自行在比赛场地或鞋底涂抹用于增加摩擦力的非大会提供物品(如胶水、口香糖、汗水、唾沫等)者。

14.4　比赛进行中，双手离地超过5秒。

14.5　比赛进行中，在处于不利情况下而要求暂停者。

14.6　比赛进行中，运动员做了不尊重裁判员的行为。

14.7　比赛进行中，有意进行非真实比赛者。

14.8　比赛进行中，运动员身体任何部位触及边线及边线以外地面者。

**15　罚则**

15.1　凡运动员出现上述犯规情况之一者，根据情节轻重分别给予第一次警告，第二次取消该局或该场，直至全部比赛资格。

15.2　如运动员在一局或一场比赛中受到2次警告，则给予取消其该局或该场，直至全部比赛资格，判对方获胜。

15.3　比赛进行中，教练员或助手如有不尊重裁判员的行为或干扰比赛，第一次警告，第二次则罚其退出比赛场地。

## 第七章　弃权与申诉

**16　弃权**

16.1　超过检录时间5分钟未到场，按弃权论。

16.2　超过比赛时间3分钟，不能上场比赛者，按弃权处理。

16.3　比赛运动员因伤病而不能参加比赛或要求重新参加比赛，须经大会医生证明，因伤病而不能参加比赛，则判该运动员该场比赛弃权。

16.4　比赛进行中，一方因受伤不能继续比赛时，裁判员可暂停比赛，但因运动员受伤而治疗超过5分钟时仍不能继续比赛，则判受伤运动员弃权。

16.5 比赛进行中，一方因为服装、鞋破或断裂应继续比赛，若该运动员自行终止比赛，则判该运动员弃权。

**17 申诉**

运动员对裁判员裁决有异议时，由领队或教练员在比赛结束后30分钟内以书面形式向仲裁委员会提出申诉，同时交纳申诉费。仲裁委员会根据仲裁条例做出裁决。

## 第八章　裁判人员及其职责

**18 裁判人员**

18.1 比赛设裁判长1人，副裁判长1～2人，裁判员及助理裁判员若干人。

18.2 每场比赛由3名执行裁判员担任裁判工作，其中1人为主裁判员。助理人员包括记录员、检录员、宣告员。

**19 裁判人员职责**

19.1 裁判长

19.1.1 全面主持押加比赛的裁判工作，对比赛中发生的疑难问题进行处理和裁决。

19.1.2 负责检查场地器材，安排竞赛日程和裁判员及助理人员的分工。

19.2 副裁判长

19.2.1 协助裁判长工作，在裁判长缺席时，代理裁判长工作。

19.2.2　根据裁判长的分工，负责竞赛的记录编排及后勤工作。

19.3　裁判员

19.3.1　全面负责一场比赛的裁判工作。依据规则，对比赛中的胜负、犯规进行判定。

19.3.2　根据裁判长的分工，比赛前参加运动员的体重称量工作。

19.3.3　比赛期间，对比赛运动员及教练员有行使管理的权力。在比赛结束，裁判员签字确认比赛结果后，此权力结束。

19.4　记录员

19.4.1　比赛前，负责运动员的体重称量工作的记录。

19.4.2　按记录表规定，准确填写记录表中双方运动员比赛中的得分、犯规等有关情况。

19.5　宣告员

负责押加比赛的宣传与成绩公告。

19.6　检录员

负责召集和组织运动员参加比赛。

# 押加竞赛裁判法

## 前　言

《押加竞赛裁判法》是押加裁判员的实际工作方法。它能够帮助裁判员对比赛中的变化，做出正确、及时地判断，准确处理违反规则的各种情况，目的是使裁判员对比赛做出正确的判罚。该裁判法介绍了押加裁判员应具备的基本素质和工作内容及方法，有助于押加裁判员更好地完成执法任务，保证比赛圆满顺利地进行。

## 第一章　裁判员应具备的基本素质

优秀的裁判员应具备较高的思想素质和业务素质，做好裁判工作有助于运动员养成遵守竞赛规则、公平竞争的习惯，对提高比赛的水平具有十分重要的意义。裁判员应当不断地学习研究，透彻地理解规则，使自己执法的比赛更加精彩，并力求通过自己对规则的理解，使每一场比赛都能在正确的精神指导下进行。因此，裁判员应具备以下几种素质：

（一）严格遵守严肃、认真、公正、准确的基本原则，加强裁判员自身的职业修养，保证比赛安全、顺利地进行。

（二）裁判员要具备良好的心理素质，对比赛要保持一种不带任何感情色彩的冷静态度。任何时候都应集中精力，以确保比赛以外的任何事情都不会分散自己的注意力。

（三）裁判员要认真学习规则、裁判法，精通规则内容，

掌握押加运动规律。对任何违背规则精神和体育道德的行为都应给予严厉的判罚，使运动员认识到裁判员执行规则的坚决性。

（四）裁判员要具备敏锐的观察能力、快速的判断能力、准确运用规则的能力、妥善处理问题的能力。

（五）裁判员自身要加强体能训练，提高身体素质以适应比赛的需要。

## 第二章　裁判人员及其职责

**一、裁判人员**

1. 比赛设裁判长 1 人，副裁判长 1～2 人，裁判员及助理裁判员若干人。

2. 每场比赛由 3 名执行裁判员担任裁判工作，其中 1 人为主裁判员。

3. 辅助人员包括记录员 1～2 人、检录员 2～3 人、宣告员 1 人。

**二、裁判人员职责**

1. 裁判长：

（1）全面负责押加比赛的裁判工作，保证规则能够贯彻执行。

（2）处理发生于比赛期间（包括规则未做出明确规定）的一切事项。

（3）比赛前对场地和设备进行总的检查。

（4）负责称量体重工作。

（5）遇裁判工作发生问题时，可与裁判员研究提出意见，并及时做出决定。

（6）比赛结束后，负责签署《押加比赛记录表》。

（7）如遇特殊情况（大风、大雨等）影响比赛时，可决定是否继续进行比赛。

（8）负责比赛结束后的工作总结。

2. 副裁判长：

（1）协助裁判长领导裁判工作。

（2）比赛前，检查比赛场地和用具。

（3）比赛结束后，负责收集记录表并审核《押加比赛记录表》。

（4）在裁判长因故缺席时，代理裁判长职务。

3. 裁判员：

（1）检查运动员服装、鞋等。

（2）比赛前召集双方运动员以抛币的方式选择场地。

（3）当进行第三局比赛时，应重新以抛币的方式选择场地。

（4）宣布比赛开始与结束。

（5）有权暂停和终止比赛。

（6）具有行使对犯规运动员警告和判罚的权力。

（7）具有对教练员及场外运动员的违规行为行使警告和处罚的权力。

4. 记录员：

（1）称量体重时负责记录工作。

（2）比赛前认真登记运动员服装颜色及教练员姓名。

（3）按记录表规定，准确填写记录表中双方运动员的得分、犯规等有关情况，并整理出该场比赛的结果。（表 1）

（4）每场比赛结束后，整理好记录表，并向场上裁判员报告比赛结果。

（5）准确操作计时钟(表)，记录比赛中暂停时间等。暂停或比赛终了，应通知场上裁判员。

5. 宣告员：

（1）用简练、准确的语言，介绍上场运动员的姓名、级别等，并宣告暂停、比赛结束、比赛结果等。

（2）负责赛场的宣传教育工作。

6. 检录员：

（1）比赛前召集运动员点名。

（2）通知运动员入场，并指定运动员比赛的场地。

（3）向裁判长和宣告员报告出场比赛和弃权运动员的姓名。

## 第三章　称量体重工作

（一）称量体重应在比赛前 2 小时进行，全部比赛只称量一次体重，称量体重工作应在一个小时内完成。

（二）正式称量体重须在配有下列设备的房间进行：

1. 比赛用的正式磅秤。

2. 必要的竞赛表格(表2)、笔等。

3. 工作人员用的桌椅。

（三）称量工作由裁判长 1～2 人、裁判员 2～4 人、记录员 1 人和医生 1 人组成称量体重组，负责称量体重工作。除以上人员外，其他人员一律不得在场。

（四）工作要求：

1. 每名运动员须在至少 2 名指定裁判员、记录员 1 人及裁判长面前称体重。

2. 称量体重时，由中间裁判员掌秤，侧裁判员称重，记录员记录，然后共同核实。

3. 运动员称量体重时，必须持有效证件，经称量体重组核对资格后，方可逐个叫入进行称量。被叫时不在现场的运动员，应安排到最后称量。

4. 称量体重时，运动员可在同性别裁判员面前裸体或穿内衣裤进行称量。如称量人员是异性，可在实际称量时适当遮挡。

5. 先由体重轻的级别开始称量，每人称量一次。如称量后运动员体重超过原属级别，并在规定称量时间内达不到报名参赛级别要求，则取消该级别比赛资格。

## 第四章　检录工作

**一、检录工作主要内容**

1. 比赛前 10 分钟，召集运动员到指定位置点名。

2. 检查运动员服装是否符合规则要求，并指定双方运动员的服装颜色或比赛绸带。

3. 通知运动员入场，由执场裁判员带运动员到比赛场地。

4. 向裁判长和宣告员报告出场比赛和弃权运动员的姓名。

**二、检录员工作位置**

检录地点一般设在比赛场地入口处。并有明显标志，便于运动员顺利进入比赛场地。

# 第五章　裁判工作

## 一、赛前工作

1. 由裁判长负责组织所有裁判员学习规则，并进行裁判员分工。

2. 制定工作细则，统一判罚尺度。

3. 检查场地器材，进行裁判现场实习。

4. 执场裁判员统一裁判手势、排定循环执场顺序。

5. 记录员熟悉表格填写和名次判断方法等。

6. 检录员与执场裁判员协调运动员带入比赛场地事宜等。

7. 宣告员熟悉广播内容和用语等。

8. 在裁判长领导下完成称量体重工作。

## 二、赛中工作

1. 裁判长：

（1）现场领导组织裁判员工作，保证比赛符合比赛规则。

（2）遇裁判工作发生问题时，可与裁判员研究提出意见，并及时做出决定。

（3）比赛结束后，负责核查《押加比赛记录表》（见表1）并签字。

（4）如遇特殊情况（大风、大雨等）影响比赛时，可决定是否继续进行比赛。

（5）有权决定规则中未明确规定的事项。

2. 副裁判长：

（1）比赛中协助裁判长领导裁判工作。

（2）比赛结束后，负责收集记录表，审核《押加比赛记录表》，并进行统计、公告。

3. 执场裁判员：

（1）负责从检录处将比赛运动员按指定路线带至比赛场地一侧站好。

（2）主裁判员示意副裁判员、运动员准备，然后发出"双方运动员就位"口令并调整坠条于中线位置，另外2位副裁判员分别协助运动员做好准备姿势。

（3）主裁判员鸣哨比赛开始，鸣哨比赛结束，副裁判员举旗示意成功方，主裁判员进行成功和失败的判罚。

（4）运动员交换场地重新下一局比赛。

（5）每场比赛结束，审核《押加比赛记录表》并签字。

4. 执场裁判员的工作位置(图1)：

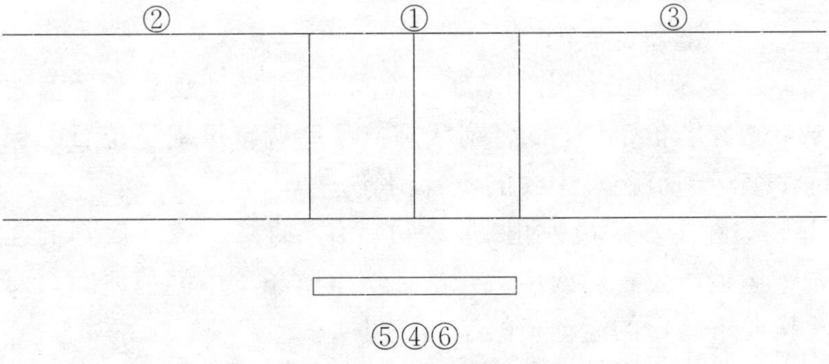


①主裁判员②③副裁判员 ④记录员 ⑤宣告员 ⑥裁判长

**图1　押加比赛裁判员位置分布示意图**

**三、赛后工作**

1. 每场比赛结束后记录员核对比赛记录表，并请主裁判员和裁判长签字。

2. 每单元比赛结束后进行工作小结。

3. 归还器材，做好善后事宜。

## 第六章　比赛中的判罚方法

**一、执行判罚裁判**

1. 场上执行裁判员有权对运动员的犯规行为进行警告，但判罚均由执场主裁判员执行，对情节严重的可直接终止比赛。

2. 对取消运动员该场比赛资格或全部比赛资格的判罚，执行主裁判员经与裁判长进行研究后，由执行主裁判员宣布执行取消运动员该场比赛资格，取消运动员全部比赛资格由裁判长宣布执行。

**二、准备比赛时**

1. 主裁判员发出“运动员就位”口令后，双方运动员按要求做好准备姿势，2 名副裁判员帮助调整运动员位置，保证 2 名运动员距离中线的位置相等。

2. 在主裁判员发出“运动员就位”的口令后，裁判员在调整运动员位置时或主裁判员在调整坠条于中间位置时，对没按要求站位的运动员给予纠正劝告。

3. 在运动员进入场地进行准备时或在主裁判员发出“运动员就位”口令后，或裁判员调整运动员位置时，或主裁判员在调整坠条中间位置时，若未经裁判员允许，运动员自行在比赛场地或鞋底涂抹用于增加摩擦力的非大会提供物品，主裁判员警告该运动员一次。

4. 对不听劝告或故意延误比赛时间者，由主裁判员给予警告或对犯规情节恶劣的运动员有权直接取消该局比赛资格。被第二次警告的运动员，主裁判员则取消该运动员该局或该场比赛资格，判对方胜。

**三、胜负的判罚**

1. 运动员就位后，主裁判员鸣短哨开始。当双方任何一方将坠条拉过决胜线，主裁判员则鸣长哨示意该局比赛结束，并宣布某方获胜，然后交换场地继续下一局比赛。

2. 如果比赛一方运动员一局或一场被警告2次，主裁判员用口令和手势宣布对方运动员该局或该场获胜。

**四、比赛时**

1. 主裁判员鸣哨开始比赛后，在未决出胜负且裁判员未鸣哨终止比赛的情况下，一方运动员自行站起或主动停止继续比赛，则宣布该局对方胜。

2. 主裁判员鸣哨开始比赛后，有一方运动员双手离地超过5秒，执场裁判员警告该运动员一次。

3. 主裁判员鸣哨开始比赛后，若未经裁判员允许在处于不利情况下而要求暂停者，主裁判员警告该运动员一次。

4. 主裁判员鸣哨开始比赛后，运动员身体任何部位触及边线及边线以外地面，主裁判员宣告该运动员该局比赛失败。

**五、对犯规的处罚**

1. 运动员出现犯规行为，主裁判员可根据情节轻重分别给予第一次警告、第二次取消该局或该场或全部比赛资格。但取消该场或全部比赛资格，必须报裁判长后，由主裁判员、裁判长分别宣布执行。

2. 在一场比赛进行中，教练员不能进入到运动员比赛场地进行指导，教练员或助手若有不尊重裁判员的行为，或干扰比赛，第一次警告，第二次则罚其在一个比赛单元退出比赛场地。

**附：押加比赛用表**

表 1　押加比赛记录表

表 2　押加比赛体重称量表

**表 1　　押加比赛记录表**

时间：____年____月____日____时____分　　场地______

| | | | |
|---|---|---|---|
| 组　别 | | 级别 | 千克 |
| 代表队 | | 姓名 | |
| 代表队 | | 姓名 | |
| 比赛成绩 | | | |

记录员：______　　裁判员：______　　裁判长：______

**表 2　　　　押加比赛体重称量表**

级别　　人数　　开称时间　　　　　　　年　　月　　日　　时

| 序　号 | 姓　名 | 单　位 | 体　重 |
|---|---|---|---|
| 1 | | | |
| 2 | | | |
| 3 | | | |
| 4 | | | |
| 5 | | | |
| 6 | | | |
| 7 | | | |
| 8 | | | |
| 9 | | | |
| 10 | | | |
| 11 | | | |
| 12 | | | |
| 13 | | | |
| 14 | | | |
| 15 | | | |
| 16 | | | |
| 17 | | | |
| 18 | | | |
| 19 | | | |
| 20 | | | |

裁判长：　　　　　　裁判员：　　　　　　记录员：

　　　　　　　　　　裁判员：　　　　　　医　生：

# 高脚竞速竞赛规则

## 第一章 比 赛

**1 定义**

高脚竞速运动是由运动员双手各持一杆，同时脚踩杆上的踏镫，在田径场上进行的比赛，以在同等的距离内所用的时间多少决定名次。

## 第二章 场地及器材

**2 场地**

2.1 在标准田径场上进行，场地线宽均为 5 厘米，跑道分道宽 2.44～2.50 米。（图 1）

2.2 接力比赛的接力区：接力区中线为宽 5 厘米的虚线，前后 5 米处各画一条直的实线。（图 2）

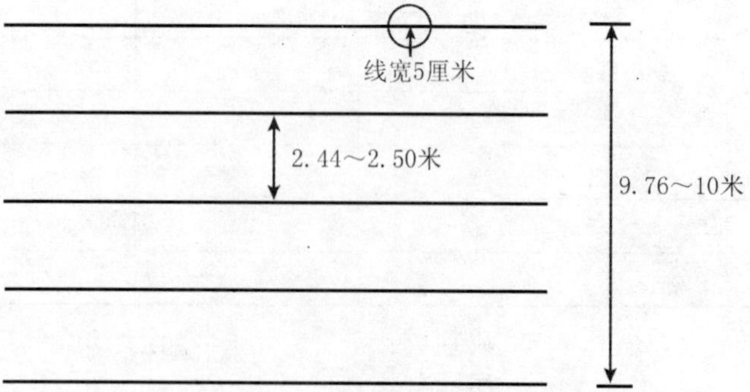


**图 1 高脚竞速比赛的场地示意图**

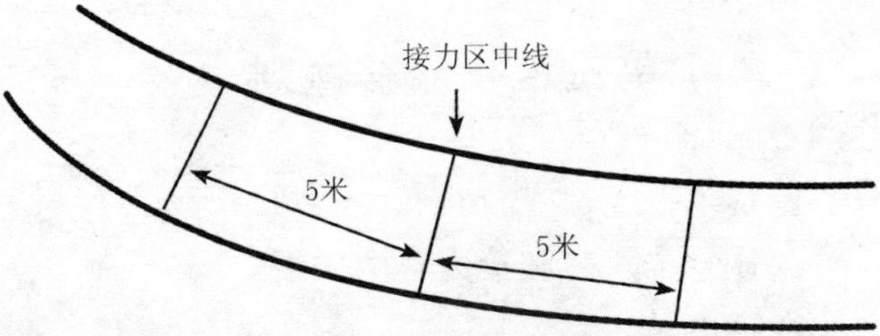


**图 2　高脚竞速接力比赛接力区示意图**

**3　　器材**

3.1　　高脚杆为竹、木或其他硬质材料制成（简称杆）。

3.2　　高脚杆高度不限，从杆底部向上 30～40 厘米处加制踏镫，踏镫高度的丈量从杆底部至踏镫与杆支点的上沿距离为准。（图 3）

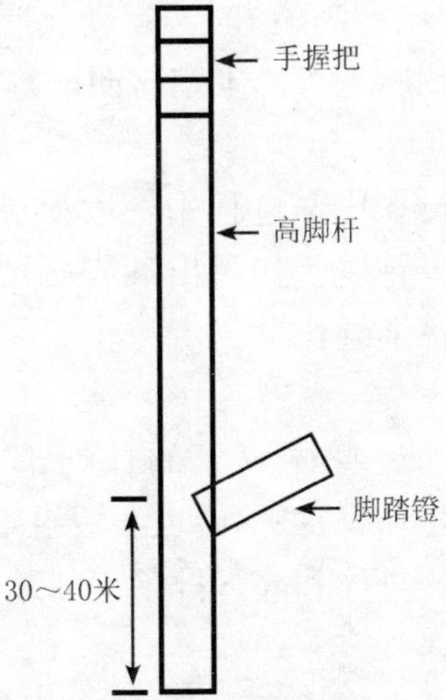


**图 3　高脚杆示意图**

# 第三章　比赛通则

**4　竞赛**

竞赛分个人赛和接力赛两大类。

**5　竞赛办法**

5.1　起跑

5.1.1　当发令员发出“各就位”口令时，运动员上跑道将两根高脚杆立于起跑线后，杆底部不得触及或超过起跑线。

5.1.2　当发令员发出“预备”口令时，运动员以任何一只脚上踏镫，另一只脚必须立于起跑线后的地面，做好起跑的最后准备。

5.1.3　当发令员“鸣枪”时，运动员听到枪声后，另一只踏地的脚方可踏上踏镫向前跑进。

5.2　途中跑

运动员在比赛过程中，运动员应自始至终在各自分道内跑进。如果出现脚触地，须在落地处重新上踏镫继续比赛。

5.3　终点

以运动员身体躯干的任何部位(不包括头、颈、臂、腿和脚)抵达终点线后沿垂直面瞬间为止，运动员的身体和高脚杆须全部过终点线后才能分离。

5.4　接力赛

每个接力区长度为 10 米，在中线前后各 5 米，交接的开始与结束均从接力区分界线的后沿算起(图

2)。接力比赛的要求如下：

5.4.1 接力赛采用一副高脚杆进行比赛，运动员交接高脚杆后继续跑进。

5.4.2 混合接力赛的1、3棒为女队员，2、4棒为男队员。

5.4.3 队员必须在接力区内完成交接。

5.4.4 完成交接的队员应停留在各自的分道或接力区内，直到跑道畅通方可离开。

5.4.5 参加接力赛的运动队须在上一赛次前上报运动员接力顺序。

5.4.6 每队服装必须统一。

**6 计时**

全自动电子计时或手动电子计时均可，电子计时成绩均以1/100秒为最小计时单位。

**7 犯规与判罚**

出现下列之一者，均取消犯规者的比赛资格：

7.1 抢跑：鸣枪前立于地面的脚离地。（抢跑犯规：第一次给予警告；第二次取消犯规者该项目比赛资格。）

7.2 串道：运动员在比赛过程中跑离本跑道。

7.3 掉杆：比赛运动员脚触地，未在原地上踏镫。

7.4 人杆分离：

运动员抵达终点线时，身体或高脚杆的一部分仍未过线，脚与踏镫即分离。

7.5 接力赛中：

7.5.1 运动员在接力区外交接高脚杆。

7.5.2 在退出接力区时，阻挡或妨碍其他运动员跑进。

## 第四章 名次判定

**8 名次**

8.1 高脚竞速的名次判定以比赛中所用时间少者名次列前。

8.2 如比赛分预赛、复赛和决赛，则以决赛成绩决定名次，时间少者名次列前。

## 第五章 弃权与申诉

**9 弃权**

9.1 点名时超过检录时间三次呼叫未到者按弃权论。

9.2 中途退出比赛者为弃权，无成绩。

**10 申诉**

10.1 对运动员参加比赛资格提出异议，应在大会开始前向仲裁委员会或裁判长书面提出，在未有结果前，应允许该队员参加比赛。

10.2 参赛运动员若对比赛结果有异议，可以在比赛结束后30分钟内，向仲裁委员会书面提出申请意见，同时交纳申诉费。仲裁委员会依据仲裁条例做出裁决。

10.3 大会竞赛组应负责将所有成绩宣告的时间记录下来。

# 第六章　裁判人员及其职责

**11　裁判人员**

高脚竞速比赛设裁判长 1 人，副裁判长 1～2 人，裁判员若干人。

**12　裁判人员职责**

12.1　裁判长

12.1.1　全面负责高脚竞速比赛的裁判工作，保证竞赛规则和大会规程能够顺利贯彻执行；处理发生大会期间的以及本规则未做出明文规定的问题。

12.1.2　检查所有有关的比赛成绩，处理有争议的问题。

12.1.3　对有关比赛的抗议或异议做出裁决。有权对有不正当行为的运动员提出警告或取消比赛资格。

12.1.4　有权做出重赛的时间安排决定。

12.1.5　对每日的工作进行检查和总结。

12.2　副裁判长

12.2.1　协助裁判长领导裁判工作，做好裁判员队伍的事务管理。

12.2.2　当裁判长因故缺席时，应代理其职责，或受裁判长的委托，处理有关问题。

12.2.3　根据裁判长的建议，负责编排、记录和公告工作，负责场地、器材等设施的检查管理。

12.3　检录主裁判、检录员

12.3.1　根据竞赛日程安排的检录时间，召集运动员到检录处点名。

12.3.2　根据规则规定，检查运动员的参赛证、服装、号码和比赛用具等是否符合规则规定。

12.3.3　准时安全按预定时间和路线将运动员带入赛场，交发令员控制。

12.4　主发令员、助理发令员和召回发令员

12.4.1　检查运动员所参加的比赛或组别是否有误，号码是否佩带正确，各项道次应面向跑进方向，由左至右按道次排位。

12.4.2　组织运动员按道次正确的排列在起跑线后 3 米远的集合线上。

12.4.3　同终点主裁判取得联系完毕后，向运动员发出“各就位”、“预备”以鸣枪方式发出起跑口令。

12.4.4　有权对运动员违反起跑规则的行为给予警告和判罚。

12.5　终点主裁判、裁判员

12.5.1　判定每组比赛运动员到达终点的名次。

12.5.2　若判定不一致应由主裁判做出最后裁定。

12.5.3　遇名次与成绩不一致时，应同计时主裁判联系并最后裁定。

12.6　计时主裁判、计时员

12.6.1　各道次计时员接受主裁判的统一领导。

12.6.2　计时员使用全自动或手动电子秒表计时。

12.6.3　每组计时员负责本道次的计时工作，并将成绩写在成绩记录表格内，签字后交主裁判，必要时，主裁判可以核查秒表，以核实成绩。

12.6.4　主裁判判定每名运动员的最后成绩。

12.7　检查主裁判、检查员

12.7.1　全面监督运动员在比赛中的行为。

12.7.2　如发现运动员或其他人员犯规，应立即以书面报告交给主裁判。

12.7.3　出现犯规情况，应举旗示意。

12.7.4　接力赛中接力区应有足够的检查员负责监督。

12.8　成绩记录员、宣告员

12.8.1　详细记录由裁判长、计时主裁判提供的每个项目的全部成绩，并将成绩记录表交给竞赛组。

12.8.2　对比赛中的各种信息予以宣告，对成绩的宣告应记录宣告时间。

**附：高脚竞速比赛用表（见本书第 292～293 页）**

表 1　高脚竞速检录、终点、成绩报告表

表 2　高脚竞速成绩记录表

表 3　高脚竞速接力成绩记录表

**表 1　　高脚竞速检录、终点、成绩报告表**

预/复/决赛______　　男 / 女子______米　　第______组

| 时间 | 年　月　日　时　分 | | | |
|---|---|---|---|---|
| 道次 | 1 | 2 | 3 | 4 |
| 号码 | | | | |
| 姓名 | | | | |
| 单位 | | | | |
| 成绩 | | | | |
| 名次 | | | | |
| 备注 | | | | |

检录主裁判员______　　检录员______　　裁判员______

**表 2　　高脚竞速成绩记录表**

预/复/决赛______　　男 / 女子______米

<table>
<tr><td colspan="2">比赛时间</td><td colspan="4">年　月　日　时　分</td></tr>
<tr><td colspan="2">号　码</td><td>姓　名</td><td colspan="3">单　位</td></tr>
<tr><td colspan="2"></td><td></td><td colspan="3"></td></tr>
<tr><td>组 次</td><td>道 次</td><td>竞赛成绩</td><td>决定成绩</td><td>名 次</td><td>备注</td></tr>
<tr><td rowspan="3"></td><td rowspan="3"></td><td>1</td><td rowspan="3"></td><td rowspan="3"></td><td rowspan="3"></td></tr>
<tr><td>2</td></tr>
<tr><td>3</td></tr>
</table>

裁判长______　　计时主裁判员______

计时员：1______　　2______　　3______

**表 3　　　　　高脚竞速接力成绩记录表**

预/复/决赛______　　男/女子______米接力　　单位______

<table>
<tr><td>比赛时间</td><td colspan="5">年　　月　　日　　时　　分</td></tr>
<tr><td>棒 次</td><td>第 1 棒</td><td>第 2 棒</td><td>第 3 棒</td><td colspan="2">第 4 棒</td></tr>
<tr><td>号 码</td><td></td><td></td><td></td><td colspan="2"></td></tr>
<tr><td>组 次</td><td>道次</td><td>竞赛成绩</td><td>决定成绩</td><td>名次</td><td>备注</td></tr>
<tr><td rowspan="3"></td><td rowspan="3"></td><td>1</td><td rowspan="3"></td><td rowspan="3"></td><td rowspan="3"></td></tr>
<tr><td>2</td></tr>
<tr><td>3</td></tr>
</table>

裁判长________　　　　　　　　　　计时主裁判员________

计时员：1 ______　　　2 ______　　　3 ______

# 高脚竞速竞赛裁判法

## 前　言

《高脚竞速竞赛裁判法》是根据高脚竞速竞赛特点而设计的，它能够帮助裁判员在比赛中依据竞赛规则，根据自己所担负的职责，进行准确、合理操作，保证比赛的顺利进行。《高脚竞速竞赛裁判法》介绍了裁判员应具备的基本素质和工作程序，以及在不同岗位上裁判员的工作职责。它有助于裁判员更好地完成执法任务，使比赛圆满顺利地进行。

## 第一章　竞赛工作特点

高脚竞速竞赛工作的目的是确保公平的竞赛，保证运动员在竞赛条件均等的情况下进行比赛，为运动员创造最佳的比赛条件。高脚竞速竞赛有以下特点：

（一）充分利用现代化电子计时设备，以保证比赛更加公正、准确，基层比赛可以人工计时代替(电子秒表)。

（二）大型比赛裁判员分工明确，专业性强，随着今后比赛项目的增多，参赛的运动员多，组次多，在裁判长的领导下，全部比赛由编排记录公告、检录、发令、终点、计时、检查、赛后控制中心等各裁判组和有关技术人员共同协作完成，各裁判组的工作既有独立性，又要求各裁判组紧密协助配合，一个组出现问题，就会影响整个比赛任务的顺利完成。随着民族传统体育运动水平的不断提高，要求裁判员准确无误地对成绩和名次做出判定。

（三）随着项目的增加，要求裁判员对高脚竞速各个项目的比赛规则和方法、特点有深入的了解和掌握。

（四）民族体育比赛具有趣味性、观赏性和竞技性的特点，吸引了众多的观众，对于最为关心的运动员成绩，要及时准确地给予公告。

（五）对竞赛组织工作中的安全保障，以及场地和器材的安全性能提出了较高要求。

## 第二章　裁判员应具备的条件

裁判员是高脚竞速竞赛的组织者，也是执法者。他们的基本职责是保证在公平竞赛的前提下，为参加比赛的每个运动员提供一个创造最佳运动成绩的条件。因此裁判员要根据规则的规定，对比赛的全过程实行全面的控制，同时还要与竞赛组委会协调配合，保证顺利完成比赛任务，作为一名裁判员应具备以下基本条件：

（一）把裁判工作从促进民族团结和增进社会和谐的高度严格要求自己。要具有公正无私的职业道德品质，有为参赛运动员创造优良成绩而认真负责的工作态度和服务意识。

（二）精通竞赛规则是裁判员的必备条件，全体裁判员既要坚持科学、严谨的工作态度、精通规则和认真执行规则，又要密切联系实际，才能使比赛在公平竞争、正确理解规则精神的前提下进行，切合实际和实事求是地处理比赛中出现的各种问题。

（三）熟练地掌握裁判方法。全国性的正式比赛，裁判工作的规范化要求高，裁判员必须业务全面，专长突出，有良好的视觉、听觉、触觉和快速的反应能力，对于先进仪器的使用要认真学习和掌握，准确使用裁判用具。

（四）裁判员要有高度的组织性，组织性是使全体裁判队伍具有整体性的必要条件，而整体性又是做好裁判工作的重要保证，裁判员在赛场上的入场、退场和工作中的协作一致性，以及在裁判过程中的仪表、姿态，都能体现出裁判队伍高度的组织纪律性和良好的精神面貌，在执行裁判工作中，每一名裁判员应做到姿态端正，行为规范，注意力集中。

（五）工作中对待运动员要热心、耐心和适度。工作中既要表示对运动员的关心、友好和爱护，又要坚持原则，严格要求，避免裁判员和运动员之间不适当的交流。比赛过程中不准为运动员鼓掌、喝彩。对于运动员在比赛中违反规定的言行应加以引导和教育，按有关规则规定进行处罚。

## 第三章　裁判员任务与职责

### 一、裁判长任务与职责

（一）裁判长任务。

裁判长是全体裁判员的最高组织领导者。具体领导全体裁判员在比赛前认真学习竞赛规则和比赛方法，讨论和明确各裁判组的工作方法，做好各项准备工作，负责审核比赛成绩、裁决对比赛的抗议、最后判定有争议的名次、对运动员的犯规进行判罚等有关事宜；保证项目准时开始比赛。比赛中公正、准确地执行竞赛规则和竞赛规程，确保各项裁判任务的完成。当裁判长认为某项比赛不公正时，可宣布该项比赛无效，做出重赛决定。

（二）裁判长应具备的基本素质。

裁判长应具有良好的思想素质，有较高的职业道德品质，作风正派，为人师表，有较高的组织能力和领导水平，具有丰富的高脚竞速裁判专业理论知识和实际工作经验，熟悉规则并能准确地掌握规则精神，熟悉裁判方法，并在实际工作中组织运用，能善于研究、团结裁判员一道工作。工作严肃认真，敢于要求，全力做好裁判工作。

（三）裁判长职责。

1. 赛前。

（1）领导裁判组学习竞赛规则、竞赛规程、竞赛日程和场地器材设备，研究确定各裁判组的工作方法，制定工作流程和计划。

（2）了解对所领导的主裁判和裁判员的业务和工作情况，以便在分配工作时，充分发挥他们的特长和能力。

（3）了解编排情况，重点审查比赛秩序和各项目在每单元的安排情况，精确估计时间，保证各项比赛按时开赛和结束。

（4）根据高脚竞速比赛的实际需要，学习研究裁判方法，统一要求和旗示的运用。各裁判组根据统一要求和实际条件，做到人员定岗、定位、定任务，并写出裁判工作实施细则。

（5）领导各裁判组检查各自的场地器材、设备和所需用具物品。组织和领导各裁判组进行赛前现场实习。重大比赛，要亲自对计时组（包括电动计时组和手工计时组）的工作过程进行检查，以使其符合比赛的要求。

(6) 按照各组裁判工作细则，组织裁判员现场实习，使每个裁判员明确自己的岗位、任务和规范化的要求，熟练地掌握裁判方法，以及了解裁判员之间、裁判组之间的工作配合。

(7) 赛前向编排记录公告组领取最后确认过的秩序册、竞赛成绩记录卡片、各组检录与比赛时间表等材料，及时发给裁判员。根据各阶段裁判工作的需要和裁判员工作情况，及时做好裁判员的人事调整，使之人尽其才，用人得当，使全体裁判员以饱满的热情、熟练的裁判技术投入到比赛期间的工作。

2. 赛中。

(1) 每单元比赛开始前，按规定时间（一般提前 40～60 分钟）到场，检查各裁判组到场情况，督促各裁判组准时开始检录和检查场地、器材准备情况，并组织裁判组入场。

(2) 掌握比赛进程，根据规则精神解决比赛中的有关疑难问题，一旦发现问题，立即处理，以免影响比赛的进行。如遇特殊情况比赛不能进行时，应与竞赛委员会负责人或技术代表或仲裁委员会成员共同研究停赛或继续比赛的时间。

(3) 裁判长的工作位置一般设在能够全面观察比赛情况处，对有可能发生问题的项目和地点，应多加注意，或亲临现场，以利于出现问题可及时准确地处理。每项（组）比赛结束后，审核计时成绩记录卡片。每张成绩卡片（表）都应有裁判长的签名。对犯规或有不正当行为的运动员，可依据规则对该运动员进行警告、取消其录取资格或比赛资格的判罚。

如收到运动员本人或其代表的口头抗议时，根据实际情况当场做出裁决。

（4）每日比赛结束后，应召集各组主裁判及相关负责人举行会议，及时了解当天的比赛情况和问题，对存在问题提出解决的办法和应采取的措施，对于比赛中的问题确属裁判工作的失误，应及时修正。

（5）决定规则中没有明文规定而难于处理的问题，做最后的裁决。

3．赛后。

（1）全部比赛结束后，宣布比赛结束和成绩。

（2）领导全体裁判员做好总结，根据大会要求，写出书面总结。

（3）做好善后工作，有关资料上报入档。

**二、副裁判长任务与职责**

1．协助裁判长组织领导裁判工作，是裁判长的助手，他的工作对裁判长负责。

2．在裁判长缺席时，代理裁判长职务，或受裁判长的委托处理有关问题。

3．根据裁判长的建议，分工负责编排、记录和公告工作，负责场地、器材等设备的检查管理。

4．检查各种通信设备、路线，发现问题及时处理。

5．协助裁判长做好裁判队伍内部的事务管理。

6．每单元比赛组织裁判组入场。

7．比赛开始后，负责检查比赛秩序，加强赛场的安全措施。

8．协助裁判长组织各种裁判工作会议。

## 三、检录主裁判、检录员任务与职责

（一）任务。

1. 根据竞赛日程安排的各项比赛时间和技术手册规定的各项检录时间，召集运动员到检录处检录。

2. 根据规则规定，做好对运动员的各项检查工作，如参赛证、身份证、号码服装、比赛用具等是否符合规则规定。

3. 准时安全地沿着合理路线将运动员带到比赛场地，交发令员控制。

（二）职责。

1. 检录主裁判职责。

主裁判组织裁判员学习规则和规程，安排人员分工，制定检录工作细则和工作流程；掌握进程，对外协调。接受副裁判长的直接领导，全面负责检录处的各项工作，与编排记录公告组密切联系。检录前准备好工作所需的各种检录器材和用品，包括检录处标志牌、检录时间公告牌、文具、各种表格、手提喇叭、裁判桌椅、运动员休息凳、安全别针、针线、卡尺等。采用终点电动计时时，还需准备道次小号码、长跑顺序小号码。向编排记录组索取已经确认的竞赛日程表、运动员分道分组表(或卡片)。根据比赛日程制定检录时间流程表。准确掌握检录时间，保证按时将运动员带到比赛场地，处理检录工作中出现的问题。特别检查参赛运动员自备器材(高脚杆是否符合规则的要求)。

2. 检录员职责。

（1）利用广播和张贴形式及时宣布检录地点、本单元各比赛项目时间表和注意事项。将各项比赛实到人数与秩序册核对，填写检录表、记录缺席运动员统计表，调整比赛卡片和比赛成绩表。

（2）按规则要求对运动员进行逐项细致检查，检录时应检查运动员的身份、号码、服装、比赛鞋、携带物等是否符合规则规定。如采用终点电动计时时，分发道次小号码，提示运动员正确佩戴，防止脱落、颠倒等。检录员应事先准备充足的别针、针线等物品，便于运动员使用。在规定的时间内将运动员按预先选定的合理路线带入比赛场地，交发令员控制。检录时间截止，未到达的运动员均以比赛弃权论。每项比赛后，服务员或检录员回收小号码。

**四、计时主裁判、计时员任务与职责**

（一）任务。

准确、迅速地计取高脚竞速竞赛项目的比赛时间，确定比赛成绩。

（二）计时主裁判职责。

主裁判是组织和实施计时工作的核心，负责主持和协调计时组的工作并判定比赛运动员的成绩。

1. 赛前领导全体计时员认真学习竞赛规则与规程，根据计时员的工作能力及具体情况，明确分工与职责；根据大会日程安排，组织计时员进行计时方法的实习，并统一工作方法，制定工作细则；确定与有关裁判组的分工协作方法；准备好各项比赛所需器材、表格等，了解场地设置和器材的准备情况。每组裁判员应为三名，中间一名应为小组长，负责记录成绩。

2. 比赛中按大会规定的时间和要求带领计时员入场，并按顺序定位就坐；再次明确工作分工和方法，检查秒表，接收并审核终点成绩记录卡片；向计时员宣布单元比赛的项目、顺序和时间，各项比赛开始前3～5分钟，向计时员宣读本单元比赛项目及顺序，将成绩记录卡交给最下面的计时员并迅速向上传递。

3. 每项比赛开始前，要向计时员提出发令号的位置，每组比赛前分发该组的比赛记录卡片，并及时提示计时员注意(如“回表”、“上道”、“举枪”等)。

4. 比赛中，一旦某计时员的秒表没有开启或发生故障时，应立即给予解决。

5. 每组比赛后，迅速收回卡片，核对有无差错，并按规则判定运动员的正式成绩，确定无误后交裁判长，然后提示计时员回表并用手势示意终点主裁判准备就绪。

6. 计时主裁判要计取每一组比赛第1名的成绩，凡破纪录时必须及时检查秒表，同时请裁判长复核。每单元比赛结束后，计时主裁判组织计时员进行工作小结，使工作精益求精。清点计时表等物品，办理归还手续。

（三）计时员职责。

赛前认真学习规则、裁判法和工作细则，熟悉秒表性能，掌握计时方法和成绩记录方法。

每名计时员均应独立工作，不得让其他任何人看表，或讨论其所计的成绩。计时员填写成绩时应将每名运动员的成绩按1%秒填写在分表栏中，然后按规则换算成1/10秒填写在决定成绩栏中。

1. 回表：任何时候计时员不能擅自回表，只有由计时主裁判统一发出“回表”的提示后才能回表。听到主裁判“回表”提示后，及时回表，并立即注意起点，辨认所计运动员特征。

2. 开表：当听到“上道”的提示后，应立即注视起点发令员的动作；当听到“举枪”的提示后，立即将秒表置于腰腹部位稳定，计时员要高度集中注意力，目视烟屏，准备开表。当看到枪烟或闪光时，立即开表。

3. 查表：开表后首先检查秒表开启和走动情况，一旦出现问题要立即报告计时主裁判，以便采取补救措施。此外要注意本身所计道次的运动员的特征和号码以及邻道运动员相对位置的变化，避免错计或漏计。

4. 停表：当所计运动员的身体躯干(不包括头、颈、平、臂、腿和脚)的任何部位触及终点后沿垂直平面的瞬间立即停表。此时，目光继续跟踪观察本道次运动员的号码及特征是否与成绩记录卡上的号码相同。

5. 读表：注意不同类型秒表的显示方法，注意进位。如果出现破纪录情况，应立即报告计时主裁判。

6. 记录：填写比赛卡片和计时存查表。3 只秒表所计成绩各不相同，应以中间成绩为准；如其中 2 只表成绩相同，则以相同成绩为准，如果只有 2 只秒表，所计成绩不同，则以较差的成绩为正式成绩。出现破纪录的情况，应在备注栏中做出说明。如果所计运动员中途退场或罚下场，应在备注栏中做出说明。将每一名计时员所计成绩按 1%秒填写在分表栏中，然后，按规则换算成 1/10 秒填写在成绩栏中，并将所看名次填写在成绩卡上，以供终点裁判员参考。

7. 传递：计时员填好成绩卡后，迅速由上往下传递给计时长，然后，听计时长的“回表”提示，进行下一组次计时。

**五、终点主裁判、终点裁判员任务与职责**

（一）任务。

准确、迅速地判定每组比赛运动员的到达终点的名次，遇判定不一致时应由主裁判裁定。

（二）职责。

1. 终点主裁判职责。

（1）领导终点裁判员判定运动员到达终点的名次。遇到裁判员判定名次不一致时，主裁判可做出裁决。按大会规定的时间和要求带领终点裁判员入场，并按顺序定位就坐。

（2）负责终点裁判员的分工，明确每名裁判员的职责。向终点裁判员宣布单元比赛的项目、顺序和时间。

（3）每项开始前要向裁判员提示，以便集中注意力，名次的观察应从比赛开始就注意，观察直到终点。

（4）每组比赛结束后，经核查无误填入名次表，同计时主裁判取得联系，指导记录员将成绩填入成绩记录表，送编排记录组。

（5）遇名次同计时不一致时，应同计时主裁判联系并最终裁定。

（6）每组比赛成绩确定无误并送记录员登记后，同计时主裁判取得联系，准备就绪后以旗示同主发令员取得联系进行下一组的比赛。如比赛时采用电动计时时，就不要使用旗示。全体裁判员应以宣告员所按下的铃声为准，各裁判组均应全神贯注做好比赛准备（宣告员受副裁判长指令后方可启动铃声）。每组比赛结束后，收齐名次报告表、记圈表，核实签名后交终点记录员。

2. 终点裁判员职责。

（1）准确、迅速地判定自己所认看的运动员的名次。通常每人主看一个名次，兼看一个名次。以观察自己所负责道次的运动员为主，如运动员的道次号码未看清楚，应注意观察自己所分看的运动员的体形或服装等特点，待运动员到达终点时可上前询问清楚后再填名次表，与此同时，该裁判员应兼顾邻近道次运动员的名次。

（2）每组比赛应始终保持高度的注意力，准确无误地做出判定。如遇名次判定不清时，应及时地、实事求是地向主裁判报告。

（3）遇有问题应向终点主裁判提出，由主裁判做出最终裁定。认真填写终点名次报告表。

**六、主发令员、发令员任务与职责**

（一）任务。

根据竞赛规则的规定和运动会的比赛日程，组织各项运动员合理地、机会均等地起跑，准时开始比赛。全面主持比赛的起始工作，负责对每组运动员的起跑发出指令。

（二）职责。

1. 主发令员职责。

（1）按大会规定的时间和要求带领发令员进入起点，安排发令员进入到各个工作位置。

（2）同终点主裁判取得联系，在准备就绪后，对运动员发出“各就位”、“预备”口令，以鸣枪方式发出起跑口令。

（3）有权对运动员违反起跑规则的行为给予警告和判罚。

2. 发令员职责。

（1）检查运动员所参加的比赛或组别是否有误，号码是否佩戴正确，各项道次应面向跑进方向，由左至右按道次排位。

（2）组织运动员按其道次正确地排列在起跑线后3米远的集合线上，完成工作后，向主发令员表示准备就绪。如遇有运动员起跑时犯规跑出，应立即鸣枪召回。记录犯规运动员，填写起跑犯规情况登记表。

**七、检查主裁判、检查员任务与职责**

（一）任务。

全面负责监督运动员在比赛过程中的行为，对违反规则的行为以书面报告交终点主裁判。

（二）职责。

1. 检查主裁判职责。

（1）组织全体检查员学习比赛规则和规程，明确任务、职责和分工，制定检查工作细则。

（2）按大会规定的时间和要求带领检查员进入场地，向检查员宣读单元比赛的项目、顺序和时间，检查员进入各自位置。

（3）每组比赛前、后以旗示同每一检查员保持联系。

（4）接力赛中重点注意接力区内的交接棒是否符合规则规定。

（5）迅速准确地核实运动员犯规的情况，对于违反规则的运动员，以书面报告的形式交裁判长。书面报告只能建议是否取消比赛或录取资格。

（6）与终点主裁判商定好比赛中的联络方式。

2. 检查员职责。

（1）在主裁判带领下提前就位。

（2）比赛中注意观察所管区域内运动员的犯规和违例行为，如发现犯规情况，应立即记录犯规运动员号码，准确标明犯规地点，迅速通知检查主裁判，及时填写检查报告表。

**八、编排记录主裁判、记录员任务与职责**

1. 编排记录主裁判负责领导和分配记录员的工作，提示裁判长在成绩单上签字。

2. 比赛前，应根据规则、规程、报名单、大会日程及有关材料，编制竞赛日程及每单元竞赛分组表，以便编制秩序册。

3. 比赛开始后，要准确记录和及时公布由裁判长提供的每项、组比赛成绩；预赛后，按成绩编排决赛秩序。

4. 比赛结束后，应尽快编制成绩册，经裁判长签名后送交大会。

**九、宣告员任务与职责**

1. 任务：在裁判长领导下，将比赛项目和进行情况，及时向观众介绍，并宣布比赛成绩。

2. 职责：应宣告参加每项比赛的运动员姓名、号码以及所有有关信息，如分组名单、排定的道次或站位等。收到有裁判长签名的每项成绩后应尽快宣告，并记录宣告时间。

**十、赛后控制中心任务**

1. 及时组织比赛场上已比赛完项目的运动员退场，确保赛场的良好秩序。

2. 及时归还运动员的衣物和证件等个人物品。

3. 及时将各项获奖运动员引领到颁奖台。

4. 协助新闻媒体对运动员进行采访。

# 第四章　高脚竞速比赛中易出现的问题

## 一、个人比赛

1. 因为高脚竞速比赛距离相对较短，比赛中竞争激烈，每名运动员的比赛水平参差不齐，跑进中有时会发生串道，如是直道，在不影响其他道次运动员的前提下，可不给予判罚。如在弯道跑进中，串入内道，因缩短了跑进距离，应给予判罚；如串入外道，在不影响其他运动员的前提下，可不判罚。

2. 跑进中如技术速度使用不当，从高脚杆上掉下，应看清楚是否在掉下来的地方重新上杆继续跑进，如缩短了距离，则给予判罚。

3. 到达终点时，有些运动员从高脚杆上跳下来撞线，应给予判罚。

## 二、接力比赛

1. 虽然是集体项目，但也是由每个运动员独立跑动中完成交接杆的，所以易出现的问题同个人比赛的要求一样。

2. 重点是在接力区易出现的问题，接力区长为 10 米，必须杆和人同时在接力区内完成交接才可以。但有些运动员是在接力区外就跳下来，把高脚杆交到下一棒的运动员手中，应给予判罚。

## 三、器材

不管是个人比赛或接力比赛出现跑进中高脚杆折断的情况，折断杆的运动员不能重赛。

# 板鞋竞速竞赛规则

## 第一章　比　赛

**1　定义**

板鞋竞速是由多名运动员一起将足套在同一双板鞋上，在田径场上进行的比赛，以在同等的距离内所用的时间多少决定名次。

## 第二章　场地及器材

**2　场地**

2.1　在标准的田径场地上进行。

2.2　场地线宽均为 5 厘米，跑道分道宽 2.44～2.50 米。

2.3　可根据比赛的需要和场地状况设置跑道的多少。

**3　器材**

比赛板鞋以长度为 100 厘米、宽度为 9 厘米、厚度为 3 厘米的木料制成(以三人板鞋为例)。每只板鞋配有三块宽度为 5 厘米护足面皮，分别固定在板鞋规定的距离上，护皮以套紧脚面为宜。第一块护皮前沿距板鞋前端 7 厘米，第二块护皮在第一块护皮与第三块护皮的中间，第三块护皮后沿距板鞋末端 15 厘米。(图 1)

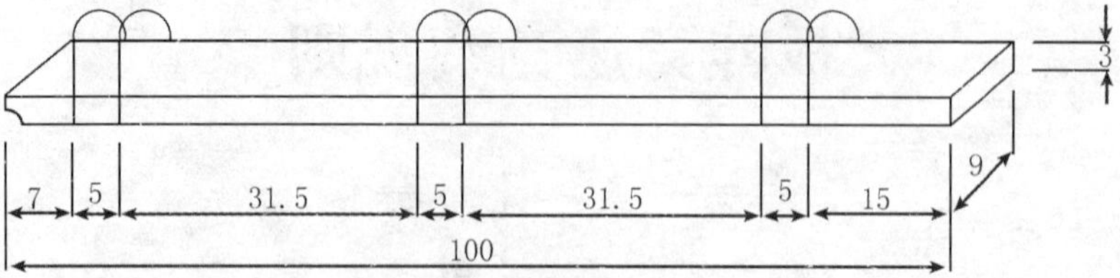


**图1　三人板鞋竞速器材示意图**（单位：厘米）

# 第三章　比赛通则

**4　竞赛**

竞赛分单项比赛和接力比赛两大类。

**5　竞赛办法**

5.1　起跑

5.1.1　当发令员发出“各就位”口令时，运动员将板鞋置于跑道起跑线前，运动员共同套好板鞋，任何一只的板鞋不得触及或超过起跑线。

5.1.2　当发令员鸣枪时：听到枪响后，运动员方可起动跑进。

5.2　途中跑

运动员在比赛过程中，应自始至终在各自道次内进行。如果出现某一队员脚脱离板鞋脚触地或摔倒，须在触地(落地)处重新套好板鞋继续比赛。

5.3　终点

5.3.1　计时员的停表以第一名运动员身体躯干任何部位(不包括头、颈、臂、腿和脚)抵达终点线后沿垂直面瞬间为止。

5.3.2　到达终点时，运动员的身体和板鞋须全部超过终点线后才能分离。

5.4　接力赛

5.4.1　接力区：

每个接力区长度为 10 米，在中心线前后各 5 米，交接的开始与结束均从接力区分界线的后沿算起。

5.4.2　要求：

5.4.2.1　接力赛采用多副板鞋组成多棒进行比赛。

5.4.2.2　第一棒队员和第二棒队员的交接必须在接力区内完成。

5.4.2.3　完成交接的队员应停留在各自的分道或接力区内，直到跑道畅通后方可离开。

5.4.2.4　每队服装须统一。

**6　计时**

全自动电子计时或手动计时均可，电子计时成绩均以 1%秒为最小计时单位。

**7　犯规与判罚**

7.1　犯规：

7.1.1　抢跑：鸣枪前跑进起跑线。

7.1.2　串道：运动员在比赛过程中串离本跑道。

7.1.3　比赛中运动员脚脱离板鞋触地，未在原地穿好板鞋。

7.1.4　运动员抵达终点时，两只板鞋的一部分仍未过线，脚与板鞋分离。

7.1.5　运动员在比赛过程中，有阻挡或妨碍其他运动员跑进的行为。

7.1.6　接力赛：

7.1.6.1　队员在接力区外交接接力棒。

7.1.6.2　在退出接力区时，阻挡或妨碍其他运动员跑进。

7.2　罚则：

7.2.1　抢跑犯规：第一次给予警告，第二次取消犯规者该项目比赛资格。

7.2.2　发生规则 7.1.2～7.1.6 中之一者，取消犯规者该项目比赛资格。

## 第四章　名次排定

**8　名次**

8.1　板鞋竞速的名次排定以比赛中的成绩决定，时间少者名次列前。

8.2　如比赛分预赛、复赛和决赛，则以决赛中的成绩决定，时间少者名次列前。

## 第五章　弃权与申诉

**9　弃权**

9.1　在规定检录时间内三次点名未到场为弃权。

9.2　中途退出比赛为弃权，无成绩。

**10　申诉**

10.1　对运动员参加比赛资格提出异议，应在大会开始前向仲裁委员会或资格审查委员会提出，在未有结果前，应允许该队员参加比赛。

10.2 参赛运动员若对比赛结果有异议，可在比赛结果宣告后30分钟内，向仲裁委员会提出书面申诉，同时交纳申诉费。仲裁委员会依据仲裁条例做出裁决。

10.3 大会竞赛部门应负责记录所有成绩宣告的时间。

## 第六章 裁判人员及其职责

**11 裁判人员**

板鞋竞速比赛设裁判长1人，副裁判长1～2人，检录、发令、检查、计时、终点、记录、宣告等裁判员若干人。

**12 裁判人员职责**

12.1 裁判长

12.1.1 全面负责板鞋竞速比赛的裁判工作，保证规则能够贯彻执行；处理发生于大会期间与本规则未做出明文规定的问题。

12.1.2 检查所有有关的比赛成绩，处理有争议的问题。

12.1.3 对有关比赛的抗议或异议做出裁决。有权对有不正当行为的运动员提出警告或取消比赛资格。

12.1.4 有权做出重赛的时间安排决定。

12.1.5 对每场的工作进行检查和总结，对犯严重错误或不称职的裁判员，可作适当处理，必要时可停止其职务与工作。

12.2 副裁判长

12.2.1 协助裁判长领导裁判工作，做好裁判员队伍的事务管理。

12.2.2　当裁判长缺席时，代理其职务，或受裁判长的委托处理有关问题。

12.2.3　根据裁判长的建议，负责编排、记录和公告工作，负责场地、器材等设备的检查管理。

12.3　检录主裁判、检录员

12.3.1　根据竞赛日程安排的检录时间，召集运动员到检录处。

12.3.2　根据规则、规程规定，检查运动员的参赛证、服装、号码和比赛用具等是否符合规则、规程要求。

12.3.3　按预定时间和路线准时、安全地将运动员带入赛场交发令员控制。

12.4　主发令员、发令员

12.4.1　检查运动员所参加的比赛或组别是否有误，组织运动员按其被编排的道次正确地排列在起跑线后3米远的集合线上。

12.4.2　主发令员同终点裁判长取得联系完毕后，向运动员发出“各就位”口令，以鸣枪方式发出起跑信号。发令员应协助主发令员记录运动员出发犯规情况。

12.4.3　有权对运动员违反起跑规则的行为给予警告和判罚。

12.5　检查主裁判、检查员

12.5.1　全面监督运动员在比赛中的行为。

12.5.2　如发现运动员或其他人员犯规，应举红旗示意，并立即以书面报告交裁判长；如无犯规情况，即举白旗示意。

12.6　计时主裁判、计时员

12.6.1　各道次计时员接受计时主裁判的统一领导。

12.6.2　采用全自动电子计时或手动电子计时。

12.6.3　每道次计时员负责本道次的计时工作，并由每道次的计时组长将成绩写在成绩记录表内，签字后交计时主裁判，三人手动计时时，相同的两个成绩作为该运动员的最终成绩，三个成绩不一致时，取中间成绩作为最后确定成绩。必要时，计时长核查秒表，以核实成绩。

12.6.4　计时主裁判判定每道次的最后成绩并与终点主裁判最后核实各道次的名次、成绩是否有误，准确后才向计时员发出“回表”口令，并提醒计时员准备下一组的比赛计时。

12.7　终点主裁判、终点裁判员

12.7.1　判定每组比赛运动员到达终点的名次。

12.7.2　若判定不一致时，应由终点主裁判做出最后裁定。

12.7.3　若名次与成绩不一致时，应与计时主裁判联系并最后裁定。

12.8　记录员

详细记录由裁判长提供的每个项目的全部成绩，并将成绩表交竞赛部门。

12.9　宣告员

对比赛中各种信息予以宣告，对成绩的宣告应该记录宣告时间。

**附：板鞋竞速比赛用表（见本书第316页）**

表1　板鞋竞速检录、终点、成绩报告表

表2　板鞋竞速成绩记录表

**表 1　　板鞋竞速检录、终点、成绩报告表**

预/复/决　　　　　组别：　　　　　组次：

| 时间 | 年　月　日 | | | 时　分 |
|---|---|---|---|---|
| 道次 | 1 | 2 | 3 | 4 |
| 号码 | | | | |
| 单位 | | | | |
| 姓名 | | | | |
| 成绩 | | | | |
| 名次 | | | | |
| 备注 | | | | |

检录主裁判：______　终点主裁判：______　裁判长：______

**表 2　　板鞋竞速成绩记录表**

预/复/决　　　　　组别：　　　　　组次：

| 比赛时间 | | 年　月　日 | | | 时　分 |
|---|---|---|---|---|---|
| 号　码 | | 单位 | 姓名 | | |
| | | | | | |
| 组次 | 道次 | 竞速成绩 | 决定成绩 | 名次 | 备注 |
| | | 1<br>2<br>3 | | | |

裁判长：______　　　　　　计时主裁判：______

计时员：1. ______　　2. ______　　3. ______

# 板鞋竞速竞赛裁判法

## 前　言

《板鞋竞速竞赛裁判法》是根据板鞋竞速竞赛特点而设计的，它能够帮助裁判员在比赛中依据竞赛规则，根据自己所担负的职责，进行准确、合理操作，保证比赛的顺利进行。《板鞋竞速竞赛裁判法》介绍了裁判员应具备的基本素质和工作程序，以及在不同岗位上裁判员的工作职责。它有助于裁判员更好地完成执法任务，使比赛圆满顺利地进行。

## 第一章　竞赛工作特点

板鞋竞速竞赛工作的目的是确保公平的竞赛，保证运动员在竞赛条件均等的情况下进行比赛，为运动员创造最佳的比赛条件。板鞋竞速竞赛有以下特点：

（一）充分利用现代化电子计时设备，以保证比赛更加公正、准确，基层比赛可以人工计时代替(电子秒表)。

（二）大型比赛裁判员分工明确，专业性强，随着今后比赛项目的增多，参赛的运动员多，组次多，在裁判长的领导下，全部比赛由编排记录公告、检录、发令、终点、计时、检查、赛后控制中心等裁判组和有关技术人员共同协作完成。裁判组的工作既有独立性，又要求各裁判组紧密协助配合，一个组出现问题，就会影响整个比赛任务的顺利完成。随着民族传统体育运动水平的不断提高，要求裁判员准确无误地对成绩和名次做出判定。

（三）随着项目的增加，要求裁判员对板鞋竞速各个项目的比赛规则和方法、特点有深入的了解和掌握。

（四）民族体育比赛具有趣味性、观赏性和竞技性的特点，吸引了众多的观众，对于最为关心的运动员成绩，要及时准确地给予公告。

（五）对竞赛组织工作中的安全保障，以及场地和器材的安全性能提出了较高要求。

## 第二章　裁判员应具备的条件

裁判员是板鞋竞速竞赛的组织者，也是执法者。他们的基本职责是保证公平竞赛，为参加比赛的每个运动员提供一个创造最佳运动成绩的条件。因此裁判员要根据规则的规定，对比赛的全过程实行全面的控制，同时还要与竞赛组委会协调配合，保证顺利完成比赛任务。作为一名裁判员应具备以下基本条件：

（一）把裁判工作从促进民族团结和增进社会和谐的高度严格要求做好。要具有公正无私的职业道德品质，有为参赛运动员创造优良成绩而认真负责的工作态度和服务意识。

（二）精通竞赛规则是裁判员的必备条件，全体裁判员既要坚持科学、严谨的工作态度、精通规则和认真执行规则，又要密切联系实际，才能使比赛在公平竞争、正确理解规则精神的前提下进行，切合实际和实事求是地处理比赛中出现的各种问题。

（三）熟练地掌握裁判方法。全国性的正式比赛，裁判工作的规范化要求高，裁判员必须业务全面，专长突出，有良好的视觉、听觉、触觉和快速的反应能力，对于先进仪器的使用要认真学习和掌握，准确使用裁判用具。

（四）裁判员要有高度的组织性。组织性是使全体裁判队伍具有整体性的必要条件，而整体性又是做好裁判工作的重要保证，裁判员在赛场上的入场、进场和工作中的协作一致性，以及在裁判过程中的仪表、姿态，都能体现出裁判队伍高度的组织纪律性和良好的精神面貌，在执行裁判工作中，每一名裁判员应做到姿态端正，行为规范，注意力集中。

（五）工作中对待运动员要热心、耐心和适度。工作中既要表示对运动员的关心、友好和爱护，又要坚持原则，严格要求，避免裁判员和运动员之间不适当的交流。比赛过程中不准为运动员鼓掌、喝彩。对于运动员在比赛中违反规定的言行应加以引导和教育，按有关规则规定进行处罚。

## 第三章　裁判员任务与职责

### 一、裁判长任务与职责

（一）裁判长任务。

裁判长是全体裁判员的最高组织领导者。具体领导全体裁判员在比赛前认真学习竞赛规则和比赛方法，讨论和明确各裁判组的工作方法，做好各项准备工作，负责审核比赛成绩、裁决对比赛的抗议、最后判定有争议的名次、对运动员的犯规进行判罚等有关事宜；保证项目准时开始比赛。比赛中公正、准确地执行竞赛规则和竞赛规程，确保各项裁判任务的完成。当裁判长认为某项比赛不公正时，可宣布该项比赛无效，做出重赛决定。

（二）裁判长应具备的基本素质。

裁判长应具有良好的思想素质，有较高的职业道德品质，作风正派，为人师表，有较高的组织能力和领导水平，具有丰富的板鞋竞速裁判专业理论知识和实际工作经验，熟悉规则并能准确地掌握规则精神，熟悉裁判方法，并在实际工作中组织运用，能善于研究、团结裁判员一道工作。工作严肃认真，敢于要求，全力做好裁判工作。

（三）裁判长职责。

1. 赛前。

（1）领导裁判组学习竞赛规则、裁判法，学习竞赛规程，熟悉竞赛日程和场地器材设备，研究确定各裁判组的工作方法，制定工作流程和计划。

（2）了解对所领导的主裁判和裁判员的业务和工作水平，以便在分配工作时，充分发挥他们的特长和能力。

（3）了解编排情况，重点审查比赛秩序和各项目在每单元的安排情况，精确估计时间，保证各项比赛按时开赛和结束。

（4）根据板鞋竞速比赛的实际需要，学习研究裁判方法，统一要求和旗示的运用。各裁判组根据统一要求和实际条件，做到人员定岗、定位、定任务，并写出裁判工作实施细则。

（5）领导各裁判组检查各自的场地器材、设备和所需用具物品。组织和领导各裁判组进行赛前现场实习。重大比赛，要亲自对计时组(包括电动计时组和手工计时组)的工作过程进行检查，以使其符合比赛的要求。

（6）按照各组裁判工作细则，组织裁判员现场实习，使每个裁判员明确自己的岗位、任务和规范化的要求，熟练地掌握裁判方法，以及了解裁判员之间、裁判组之间的工作配合。

（7）赛前向编排记录公告组领取最后确认过的秩序册、竞赛成绩记录卡片、各组检录与比赛时间表等材料，及时发给裁判员。根据各阶段裁判工作的需要和裁判员工作情况，及时做好裁判员的人事调整，使之人尽其才，用人得当，使全体裁判员以饱满的热情、熟练的裁判技术投入到比赛期间的工作。

2. 赛中。

（1）每单元比赛开始前，按规定时间（一般提前40～60分钟）到场，检查各裁判组到场情况，督促各裁判组准时开始检录和检查场地、器材准备情况，并组织裁判组入场。

（2）掌握比赛进程，保证本规则得到执行。处理规则中未作明文规定的任何问题。根据规则精神解决比赛中的有关疑难问题，一旦发现问题，立即处理，以免影响比赛的进行。如遇特殊情况比赛不能进行时，应与竞赛委员会负责人、技术代表或仲裁委员会成员共同研究停赛或继续比赛的时间。

（3）裁判长的工作位置一般设在能够全面观察比赛情况处，对有可能发生问题的项目和地点，应多加注意，或亲临现场，以利于出现问题可及时准确地处理。应对有关比赛进行中提出的抗议或异议做出裁决。有权对有不正当行为的运动员，可依据规则对该运动员进行警告、取消其录取资格或比赛资格的判罚。给予运动员警告应出示黄牌；取消其比赛资格应出示红牌。这些处分均应填入成绩记录卡。

（4）如裁判长认为某项比赛有失公允时，有权宣布该项比赛无效，并做出在当日或其他时间重新比赛的决定。

（5）每项(组)比赛结束后，审核计时成绩记录卡片。每张成绩卡片(表)都应有裁判长的签名。

（6）每日比赛结束后，应召集各组主裁判及相关负责人举行会议，及时了解当天的比赛情况和问题，对存在问题提出解决的办法和应采取的措施，对于比赛中的问题确属裁判工作的失误，应及时修正。对犯严重错误或不称职的裁判员，可作适当处理，必要时可停止其职务与工作。

3. 赛后。

（1）全部比赛结束后，宣布成绩和比赛结束。

（2）领导全体裁判员做好总结，根据大会要求，写出书面总结。

（3）做好善后工作，有关资料上报入档。

**二、副裁判长任务与职责**

1. 协助裁判长组织领导裁判工作，是裁判长的助手，他的工作对裁判长负责。

2. 在裁判长缺席时，代理裁判长职务，或受裁判长的委托处理有关问题。

3. 根据裁判长的建议，分工负责编排、记录和公告工作，负责场地、器材等设备的检查管理。

4. 检查各种通信设备、路线，发现问题及时处理。

5. 协助裁判长做好裁判队伍内部的事务管理。

6. 每单元比赛组织裁判组入场。

7. 比赛开始后，负责检查比赛秩序，加强赛场的安全措施。

8. 协助裁判长组织各种裁判工作会议。

**三、检录主裁判、检录员任务与职责**

（一）任务。

1. 根据竞赛日程安排的各项比赛时间和技术手册规定的各项检录时间，召集运动员到检录处检录。

2. 根据规则规定，做好对运动员的各项检查工作，如参赛证、身份证、号码服装、比赛用具等是否符合规则规定。

3. 准时安全地沿着合理路线将运动员带到比赛场地，交发令员控制。

（二）职责。

1. 检录主裁判职责。

组织检录人员学习规则和规程，安排人员分工，制定检录工作细则和工作流程；掌握进程，对外协调。接受副裁判长的直接领导，全面负责检录处的各项工作，与编排记录公告组密切联系。检录前准备好工作所需的各种检录器材和用品，包括检录处标志牌、检录时间公告牌、文具、各种表格、手提喇叭、裁判桌椅、运动员休息凳、安全别针、针线、卡尺等。采用终点电动计时时，还需准备道次小号码、长跑顺序小号码。向编排记录组索取已经确认的竞赛日程表、运动员分道分组表(或卡片)，根据比赛日程制定检录时间流程表。准确掌握检录时间，保证按时将运动员带到比赛场地，处理检录工作中出现的问题。特别检查参赛运动员比赛器材(板鞋是否符合规则和安全的要求)。

2. 检录员职责。

（1）利用广播和张贴形式及时宣布检录地点、本单元各比赛项目时间和注意事项。将各项比赛实到人数与秩序册核对，填写检录表、记录缺席运动员统计表，调整比赛卡片和比赛成绩表。

（2）按规则要求对运动员进行逐项细致检查，检录时应检查运动员的身份、号码、服装、比赛鞋、携带物等是否符合规则规定。如采用终点电动计时时，分发道次小号码，提示运动员正确佩戴，防止脱落、颠倒等。检录员应事先准备充足的别针、针线等物品，便于运动员使用。在规定的时间内将运动员按预先选定的合理路线带入比赛场地，交发令员控制。检录时间截止，未到达的运动员均以比赛弃权论。每项比赛后，服务员或检录员回收小号码。

## 四、计时主裁判、计时副裁判、计时员任务与职责

（一）任务。

准确、迅速地计取板鞋竞速各竞赛项目运动员完成的比赛时间，确定比赛成绩。

（二）计时主裁判职责。

计时主裁判是组织和实施计时工作的核心，负责主持和协调计时组的工作并判定比赛运动员的成绩。

1. 赛前领导全体计时员认真学习竞赛规则与规程，根据计时员的工作能力及具体情况，明确分工与职责；根据大会日程安排，组织计时员进行计时方法的实习，并统一工作方法，制定工作细则；确定与有关裁判组的分工协作方法；准备好各项比赛所需器材、表格等，了解场地设置和器材的准备情况。每组裁判员应为三名，其中一名应为小组长，负

责记录成绩。

2. 比赛中按大会规定的时间和要求带领计时员入场，并按顺序定位就坐；再次明确工作分工和方法，检查秒表，接收并审核终点成绩记录卡片；向计时员宣布单元比赛的项目、顺序和时间，各项比赛开始前 3～5 分钟，向计时员宣读本单元比赛项目及顺序，将成绩记录卡交给最下面的计时员并迅速向上传递。

3. 每项比赛开始前，要向计时员指出发令员的位置，并及时提示计时员注意(如“回表”、“上道”、“举枪”等)

4. 比赛中，一旦某计时员的秒表没有开启或发生故障时，应立即给予解决。

5. 每组比赛后，迅速收回卡片，核对有无差错，并按规则判定运动员的正式成绩，与终点长确定无误后交裁判长，然后提示计时员回表，并用手势示意终点主裁判准备就绪。

6. 计时主裁判要计取每一组比赛第 1 名的成绩，凡破纪录时必须及时检查秒表，同时请裁判长复核。每单元比赛结束后，计时主裁判组织计时员进行工作小结，使工作精益求精。清点计时表等物品，办理归还手续。

（三）计时副裁判职责。

协助计时主裁判工作，负责各项比赛所需器材、表格等准备，每组比赛前分发该组的比赛记录卡片。计时副裁判要计取每一组比赛第 2 名的成绩。

（四）计时员职责。

赛前认真学习规则、裁判法和工作细则，熟悉秒表性能，掌握计时方法和成绩记录方法。

每名计时员均应独立工作，不得让其他任何人看表，或讨论其所计的成绩。计时员填写成绩时应将每名运动员的成绩按1%秒填写在分表栏中，然后按规则换算成1/10秒填写在决定成绩栏中。

1. 回表：任何时候计时员不能擅自回表，只有由计时主裁判统一发出“回表”的提示后才能回表。听到计时主裁判“回表”提示后，及时回表，并立即注意起点，辨认所计时运动员特征。

2. 开表：当听到“上道”的提示后，应立即注视起点发令员的动作；当听到“举枪”的提示后，立即将秒表置于腰腹部位稳定，计时员要高度集中注意力，目视烟屏，准备开表。当看到枪烟或闪光时，立即开表。

3. 查表：开表后首先检查秒表开启和走动情况，一旦出现问题要立即报告计时主裁判，以便采取补救措施。此外要注意本身所计道次的运动员的特征和号码以及邻道运动员相对位置的变化，避免错计或漏计。

4. 停表：当所计道次第一名运动员的身体躯干(不包括头、颈、平、臂、腿和脚)的任何部位触及终点后沿垂直面的瞬间立即停表。此时，目光继续跟踪观察本道次运动员的两只板鞋的一部分仍未过终点线、前脚与板鞋是否分离，如分离，判犯规。并注意号码是否与成绩记录卡上的号码相同。

5. 读表：注意不同类型秒表的显示方法，注意进位。如果出现破纪录情况，应立即报告计时主裁判。

6. 记录：填写比赛卡片和计时存查表。3只秒表所计成绩各不相同，应以中间成绩为准；如其中2只表成绩相同，则以相同成绩为准，如果只有 2 只秒表，所计成绩不同，则以较差的成绩为正式成绩。出现破纪录的情况，应在备注栏中做出说明。如果所计运动员中途退场或罚下场，应在备注栏中做出说明。将每一名计时员所计成绩按 1%秒填写在分表栏中，然后，按规则换算成 1/10 秒填写在成绩栏中，并将所看名次填写在成绩卡上，以供终点裁判员参考。

7. 传递：计时员填好成绩卡后，迅速由上往下传递给计时主裁判，然后，听计时主裁判的“回表”提示，进行下一组次计时。

**五、终点主裁判、终点裁判员任务与职责**

（一）任务。

准确、迅速地判定每组比赛运动员的到达终点的名次，遇判定不一致时应由终点主裁判裁定。

（二）职责。

1. 终点主裁判职责。

（1）按大会规定的时间和要求带领终点裁判员入场，并按顺序定位就坐。

（2）负责终点裁判员的分工，明确每名裁判员的职责。向终点裁判员宣布单元比赛的项目、顺序和时间。

（3）每项开始前要向终点裁判员提示，以便集中注意力，名次的观察应从比赛开始就注意，观察直到终点。领导终点裁判员判定运动员到达终点的名次。遇到裁判员判定名次不一致时，终点主裁判可做出裁决。

（4）每组比赛结束后，同计时主裁判取得联系，经核查无误，将各道次名次填入名次表。

（5）遇名次同计时不一致时，应同计时主裁判联系并最终裁定。

（6）每组比赛成绩确定无误并送记录员登记后，同计时主裁判取得联系，准备就绪后以旗示同主发令员取得联系进行下一组的比赛。如比赛时采用电动计时时，就不要使用旗示。全体裁判员应以宣告员所按下的铃声为准，各裁判组均应全神贯注做好比赛准备（宣告员受副裁判长指令后方可启动铃声）。每组比赛结束后，收齐名次报告表、核实签名后交终点记录员。

2. 终点裁判员职责。

（1）准确、迅速地判定自己所认看的运动员的名次。通常每人主看一个名次，兼看一个名次。以观察自己所负责道次的运动员为主，如运动员的道次号码未看清楚，应注意观察自己所分看的运动员的体形或服装等特点，待运动员到达终点时可上前询问清楚后再填名次表，与此同时，该裁判员应兼顾邻近道次运动员的名次。

（2）每组比赛应始终保持高度的注意力，准确无误地做出判定。如遇名次判定不清时，应及时地、实事求是地向终点主裁判报告。

（3）遇有问题应向终点主裁判提出，由终点主裁判做出最终裁定。认真填写终点名次报告表。

**六、主发令员、发令员任务与职责**

（一）任务。

根据竞赛规则的规定和运动会的比赛日程，组织各项运动员合理地、机会均等地起跑，准时开始比赛。全面主持比赛的起始工作，负责对每组运动员的起跑发出指令。

（二）职责。

1. 主发令员职责。

（1）按大会规定的时间和要求带领发令员进入起点，安排发令员进入到各个工作位置。

（2）同终点主裁判取得联系，在准备就绪后，对运动员发出“各就位”口令，以鸣枪方式发出起跑口令。

（3）有权对运动员违反起跑规则的行为给予警告和判罚。

（4）对于一次起跑犯规的运动员，必须给予警告，第二次取消犯规者该项目比赛资格。

2. 发令员职责。

（1）检查运动员所参加的比赛或组别是否有误，号码是否佩戴正确，各项道次应面向跑进方向，由左至右按道次排位。

（2）组织运动员按其道次正确地排列在起跑线后3米远的集合线上，完成工作后，向主发令员表示准备就绪。如遇有运动员起跑时犯规跑出，应立即鸣枪（鸣笛）召回。记录犯规运动员，填写起跑犯规情况登记表。

**七、检查主裁判、检查员任务与职责**

（一）任务。

全面负责监督运动员在比赛过程中的行为，对违反规则的行为以书面报告交终点主裁判。

（二）职责。

1. 检查主裁判职责。

（1）组织全体检查员学习比赛规则和规程，明确任务、职责和分工，制定检查工作细则。

（2）按大会规定的时间和要求带领检查员进入场地，向检查员宣读单元比赛的项目、顺序和时间，检查员进入各自位置。全面监督运动员在比赛中的行为。

(3) 每组比赛前、后以旗示同每一检查员保持联系。

(4) 接力赛中重点注意接力区内的交接棒是否符合规则规定。

(5) 迅速准确地核实运动员犯规的情况，对于违反规则的运动员，以书面报告的形式交裁判长。书面报告只能建议是否取消比赛或录取资格。

(6) 与终点主裁判商定好比赛中的联络方式。

2. 检查员职责。

(1) 在检查主裁判带领下提前就位。

(2) 比赛中注意观察所管区域内运动员的犯规和违例行为，如无犯规情况，即举白旗示意；如发现犯规情况，应举红旗示意，并立即记录犯规运动员号码，准确标明犯规地点，迅速通知检查主裁判，及时填写检查报告表。

**八、编排记录主裁判、记录员任务与职责**

1. 编排记录主裁判负责领导和分配记录员的工作，提示裁判长在成绩单上签字。

2. 比赛前，应根据规则、规程、报名单、大会日程及有关材料，编制竞赛日程及每单元竞赛分组表，以便编制秩序册。

3. 比赛开始后，要准确记录和及时公布由裁判长提供的每项、组比赛成绩；预赛后，按成绩编排决赛秩序。

4. 比赛结束后，应尽快编制成绩册，经裁判长签名后送交大会。

**九、宣告员任务与职责**

1. 任务：在裁判长领导下，将比赛项目和进行情况，及时向观众介绍，并宣布比赛成绩。

2. 职责：应宣告参加每项比赛的运动员姓名、号码以及所有有关信息，如分组名单、排定的道次或站位等。收到有裁判长签名的每项成绩后应尽快宣告，并记录宣告时间。

**十、赛后控制中心任务**

1. 及时组织比赛场上已比赛完项目的运动员退场，确保赛场的良好秩序。

2. 及时归还运动员的衣物和证件等个人物品。

3. 及时将各项获奖运动员引领到颁奖台。

4. 协助新闻媒体对运动员进行采访。

## 第四章　板鞋竞速比赛中易出现的问题及处理

**一、单项比赛**

1. 因为板鞋竞速比赛距离相对较短，比赛中竞争激烈，各组运动员的比赛水平参差不齐，跑进中有时会发生串道，凡是串道，均判罚犯规。

2. 跑进中如技术速度及配合不当，从板鞋上掉下，应看清楚是否在掉下来的地方重新套上板鞋继续跑进，如缩短了距离，则给予判罚。

3. 到达终点时，有些运动员未完全过终线，脚与板鞋分离，应给予判罚。

**二、接力比赛**

1. 每组运动员是在跑动中完成交接棒的，所以易出现的问题同单项比赛的要求一样。

2. 重点是在接力区易出现的问题，接力区长仅为10米，必须板鞋和人同时在接力区内完成交接才可以，否则应给予判罚。

**三、器材**

不管是单项比赛还是接力比赛出现跑进中器材损坏的情况，运动员都不能重赛。

# 民族式摔跤竞赛规则

## 搏克（蒙古族式摔跤）竞赛规则

### 第一章　比赛场地及规格

**1　比赛场地**

1.1　比赛在平整的天然草坪或人造草坪，或土质地面上举行，要求表面清洁，无碎石粗沙，不得有与地面镶平的坚硬物(如砖、石、金属物等)，土质场地要保持适当硬度。

1.2　如遇特殊情况可以在室内进行，但必须用中国式摔跤或柔道场地的设备、规格代替并罩帆布盖单。或铺设一定厚度的粗绒地毯。

**2　场地规格**

2.1　团体赛、个人赛、表演赛均采用长方形或扇形场地，其边长、半径视比赛规模而定（32 米、64 米、128 米……）。

2.2　如有三个以上场地，则应按放射形成或扇形布局；长方形场地以并列平行布局。

2.3　推圈决胜场地：2.5 米为半径的圆圈，由线的内沿算起。(图 1)

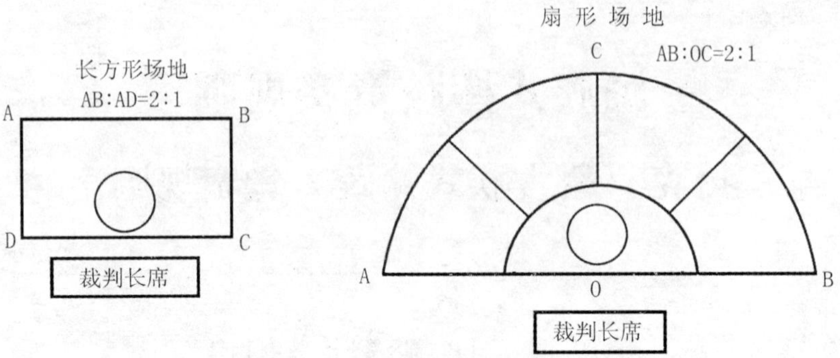


**图1　搏克场地示意图**

# 第二章　运动员与教练员

**3　运动员**

3.1　比赛前10分钟参加检录。

3.2　运动员的比赛服装必须符合规定。

3.3　比赛中运动员不准留长指甲，戴手镯、手表、戒指、耳环、发夹等装饰物及其他尖硬物品。长发必须盘扎。

3.4　比赛前，运动员入场时的“德波”（跳跃），不得少于16步。

3.5　运动员必须尊重裁判员、对方运动员和观众。

3.6　团体赛中运动员必须按指定地点就座。

3.7　比赛中运动员不得擅自离开比赛场地，特殊情况需经裁判员许可。

**4　比赛服装**

4.1　男、女运动员必须穿着按统一规格制作有金属铆钉镶边的皮制“卓得戈”（袖口宽度应是在屈臂时对方能伸入手指为限，双腋下应有抓把位）。布制“班泽勒”（用16尺以上白布制作），三色（蓝红绿）“策日布格”（女子不戴），绣花“陶胡”（女子彩色袍裤），靴子“廓特勒”和皮制“布斯”。

4.2　女子比赛服装“卓得戈”内可穿半袖紧身衫或戴护胸。

**5　教练员**

5.1　教练员不得进入比赛场地，不得进行任何形式的指导。

5.2　教练员不得干涉裁判工作。对裁决有异议，应当场向仲裁委员会提出，如异议被否定，必须服从裁决。

5.3　组织运动员按大会要求参加比赛。

## 第三章　比赛通则

**6　比赛礼节**

6.1　比赛开始或结束时，均举行仪式。

6.2　比赛前的入场和比赛结束后的退场均进行“德波”（模仿狮舞、鹿跳、龙腾、虎跃等动作进行跳进、舞出），并向主席台和观众致意。入场后按顺时针方向绕场走动，并自然形成圆圈准备比赛。团体赛，两队入场后双方领队互赠哈达或队旗致意。无论个人赛（每轮）或团体赛开始时，运动员均随“乌日亚”乐曲入场。

6.3　两人比赛前，运动员两手掌心向上自然前伸互相鞠躬致意。比赛结束后，胜者将负者扶起，双方主动走到裁判员附近，等候裁决。

6.4　佩带"将嘎"必须规范化，在各类比赛区中，运动员佩带的"将嘎"必须是同级或同级以上比赛中授予的"将嘎"(表演赛除外)。

**7　比赛性质**

7.1　个人比赛：以每个人在预赛、决赛中的成绩确定个人名次的比赛。

7.2　团体比赛：以每个队在团体赛中的成绩确定名次的比赛。

7.3　安慰赛：以个人预赛中未能进入决赛的运动员之间的比赛成绩确定名次。

7.4　表演赛：由主办单位按特定方式组织的比赛，以单淘汰制比赛确定名次。

**8　比赛制度与编排**

8.1　个人赛

个人比赛采用单败淘汰制。也可以采用单循环制，或循环、淘汰混合制。

8.1.1　编排方式：

8.1.1.1　预赛：以 2 的乘方数分小组，采取单循环制比赛。

8.1.1.2　决赛：人数必须是 2 的乘方数，可设种子选手，其他选手抽签定位。

8.1.1.3　推圈比赛：在个人淘汰赛中采用。在一届比赛中一名运动员不允许以三次推圈方式晋级(冠亚军比赛除外)。

8.2　团体赛

团体比赛采用3人轮赛制或点将制(不得少于5人，均为奇数)。

8.2.1　三人轮赛制:

8.2.1.1　每队每场任选3名运动员出场比赛。

8.2.1.2　每场比赛前，双方队长抽签决定主、客队。主队运动员的位置为A、B、C，客队运动员的位置为X、Y、Z。运动员的位置由各队自行确定并填写位次表，位次表交裁判员后，不得更改，运动员比赛顺序为A位(1、5、9)，B位(2、4、7)，C位(3、6、8)，X位(1、4、8)，Y位(2、6、9)，Z位(3、5、7)。

8.2.1.3　在一场比赛中双方均不得更换队员(出现受伤队员时除外)。

8.2.2　点将制:

8.2.2.1　在一场比赛中，采用5人制、7人制或9人制，由竞赛规程具体规定。

8.2.2.2　每场比赛前，双方队长抽签决定主、客队。第一局比赛，主队先点一名队员出场，然后在1分钟内客队必须点一名队员出场比赛。第二局客队从未出场队员中点一名队员出场，主队必须在1分钟内从未出场队员中点一名队员出场比赛，以后各队出场顺序依次类推，直至比赛终了。

8.3　表演赛、安慰赛

编排方法与个人赛决赛编排方法相同，但不设种子队员。

**9 比赛时间**

9.1 个人赛

9.1.1 预赛每场比赛时间9分钟。

9.1.2 决赛每场比赛时间15分钟。

9.1.3 决胜局时间5分钟。

9.1.4 推圈比赛时间5分钟，冠亚军决赛推圈时间15分钟。

9.2 团体赛

9.2.1 每局比赛时间15分钟。

9.2.2 决胜局时间10分钟。

## 第四章 犯规及罚则

**10 犯规**

10.1 侵人犯规

10.1.1 用非技术性动作踢对方任何部位者。

10.1.2 使用反关节动作者。

10.1.3 按压、推对方面部、咽喉及揪、抓对方头发者。

10.1.4 有意伤害对方者。

10.1.5 比赛中女子运动员揪、抓和推压对方胸部者。

10.2 技术犯规

10.2.1 用手或臂触及对方髋关节以下任何部位者，腿脚触及对方髋关节以上任何部位者。

10.2.2 比赛中未经裁判员许可自行停止比赛者。

10.2.3 违反比赛着装规定者。

10.2.4 比赛中说话、挑逗和侮辱对方者。

10.2.5 比赛中，随队人员(包括教练员)未经裁判员允许进入场地或进场指导者。

10.2.6 不服从大会比赛中的规定，不服从最终裁决者。

10.2.7 在三人轮赛制中位次表确定后，更换选手和出场顺序错误者。

10.2.8 延误出场比赛时间者。

**11 罚则**

11.1 犯有侵人犯规之一者，根据情节轻重分别给予劝告、警告或取消其比赛资格。

11.2 犯有技术犯规之一者，裁判员应及时给予提示、劝告，不听劝告者，则取消其比赛资格。

11.3 发生10.2.1犯规而摔倒对方者，判本场比赛为负。

11.4 发生10.2.7犯规者，判定本场比赛为负。

## 第五章 胜负与名次

**12 胜负评定**

12.1 基本标准：

12.1.1 比赛均不分体重级别，一跤定胜负。

12.1.2 在比赛中，先倒地或膝关节以上任何部位先着地者为负(点到为止)。

12.1.3 在决胜场地内比赛时被摔倒、触击圈线或被推出圈线外者为负。

12.1.4 比赛中一方运动员因身体原因或受伤不能继续参加比赛时，判对方胜。

12.1.5　比赛中，因一方犯规致使对方受伤不能继续比赛时，判受伤者胜。

12.2　个人赛的决赛中如双方同时倒地为“罕”，在规定时间内继续比赛。

12.3　个人淘汰赛中，一名运动员在一届比赛中如第三次以推圈方式晋级，则判其负。如双方均为第三次，则均被淘汰。

12.4　团体赛：

12.4.1　每场比赛，依据5局3胜制、7局4胜制或9局5胜制。如局数赛完积分不到最高分时，得分多者获胜。

12.4.2　优胜场：在5局的比赛中3∶0为优胜场，7局的比赛中4∶0为优胜场，9局的比赛中5∶0为优胜场。

12.4.3　全场比赛局数赛完，如两队得分相等，增设决胜局，决胜局双方任选一名队员出场比赛，如仍不分胜负，再增设一局，直到一方得分为止。

**13　得分标准**

13.1　得2分

13.1.1　个人预赛中的胜者。

13.1.2　团体循环赛中的胜队。

13.2　得1分

13.2.1　在团体赛中一局比赛的胜者。

13.2.2　个人预赛中的平跤者。

13.2.3　团体循环赛中的负队。

13.3　得0分

13.3.1　团体赛中一局比赛的负者和个人预赛中的负者。

13.3.2　在团体赛一局比赛中规定时间内未决出胜负者。

13.3.3　团体循环赛中弃权队和个人预赛中的弃权者。

**14　评定名次**

14.1　个人赛：

14.1.1　预赛：以小组循环赛中的得分总和评定名次，得分多者名次列前，如两人得分相等，两人间比赛的胜者列前。如3人或3人以上得分相等，在5分、4分、3分、2分、1分钟内摔倒人数多少决定，最短时间内人数多者列前。

14.1.2　决赛中排列个人前4名或8名方法：进入前4名被冠军淘汰者列第3名，被第2名淘汰者列第4名，进入前8名被冠军淘汰者列第5名，被第2名淘汰者列第6名，被第3名淘汰者列第7名，被第4名淘汰者列第8名。

14.2　团体赛：

采用单循环制比赛时，以积分多少确定名次，积分多者名次列前，如两队积分相等，以两队间比赛胜负评定，胜者列前。如遇3队或3队以上积分相等时，以优胜场数评定，优胜场多者列前；如仍相等，以有关队之间比赛的净胜分多少评定，净胜分多者列前；再相等则以无平局或平局数少者列前。

14.3　表演赛、安慰赛的名次确定与个人赛决赛确定名次办法相同。

# 第六章　弃权与申诉

**15　弃权及处理**

15.1　弃权

15.1.1　赛前检录，3 次点名(每次点名时间间隔1分钟)不到或不按规定入场者按弃权论。

15.1.2　比赛时，一方因身体原因不能继续比赛时，则判该运动员弃权。

15.1.3　比赛进行中，一方因受伤(非对方犯规)不能继续比赛时，则判该运动员弃权。

15.1.4　在个人比赛中，运动员因合理动作受伤不能继续比赛时，须经大会医生检查，方可退出本轮比赛，以弃权论。

15.2　弃权的处理

15.2.1　个人因伤病等原因，并经大会医生和裁判长许可而弃权，判对方本场比赛获胜，按一场比赛的最高得分计算成绩。

15.2.2　个人赛及团体循环赛中，比赛队一方无故弃权，判对方获胜，并按比赛方式的最高得分记录本场比赛成绩。弃权一方全部比赛成绩无效。

**16　申诉**

如对比赛成绩的判定有异议，由领队或教练员在比赛结束后的 30 分钟内向仲裁委员会提出申诉，同时交纳申诉费。仲裁委员会依据仲裁条例进行裁决。

# 第七章　裁判人员及其职责

**17　　裁判人员**

搏克比赛设裁判长、副裁判长、裁判组长、主裁判员、记录员、计时员、检录员、宣告员等若干人。

**18　　裁判人员职责**

18.1　裁判长

18.1.1　领导裁判人员学习规则，全面负责裁判工作。

18.1.2　比赛前负责检查场地、器材及裁判用具。

18.1.3　当裁判员裁决不一致时，有最终裁决权。

18.1.4　裁判员不称职时，有权批评教育，必要时可停止其工作。

18.1.5　有权依据特殊情况决定比赛暂停、继续或改期。

18.1.6　审核、签署和宣布竞赛成绩。

18.2　副裁判长

18.2.1　协助裁判长完成各项比赛任务。

18.2.2　负责组织领导编排记录组工作及后勤保障工作。

18.2.3　裁判长因故不能到场时，代理裁判长工作。

18.3　主裁判员

18.3.1　宣布比赛开始、终止或暂停。

18.3.2　判定运动员得分、胜负和犯规情况，有权处罚犯规运动员。

18.3.3　检查运动员着装。

18.3.4　签署比赛成绩表。

18.4　记录员

18.4.1　记录运动员的犯规和胜负成绩。

18.4.2　向编排记录组呈送经裁判员签字、裁判长审核过的成绩表。

18.5　计时员

18.5.1　记录比赛开始、暂停、终止时间。

18.5.2　根据主裁判员的决定，扣除暂停时间。

18.5.3　用锣声或哨声宣布比赛结束。

18.6　检录员

18.6.1　召集、带领运动员进入比赛场地。检查运动员着装、指甲及佩带物品。

18.6.2　向裁判组长报告出场比赛运动员的情况。

18.7　宣告员

18.7.1　简要介绍竞赛规程和竞赛规则。

18.7.2　介绍各队情况与出场运动员，依据裁判员的判定宣布比赛结果。

18.7.3　负责临场宣传工作，表扬好人好事，批评不良现象。

## 第八章　裁判员服装、手势及口令

**19　服装**

19.1　主裁判员身着统一的礼帽、蒙古袍、腰带、长筒靴(也可根据规程要求统一着装)。

19.2　裁判长的服装和腰带要有明显的颜色区别。

**20　　手势及口令(图2)**

20.1　　比赛开始：双手掌心相对分别指向双方队员合掌，同时发出“伊和乐”口令。

20.2　　比赛暂停：右臂前伸于双方队员之间，手举垂直向下挥，同时发出“昭格斯”口令。

20.3　　平跤：双手握拳，拇指同时向上伸出，同时发出“罕”口令。

20.4　　判定胜负：手指并拢手臂伸向胜方一侧，同时发出“哈亚”口令。

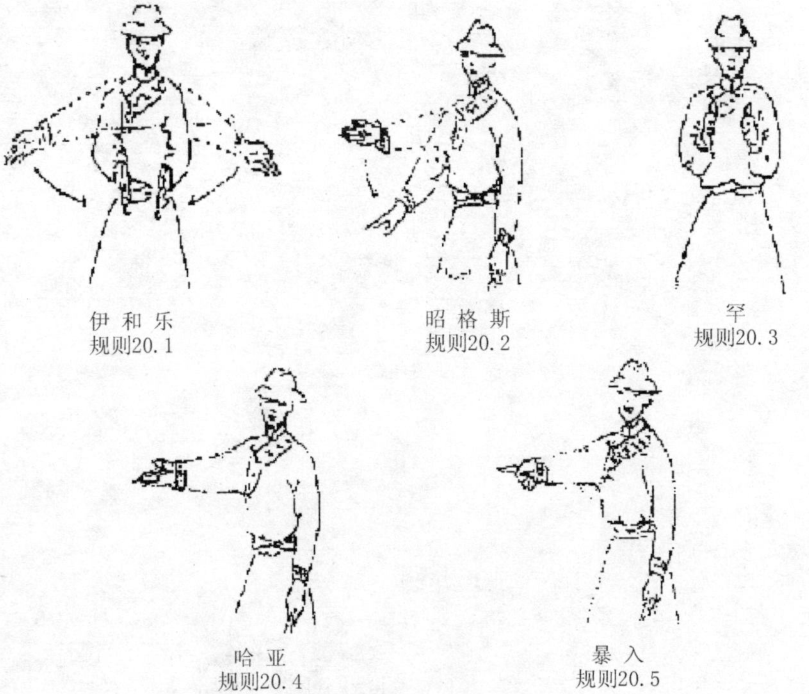


**图 2　搏克比赛裁判手势及口令**

20.5　　犯规：右臂前伸，食指指向犯规队员，同时发出“暴入”口令。

**附：搏克比赛用表（见本书第 347～349 页）**

表 1　搏克团体赛点将制记录表

表 2　搏克团体轮赛制记分表

表 3　搏克团体轮赛队员出场顺序

**表 1　　　　博克团体赛点将制记录表**

组别：　　　　比赛场地：　　　　　　年　　月　　日

| 顺序 | 主 队 | 客 队 | 时间 | 得分 |
|---|---|---|---|---|
| | | | | |
| 1 | | | | |
| 2 | | | | |
| 3 | | | | |
| 4 | | | | |
| 5 | | | | |
| 6 | | | | |
| 7 | | | | |
| 8 | | | | |
| 9 | | | | |
| 增加赛 | | | | |
| | | | | |
| | | | | |
| | | | | |

比赛结果______：______　　胜队__________

队长签字（胜队）__________（负队）__________

裁判长：______ 裁判员：______ 记录员：______

**表 2　　　　　　搏克团体轮赛制记分表**

主队（甲）__________　　　　　　客队（乙）__________

组别：第__________组　　　　　　　　年　　月　　日

| 摔跤顺序 | 甲队姓名 | | 乙队姓名 | | 得分 | |
|---|---|---|---|---|---|---|
| | | | | | 甲队 | 乙队 |
| 1 | A1 | | X1 | | | |
| 2 | B2 | | Y2 | | | |
| 3 | C3 | | Z3 | | | |
| 4 | B2 | | X1 | | | |
| 5 | A1 | | Z3 | | | |
| 6 | C3 | | Y2 | | | |
| 7 | B2 | | Z3 | | | |
| 8 | C3 | | X1 | | | |
| 9 | A1 | | Y2 | | | |
| 增加赛 | | | | | | |
| | | | | | | |
| | | | | | | |

比赛结果______：______　　　　胜队__________

队长签字（胜队）______　　　　（负队）__________

裁判长签字__________　　　　记录员__________

**表 3**

**搏克团体轮赛**
**队员出场顺序**

| 主 队（甲） | | |
|---|---|---|
| 顺 序 | | 姓 名 |
| A | 1<br>5<br>9 | |
| B | 2<br>4<br>7 | |
| C | 3<br>6<br>8 | |

教练员__________

**搏克团体轮赛**
**队员出场顺序**

| 客 队（乙） | | |
|---|---|---|
| 顺 序 | | 姓 名 |
| X | 1<br>4<br>8 | |
| Y | 2<br>6<br>9 | |
| Z | 3<br>5<br>7 | |

教练员__________

# 北嘎（藏族式摔跤）竞赛规则

## 第一章　场地及规格

1　**比赛场地**

平坦、松软的草地或摔跤垫。

2　**场地规格**

比赛采用方形或圆形场地均可，方形场地为边长14米的正方形，圆形比赛场地直径为7米。比赛场地外有1米宽的消极区。消极区外为宽1.2～1.5米的保护区，场地各线宽均为10厘米。（图1）

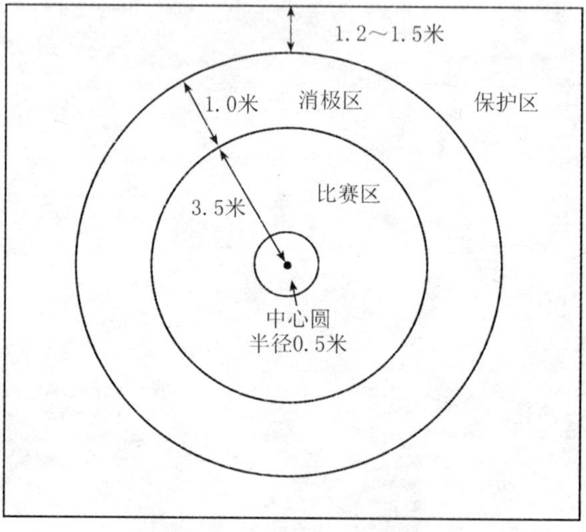


**图1　比赛场地示意图**

## 第二章　运动员与教练员

**3　　运动员**

3.1　比赛前10分钟参加检录。

3.2　比赛中运动员不得擅自离开比赛场地，特殊情况需经裁判员许可。

**4　　比赛服装**

4.1　运动员参加比赛应穿藏族跤衣。按规定系好腰带（红或蓝），穿着紧固踝关节的摔跤鞋。

4.2　除规定服装外不得穿戴其他服饰及伤害运动员的其他物品。

**5　　教练员**

5.1　比赛中教练员应坐在指定的座位上进行指导，不得干涉裁判工作。

5.2　当运动员受伤时，经裁判员允许，教练员可协助医生进行医务处理。

## 第三章　比赛规定

**6　　比赛性质**

6.1　个人比赛：以个人在所属级别内竞赛所得的成绩，确定个人名次。

6.2　团体比赛：以每个团体所有被录取名次的运动员的成绩总和，确定团体名次。

**7　比赛制度**

比赛采用循环制或淘汰制。

**8　年龄及体重级别**

8.1　年龄不受限制。

8.2　体重分 5 个级别：

8.2.1　52 公斤级。

8.2.2　62 公斤级。

8.2.3　74 公斤级。

8.2.4　87 公斤级。

8.2.5　87 公斤以上级。

**9　称量体重**

9.1　全部比赛过程只称量一次体重，开赛前一天称量，称量体重工作应在一小时内完成。

9.2　由裁判长 1 人、裁判员 2 人、记录员 1 人和医生 1 人组成称量体重组，进行称量体重工作。保存原始称量记录，不得涂改。

9.3　运动员称量体重时，必须持有效证件，经称量体重组核对资格后，方可进行称量。称量体重时，只可穿一条短裤。

9.4　先由体重轻的级别开始称量，每人称量一次。如称量后运动员体重超过原属级别，并在规定称量时间内不能达到原属级别，则取消该级别比赛资格。

# 第四章 比赛通则

**10 比赛礼节**

比赛开始前和比赛结束后双方运动员互相握手，并与主裁判员握手致意。

**11 比赛时间**

11.1 每场比赛为 3 局 2 胜制，每局 3 分钟(净时间)。每局中间休息 30 秒钟，比赛中胜一跤即为该局比赛结束。

11.2 如运动员需连续比赛，场与场之间至少有 10 分钟休息时间。

**12 比赛要求**

双方运动员必须抓好对方腰带，即双方双手在对方体侧或背后抓握。

**13 比赛中的信号**

13.1 每局比赛均由主裁判员发令开始。

13.2 每局或每场比赛结束均由计时员鸣哨或鸣锣。

13.3 在比赛进行中，主裁判员发出停止口令时，双方运动员应立即停止比赛。

**14 比赛中的规定**

14.1 比赛开始前，以抛币方式决定抓握方式，获选择权方可优先选择第一局右手(或左手)在里，第二局交换抓握方式。如平局则进行第三局，抓握方式以抛币决定。

14.2 每局比赛结束后，非经裁判员同意，运动员不得擅自离场。比赛终场结束，裁判员宣布终场获胜者后，双方运动员相互握手致意，并同主裁判员握手致敬，方可退场。

14.3 比赛中进攻有效与无效的判定：

14.3.1 进攻有效

14.3.1.1 在比赛区内使用的动作，将对手摔倒在保护区。

14.3.1.2 在比赛区内将对手摔倒后，自己踏入保护区。

14.3.1.3 对方倒地与进攻方踏入保护区同时发生。

14.3.1.4 动作结束与口令或锣声同时发生。

14.3.2 进攻无效

14.3.2.1 踩对方脚。

14.3.2.2 将对手摔倒前，自己踏入或摔入保护区。

14.3.2.3 主裁判员叫停后。

14.3.2.4 锣声响时，开始的动作。

14.3.2.5 锣声和口令之间完成的动作。

## 第五章　犯规、消极与罚则

**15 犯规**

15.1 侵人犯规

15.1.1 使用反关节动作有意伤害对方者。

15.1.2 用手、肘、膝、头撞击对方或抓对方生殖器者。

15.1.3 踩着对方脚进攻、用脚踢对方或用脚蹬、踹对方者。

15.2 技术犯规

15.2.1 双方比赛时不准故意绊脚。如故意绊脚并将对方摔倒，则判对方胜一局；无意绊脚而将对方摔倒则受警告一次。

15.2.2 比赛进行中出现故意干扰比赛、伤害对方运动员或裁判员的言行。

15.2.3 比赛进行中自行停止比赛者。

15.2.4 比赛进行中由于处于不利情况而要求暂停者。比赛中单手或双手脱把，手、膝着地。

**16 消极**

16.1 比赛中故意向后退或向前推对方，无进攻意图者。

16.2 比赛中抓握好对方，但长时间不使用动作，故意拖延时间者。

16.3 仅使用假进攻动作，无真正进攻意图者。

**17 罚则**

17.1 凡手脱离腰带或手撑地者，第一次劝告，第二次警告。

17.2 凡运动员比赛中犯有“侵人犯规”或“技术犯规”之一者，根据情节轻重，分别给予劝告、警告，取消该场或全部比赛资格。

17.3 比赛进行中，运动员或教练员指责裁判员，根据情节轻重给予该运动员劝告、警告，取消该场或全部比赛资格。

17.4 比赛中一方犯规，如果对犯规运动员有利，应立即停止比赛，酌情处理；如果对犯规运动员不利，则不停止比赛，等该进攻动作结束后再停止比赛，并酌情处理。

17.5 故意摔假跤，一经发现，应立即停止比赛，对其队员进行劝告，仍不听者则予以警告，第三次则取消双方运动员该场或全部比赛资格。

17.6 运动员不积极进攻，拖延比赛时间持续 30 秒即警告一次，在第一次警告后进行第二、三次警告之前，不再给予劝告。劝告在整场比赛中只给一次。

17.7 一场比赛中，不论消极、侵人犯规和技术犯规，一方受到 3 次警告时，取消该场比赛资格。

17.8 比赛中，运动员采取消极态度，有意逃避抓握、逃出界外、故意推人出界者，可立即给予劝告或警告。

## 第六章　胜负及名次评定

**18 得分标准**

18.1 在比赛中一方头、肩、背、腰、臀、髋、体侧任何一个部位着地即为负，对方即胜一局。胜一局得 1 分。

18.2 比赛中双方运动员同时倒地分不出上下、先后则判平跤，互不得分。

18.3 进攻者膝先着地，判进攻无效。

**19 运动员受伤后的成绩判定**

19.1 比赛中，一方运动员因伤病弃权（规则 22.3 或 22.4），则判对方获胜。

19.2 比赛进行中，因一方故意犯规致使对方受伤而不能继续比赛时，经大会医生确认后，则判受伤者该场获胜。

**20 胜负评定**

20.1 比赛采用3局2胜制。

20.2 根据得分多少，确定一场比赛的胜负。

20.3 平局的处理。

20.3.1 如果前两局出现双方各胜一局或均为平局，则以第三局比赛判定胜负。

20.3.2 当第三局出现平局时，则以下列方法判定胜负：

20.3.2.1 先得分(局)者胜。

20.3.2.2 受警告、劝告少者胜。

20.3.2.3 体重轻者胜。

20.3.2.4 抛币。

20.3.3 如果前两局为一胜一平时，则不进行第三局的比赛，判胜局者胜。

**21 名次确定**

21.1 个人名次(循环制)

21.1.1 比赛以其胜负场次的积分排列名次，胜1场得2分，负1场或弃权得0分。积分多者名次列前。

21.1.2 两人积分相等，则按两人在比赛中的胜负确定名次，胜者名次列前。

21.1.3 两人以上积分相等而又循环互胜，则按以下程序确定名次：

21.1.3.1 获2∶0多者名次列前。

21.1.3.2 获2∶1多者名次列前。

21.1.3.3 受罚次数少者名次列前。

21.1.3.4 整个比赛中获胜时间短者名次列前。

21.1.3.5 体重轻者名次列前(原始体重)。

21.1.3.6　抛币。

21.1.4　参赛场数不足1/2时，则双方所有成绩全部作废。

21.1.5　参赛场数达到1/2时，则成绩有效，根据其成绩确定名次，其余未赛场次，均按弃权处理，判对方获胜一场。

21.2　团体名次

21.2.1　按各单位运动员在各级别比赛中被录取名次得分总和确定名次，得分多者名次列前。

21.2.2　如遇两个或两个以上的团体得分相等，则判第一名多者名次列前；如再相等，则判获第二名多者名次列前，依此类推。

21.2.3　获名次人数多者名次列前。

21.2.4　参赛人数少者名次列前。

21.2.5　名次并列。

## 第七章　弃权与申诉

**22　弃权**

22.1　点名后超过3分钟，不能上场比赛者，按全部弃权论，成绩作废。

22.2　比赛运动员因伤病而不能参加比赛或要求重新参加比赛，须经大会医生证明，因伤病而不能参加比赛，则判该运动员该场比赛弃权。

22.3　比赛进行中，一方因受伤不能继续比赛时，裁判员可暂停比赛，但因运动员受伤治疗而超过2分钟时仍不能继续比赛，则判受伤运动员弃权。

**23　申诉**

运动员对裁判员裁决有异议时，由领队或教练员在比赛结束后 30 分钟内以书面形式向仲裁委员会提出申诉，同时交纳申诉费。仲裁委员会依据仲裁条例进行裁决。

## 第八章　裁判人员及其职责

**24　裁判人员**

裁判长 1 人，裁判员若干人，记录员、计时员、宣告员和检录员各 1 人。

**25　裁判人员职责**

25.1　裁判长

25.1.1　领导裁判员学习，负责裁判组的组织工作。

25.1.2　比赛前对场地和设备进行检查。

25.1.3　当裁判员的判定不一致时，裁判长有权做出最后决定。

25.1.4　裁判员或运动员有不称职或发生严重错误时，可建议大会作适当处理，必要时可停止裁判员的职务，取消运动员的比赛资格。

25.1.5　审核、签署和宣布竞赛成绩。

25.1.6　比赛结束后，及时做出书面总结。

25.2　主裁判员

25.2.1　检查运动员的服装。

25.2.2　发出比赛开始、比赛结束或暂停的口令。

25.2.3　比赛中，依据规则对运动员的行为进行判罚。

25.2.4　比赛中，判定运动员胜一跤、犯规、消极、逃避情况，并给予处罚。

25.2.5　依据记录，宣布比赛胜负，签署本场比赛的成绩表。

25.3　副裁判员

25.3.1　对比赛中每一跤的胜负情况，表示自己的意见。

25.3.2　观察运动员在场上的行动，如出现消极和犯规情况，应及时向主裁判员示意。

25.4　记录员

25.4.1　称量体重时负责记录工作，保存资料以备查用。

25.4.2　临场记录运动员比赛中的得分、犯规等，并整理出该场比赛结果。

25.4.3　每场比赛结束后，整理好记分表，并向主裁判员报告比赛结果。

25.5　计时员

25.5.1　根据主裁判员发出的开始和暂停的口令计时。

25.5.2　用锣声或哨声报告每局比赛结束。

25.5.3　每局开始前 10 秒钟，发出准备开始的信号。

25.5.4　根据主裁判员每次宣告出的得分进行挂分工作。

25.5.5　每场比赛结束后，与记录员核对比赛成绩。

25.6　检录员

25.6.1　比赛前 10 分钟检录，指定双方运动员的服装颜色，并检查运动员的指甲与服装等情况。

25.6.2　通知运动员入场，并指定运动员比赛的场地。

25.6.3　向裁判长和宣告员报告出场比赛或弃权的运动员的姓名。

25.7 宣告员

25.7.1 摘要介绍竞赛规程和规则。

25.7.2 介绍运动员的单位、姓名和级别，报告每场比赛的结果。

25.7.3 负责临场的宣传教育工作。

## 第九章 裁判员分工与手势

**26 裁判员分工**

26.1 每场比赛应有一名主裁判员执行裁判工作，两名副裁判员分别坐在两个对面，协助主裁判员进行工作。

26.2 比赛中每摔一跤，主裁判员应喊“停”，两名副裁判员应根据运动员倒地情况，迅速表示自己的意见，主裁判员根据两名副裁判员的意见做出最后胜负判决。

26.3 两名副裁判员与主裁判员的意见有分歧或有疑难问题时，应请示裁判长研究后做出最后判定。

26.4 两名副裁判员中有一人认为某运动员有消极或犯规行为时，应及时举起与该运动员腰带颜色相同的牌子，向主裁判员示意。如主裁判员同意副裁判员的意见，应进行判罚。

26.5 主裁判员认为某运动员有消极或犯规行为时，在征求某一副裁判员的同意后，即可判罚。

**27 裁判员手势**

27.1 主裁判员手势

27.1.1　比赛开始：比赛开始前两手扶在运动员背上，示意运动员抓好腰带，并呼“预备”口令，然后两手斜上举交叉，并呼“开始”口令。

27.1.2　比赛中的暂停：一臂(左或右臂)向前伸直指向运动员(拇指在上，五指并拢)，同时发出“停”的口令。

27.1.3　胜一局：一臂平举，指向胜一跤运动员(拇指在上)，而后屈肘，前臂上举，宣布蓝方或红方胜一局。

27.1.4　平跤：两臂体前交叉摆动，手心向内。

27.1.5　征求判罚消极意见：一臂侧平举，五指并拢，反复屈肘摆动，掌心向上表示红色腰带者消极，掌心向下表示蓝色腰带者消极。

27.1.6　劝告：一臂屈肘侧上举，五指并拢，靠近受劝告的运动员。

27.1.7　警告：一臂屈肘侧上举握拳，靠近受警告的运动员。

27.1.8　全场终了，判定胜负，面向裁判长，将获胜运动员的一手向上举起。

27.2　副裁判员手势

27.2.1　得分：对比赛中运动员的得分情况用相应颜色示分牌表示。

27.2.2　平跤：两手在腹前交叉。

27.2.3　消极：举起与该运动员腰带颜色相同的牌子。

27.2.4　发现必须暂停的情况时，应举白牌向主裁判员示意。如主裁判员没有看到则起立。

27.2.5　举牌时，一臂前平举，牌子直立。

# 且里西（维吾尔族式摔跤）竞赛规则

## 第一章　场地及器材

**1　比赛场地**

1.1　正式比赛场地为直径9米的圆形场地。

1.2　比赛场地由72块海绵(棕)垫子组成，每块垫子长2米，宽1米，厚8～10厘米，垫子四周可用帆布包裹，用木框或绳子加以固定。比赛场地分为比赛区和保护区两大部分。(图1)

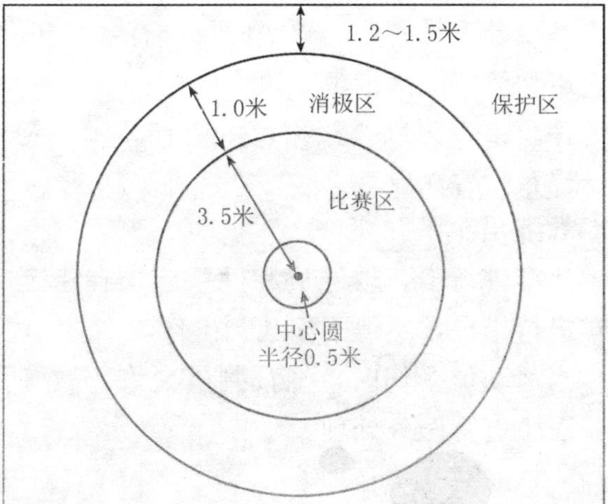


图1　比赛场地示意图

1.3　垫子上铺一块14米见方的帆布盖单或人造革盖

单。盖单上画出 7 米直径的圆，为中心比赛区。在中心比赛区外有 1 米宽的红色消极区，在消极区外有 1.2～1.5 米的保护区。

## 第二章　运动员与教练员

**2　运动员**

2.1　比赛前 10 分钟参加检录。

2.2　比赛中运动员不得擅自离开比赛场地，特殊情况需经裁判员许可。

**3　比赛服装**

3.1　运动员参加比赛应穿维吾尔族跤衣。

3.2　摔跤鞋应是高靴、软底而且没有金属和后跟。

3.3　运动员要随身携带一块小手帕。

3.4　摔跤腰带为红、蓝两色，用长 2 米、宽 0.7 米的棉布折叠而成。

**4　教练员**

4.1　比赛进行中，教练员和助手应坐在指定的座位上进行指导，不得干涉裁判工作。

4.2　当运动员受伤时，经裁判员允许，教练员可协助医生进行医务处理。

## 第三章　比赛规定

**5　比赛性质**

5.1　个人比赛：以个人在所属级别内竞赛所得的成绩，

确定个人名次。

5.2 团体比赛：以每个团体所有被录取名次的运动员的成绩总和，确定团体名次。

**6 比赛制度**

比赛采用循环制或淘汰制。

**7 年龄及体重级别**

7.1 年龄不受限制。

7.2 体重分5个级别：

7.2.1 52公斤级。

7.2.2 62公斤级。

7.2.3 74公斤级。

7.2.4 87公斤级。

7.2.5 87公斤以上级。

**8 称量体重**

8.1 全部比赛过程只称量一次体重，开赛前一天称量，称量体重工作应在一小时内完成。

8.2 由裁判长1人、裁判员2人、记录员1人和医生1人组成称量体重组，进行称量体重工作。保存原始称量记录，不得涂改。

8.3 运动员称量体重时，必须持有效证件，经称量体重组核对资格后，方可进行称量。称量体重时，只可穿一条短裤。

8.4 先由体重轻的级别开始称量，每人称量一次。如称量后运动员体重超过原属级别，并在规定称量时间内不能达到原属级别，则取消该级别比赛资格。

## 第四章　比赛通则

**9　比赛礼节**

比赛开始前和比赛结束后，双方运动员互相握手，并与主裁判员握手致意。

**10　比赛时间**

10.1　每场比赛为3局2胜制，每局3分钟(净时间)。每局中间休息30秒钟，比赛中胜一跤即为该局比赛结束。

10.2　如运动员需连续比赛，场与场之间至少有10分钟休息时间。

10.3　在比赛进行中因特殊情况由主裁判员发令暂停比赛时，双方的比分和已用时间，均予保留，以便继续进行该场比赛。

**11　比赛要求**

双方运动员必须抓好对方腰带，裁判员发令后，比赛即开始，在比赛中，运动员双手均不得离开对方的腰带去抓握对方的其他部位。

**12　比赛中的信号**

12.1　每局比赛，均由主裁判员发令开始。

12.2　每局或每场比赛结束，均由计时员鸣哨或鸣锣。

12.3　在比赛进行中，主裁判员发出停止口令时，双方运动员应立即停止比赛。

**13　比赛中的规定**

13.1　比赛开始前，以抛币方式决定抓握方式，获选择权方可优先选择第一局右手(或左手)在里，第二局交换抓握方式。如平局则进行第三局，抓握方式抛币决定。

13.2 全场比赛结束，运动员须待主裁判员宣布该场比赛结果后，方可离场。

13.3 比赛中进攻有效与无效的判定：

13.3.1 进攻有效

13.3.1.1 在比赛区内使用的动作，将对手摔倒在保护区。

13.3.1.2 在比赛区内将对手摔倒后，自己踏入保护区。

13.3.1.3 对方倒地与进攻方踏入保护区同时发生。

13.3.1.4 动作结束与口令或锣声同时发生。

13.3.2 进攻无效

13.3.2.1 踩对方脚。

13.3.2.2 将对手摔倒前，自己踏入或摔入保护区。

13.3.2.3 主裁判员叫停后。

13.3.2.4 锣声响时，开始的动作。

13.3.2.5 锣声和口令之间完成的动作。

## 第五章 犯规、消极与罚则

**14 犯规**

14.1 侵人犯规

14.1.2 用手、肘、膝、头撞击对方或抓对方生殖器者。

14.1.3 踩着对方的脚进攻、用脚尖踢对方或用脚蹬、踹对方者。

14.1.4 用脚踢、弹对方小腿中部以上者。

14.2　技术犯规

14.2.1　主裁判员发出“开始”的口令前或发出“停”的口令后，进攻对方者。

14.2.2　比赛进行中，教练员或助手干扰比赛。

14.2.3　比赛进行中，自行停止比赛者。

14.2.4　比赛进行中，由于处于不利情况而要求暂停者。

14.2.5　比赛中双手或单手离开腰带抓握其他部位者及手撑地者。

**15　消极**

15.1　比赛中故意往后退或向前推对方，无进攻意图者。

15.2　比赛中抓住对方，但不使用方法，故意拖延时间者。

15.3　用头顶住对方，有意拖延比赛时间者。

15.4　仅使用假进攻动作，无真正进攻意图者。

**16　罚则**

16.1　凡手脱离腰带或手撑地者，第一次劝告，第二次警告。

16.2　凡犯有“侵人犯规”或“技术犯规”之一者，根据情节轻重，分别给予劝告、警告，取消该场或全部比赛资格的处罚。

16.3　比赛进行中，运动员或教练员指责裁判员，根据情节轻重给予该运动员劝告、警告，取消该场或全部比赛资格。

16.4　比赛中一方犯规，如果对犯规运动员有利时，应立即停止比赛，酌情处理；如果对犯规运动员不利，则不停止比赛，等该进攻动作结束后再停止比赛，并酌情处理。

16.5 故意摔假跤，一经发现，应立即停止比赛，对其队员进行劝告，仍不听者则予以警告，第三次则取消双方运动员该场或全部比赛资格。

16.6 运动员不积极进攻，拖延比赛时间持续30秒即警告一次，在第一次警告后进行第二、三次警告之前，不再给予劝告。劝告在整场比赛中只给一次。

16.7 一场比赛中，不论消极、侵人犯规和技术犯规，一方受到3次警告时，取消该场比赛资格。

16.8 比赛中，运动员采取消极态度，有意逃避抓握、逃出界外、故意推人出界者，可立即给予劝告或警告。

## 第六章　胜负及名次评定

**17　得分标准**

17.1 得分

在比赛中，将对方摔倒，使对方肩、背或体侧着地则胜一跤，即一局胜利(注：进攻者头、肘、膝着地，进攻有效，反攻者亦同)。

17.2 不得分

比赛中如一方把对方摔至膝盖着地或用手撑地，则不予判分，比赛继续进行。

17.3 互不得分

比赛中，双方运动员同时倒地，分不出先后时，则判无效。

**18　　运动员受伤后的成绩判定**

18.1　　比赛中，一方运动员因伤病弃权(规则 21.3 或 21.4)，则判对方获胜。

18.2　　比赛进行中，因一方故意犯规致使对方受伤而不能继续比赛时，经大会医生确认后，则判受伤者该场获胜。

**19　　评定胜负**

19.1　　比赛采用 3 局 2 胜制。

19.2　　胜一局得 1 分，根据得分，确定一场比赛的胜负。

19.3　　平局的处理：

19.3.1　　如果前两局出现双方各胜一局或均为平局，则以第三局比赛判定胜负。

19.3.2　　当第三局出现平局时，则以下列方法判定胜负：

19.3.2.1　先得分(局)者胜。

19.3.2.2　受警告、劝告少者胜。

19.3.2.3　体重轻者胜(原始体重)。

19.3.2.4　抛币。

19.3.3　　如果前两局为一胜一平时，则不进行第三局的比赛，判胜局者胜。

**20　　名次确定**

20.1　　个人名次(循环制)

20.1.1　　比赛以其胜负场次的积分排列名次，胜 1 场得 2 分，负 1 场或弃权得 0 分。积分多者名次列前。

20.1.2　　两人积分相等，则按两人在比赛中的胜负确定名次，胜者名次列前。

20.1.3　　两人以上积分相等而又循环互胜，则按以下程序确定名次：

20.1.3.1 获 2：0 多者名次列前。

20.1.3.2 获 2：1 多者名次列前。

20.1.3.3 受罚次数少者名次列前。

20.1.3.4 整个比赛中获胜时间短者名次列前。

20.1.3.5 体重轻者名次列前(原始体重)。

20.1.3.6 抛币。

20.1.4 参赛场数不足 1/2 时，则双方所有成绩全部作废。

20.1.5 参赛场数达到 1/2 时，则成绩有效，根据其成绩确定名次，其余未赛场次，均按弃权处理，判对方获胜一场。

20.2 团体名次

20.2.1 按各单位运动员在各级别比赛中被录取名次得分总和确定名次，得分多者名次列前。

20.2.2 如遇两个或两个以上的团体得分相等，则判第一名多者名次列前，如再相等，则判获第二名多者名次列前，依次类推。

20.2.3 如再相等，获名次人数多者名次列前。

20.2.4 如再相等，参赛人数少者名次列前。

20.2.5 如再相等，则名次并列。

## 第七章 弃权与申诉

### 21 弃权

21.1 超过检录时间 3 分钟，不能上场比赛者，按全部弃权论，成绩作废。

21.2 运动员因伤病而不能参加比赛或要求重新参加比赛，须经大会医生证明，因伤病而不能参加比赛，则判该运动员该场比赛弃权。

21.3 比赛进行中，一方因受伤不能继续比赛时，裁判员可暂停比赛，但因运动员受伤治疗而超过 2 分钟时仍不能继续比赛，则判受伤运动员弃权。

**22 申诉**

运动员对裁判员裁决有异议时，由领队或教练员在比赛结束后 30 分钟内以书面形式向仲裁委员会提出申诉，同时交纳申诉费。仲裁委员会依据仲裁条例进行裁决。

## 第八章　裁判人员及其职责

**23 裁判人员**

裁判长 1 人，裁判员若干人，记录员、计时员、宣告员和检录员各 1 人。

**24 裁判人员职责**

24.1 裁判长

24.1.1 领导裁判员学习，负责裁判组的组织工作。

24.1.2 比赛前对场地和设备进行总的检查。

24.1.3 当裁判员的判罚不一致时，裁判长有权做出最后决定。

24.1.4 裁判员或运动员有不称职或发生严重错误时，可建议大会做出处理，必要时可停止裁判员的职务，取消运动员的比赛资格。

24.1.5　审核、签署和宣布竞赛成绩。

24.1.6　比赛结束后，及时做出书面总结。

24.2　主裁判员

24.2.1　检查运动员的服装。

24.2.2　发出比赛开始、比赛结束或暂停的口令。

24.2.3　比赛中，指导运动员在场上的行动。

24.2.4　比赛中，判定运动员胜一跤、犯规、消极、逃避情况，并给予处罚。

24.2.5　依据记录，宣布比赛胜负，签署本场比赛的成绩表。

24.3　副裁判员

24.3.1　对比赛中每跤的胜负情况，表示自己的意见。

24.3.2　观察运动员在场上的行动，如出现消极和犯规情况，应及时向主裁判员示意。

24.4　记录员

24.4.1　称量体重时负责记录工作。

24.4.2　临场记录运动员比赛中的成绩、犯规等，并整理出该场比赛结果。

24.5　计时员

24.5.1　根据主裁判员发出的开始和暂停的口令计时。

24.5.2　每局开始前 10 秒钟，发出准备开始的信号。

24.5.3　用锣声或哨声报告每局终了。

24.6　检录员

24.6.1　比赛前 10 分钟检录，指定双方运动员的服装颜色，并检查运动员的指甲与服装等情况。

24.6.2　通知运动员入场，并指定运动员比赛的场地。

24.6.3　向裁判长和宣告员报告出场比赛或弃权的运动员的姓名。

24.7　宣告员

24.7.1　摘要介绍竞赛规程和规则。

24.7.2　介绍运动员的单位、姓名和级别，报告每场比赛的结果。

24.7.3　负责临场宣传教育工作。

## 第九章　裁判员分工与手势

**25　裁判员分工**

25.1　每场比赛应有一名主裁判员执行裁判工作，两名副裁判员分别坐在两个对面，协助主裁判员进行工作。

25.2　比赛中每摔一跤，主裁判员应喊一声“停”，两名副裁判员应根据运动员倒地情况，迅速表示自己的意见，主裁判员根据两名副裁判员的意见做出最后决定，并及时用示分牌判定某方胜一跤。

25.3　两名副裁判员与主裁判员的意见有分歧或有疑问时，应请示裁判长研究后做出最后判定。

25.4　两名副裁判员中有一人认为某运动员有消极或犯规行为时，应及时举起与该运动员腰带颜色相同的牌子，向主裁判员示意。如主裁判员同意副裁判员的意见，应进行判定。

**26　裁判员手势**

26.1　主裁判员手势

26.1.1　比赛开始：比赛开始前两手扶在运动员背上，示意运动员抓好腰带，并呼“预备”口令，然后两手斜上举交叉，并喊“开始”口令。

26.1.2　比赛中的暂停：一臂(左或右臂)向前伸直指向运动员(拇指在上，五指并拢)，同时发出“停”的口令。

26.1.3　胜一局：一臂平举，指向胜一跤运动员(拇指在上)，而后屈肘，前臂上举，宣布蓝方或红方胜一局。

26.1.4　平跤：两臂体前交叉摆动，手心向内。

26.1.5　征求判罚消极意见：一臂侧平举，五指并拢，反复屈肘摆动，掌心向上表示红色腰带者消极，掌心向下表示蓝色腰带者消极。

26.1.6　劝告：一臂屈肘侧上举，五指并拢，靠近受劝告的运动员。

26.1.7　警告：一臂屈肘侧上举握拳，靠近受警告的运动员。

26.1.8　全场比赛结束，判定胜负，面向裁判长，将获胜运动员的一手向上举起。

26.2　副裁判员手势

26.2.1　得分：对比赛中运动员的得分情况用相应颜色示分牌表示。

26.2.2　平跤：两手在腹前交叉。

26.2.3　消极：举起与该运动员的服装相同颜色的牌子。

26.2.4　发现必须暂停的情况时，应举白牌向主裁判员示意。如主裁判员没有看到则起立。

26.2.5　举牌时，一臂前平举，牌子直立。

# 格（彝族式摔跤）竞赛规则

## 第一章　场地及规格

**1　比赛场地**

1.1　软土坪草地（可采用中国式或国际式摔跤场地）。

1.2　比赛场地分为内场和外场，内场为比赛区，外场为保护区，比赛区和保护区之间为消极区，消极区宽 1.0 米，区间以标线划分，线宽 10 厘米（标线归内侧区域），比赛区为直径 7 米的圆圈，保护区宽 1.2～1.5 米（可用中国式或国际式摔跤场地及其标志）。（图 1）

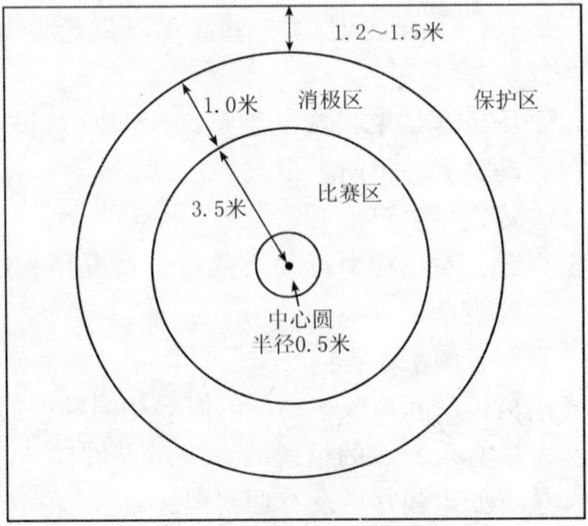


**图 1　比赛场地示意图**

## 第二章　运动员和教练员

**2　运动员**

2.1　比赛前10分钟参加检录。

2.2　比赛中运动员不得擅自离开比赛场地，特殊情况需经裁判员许可。

**3　比赛服装**

3.1　运动员参加比赛应穿彝族跤衣，平软底胶鞋。

3.2　腰带为两根红、蓝颜色的棉布带或绸缎带，长1.2～1.4米，腰带分别标志比赛双方队员红方和蓝方。

3.3　运动员在上场前，必须卸去随身携带的金属物品，如头帕、耳珠、肩带、佩刀、首饰等，以免妨碍比赛。

**4　教练员**

4.1　比赛中，教练员不得进入比赛场地，不得干涉裁判工作，也不得进行任何形式的指导。

4.2　当运动员受伤时，经裁判员允许，教练员可协助医生进行医务处理。

## 第三章　比赛规定

**5　比赛性质**

5.1　个人比赛：以个人在所属级别中比赛所得的成绩确定个人名次。

5.2　团体比赛：以每个团体所有被录取名次的运动员的成绩总和，确定团体名次。

**6　比赛制度**

比赛采用循环制或淘汰制。

**7　年龄及体重级别**

7.1　年龄不受限制。

7.2　体重分5个级别：

7.2.1　52公斤级。

7.2.2　62公斤级。

7.2.3　74公斤级。

7.2.4　87公斤级。

7.2.5　87公斤以上级。

**8　称量体重**

8.1　全部比赛过程只称量一次体重，开赛前一天称量，称量体重工作应在一个小时内完成。

8.2　由裁判长1人、裁判员2人、记录员1人和医生1人组成称量体重组，进行称量体重工作。保存原始称量记录，不得涂改。

8.3　运动员称量体重时，必须持有效证件，经称量体重组核对资格后，方可进行称量。称量体重时，只可穿一条短裤。

8.4　先由体重轻的级别开始称量，每人称量一次。如称量后运动员体重超过原属级别，并在规定称量时间内不能达到原属级别，则取消该级别比赛资格。

# 第四章　比赛通则

**9　比赛礼节**

双方运动员比赛开始前和结束后，互相握手，并与主裁判员握手致意。

**10　比赛时间**

10.1　每场比赛为3局2胜制，每局3分钟(净时间)，每局中间休息30秒钟。

10.2　如运动员需连续比赛，场与场之间至少有10分钟休息时间。

**11　比赛要求**

11.1　抓带方式：两手从两侧抓对方腰带。比赛过程中，如果一方运动员的手转到对方体前，裁判员提醒运动员把手转到体侧去。

11.2　出现脱把(抓腰带的手松开)时暂停，待抓好再开始比赛。

**12　技术动作**

技术方法主要表现在力、巧、腰、腿、脚等运用技术上。比赛中，用脚勾、掰、翘、挑对方均为正常动作。

**13　比赛中的信号**

13.1　每局比赛，均由主裁判员发令开始。

13.2　每局或每场比赛结束，均由计时员鸣哨或鸣锣。

13.3　比赛双方运动员入场后，互致礼节，抓好对方腰带后，裁判员才能发令，比赛开始。

13.4　在比赛进行中，主裁判员发出停止口令时，双方运动员应立即停止比赛。

**14　比赛中的规定**

14.1　比赛开始前，以抛币方式决定抓握方式，获选择权方可优先选择第一局右手(或左手)在里，第二局交换抓握方式。如平局则进行第三局，抓握方式抛币决定。

14.2　比赛中，双方运动员只许抓着系在对方腰间的腰带，直到把对方摔倒为止。

14.3　每局比赛结束后，非经裁判员同意，运动员不得擅自离场。到比赛终场结束，裁判员宣布终场获胜者后，双方运动员相互握手致意，并同主裁判员握手致敬，方可退场。

14.4　比赛中进攻有效与无效的判定：

14.4.1　进攻有效

14.4.1.1　在比赛区内使用的动作，将对手摔倒在保护区。

14.4.1.2　在比赛区内将对手摔倒后，自己踏入保护区。

14.4.1.3　对方倒地与进攻方踏入保护区同时发生。

14.4.1.4　动作结束与口令或锣声同时发生。

14.4.2　进攻无效

14.4.2.1　踩对方脚。

14.4.2.2　将对手摔倒前，自己踏入或摔入保护区。

14.4.2.3　主裁判员叫停后。

14.4.2.4　锣声响时，开始的动作。

14.4.2.5　锣声和口令之间完成的动作。

# 第五章　犯规、消极与罚则

**15　犯规**

15.1　侵人犯规

15.1.1　以手、肘、膝、头撞击对方或抓对方裆部者。

15.1.2　手脱把抱对方头、颈、腿和抓住对方头发、耳、鼻者。

15.1.3　故意用脚踩着对方的脚进攻者。

15.1.4　用脚踢、弹对方小腿中部以上者。

15.1.5　用膝撞击对方裆部者。

15.1.6　将对方摔倒后，还故意压砸对方者。

15.1.7　使用其他方法故意伤害对方者。

15.2　技术犯规

15.2.1　主裁判员发出“开始”的口令前或发出“停”的口令后进攻对方者。

15.2.2　比赛中教练或助手干扰比赛。

15.2.3　比赛中自行停止比赛者。

15.2.4　比赛中由于处于不利情况而要求暂停者。

15.2.5　比赛中双手或单手脱把或抓握其他部位进攻者。

**16　消极**

16.1　比赛中故意往后退或向前推对方，无进攻意图者。

16.2　比赛中抓握好对方，但长时间不使用动作，故意拖延时间者。

16.3　用头顶住对方，有意拖延时间者。

16.4　仅使用假动作，无真正进攻意图者。

**17　罚则**

17.1　凡手脱离腰带或手撑地者，第一次劝告，第二次警告。

17.2　凡运动员比赛中犯有“侵人犯规”或“技术犯规”之一者，根据情节轻重，分别给予劝告、警告，取消该场或全部比赛资格。

17.3　比赛进行中，运动员或教练员指责裁判员，根据情节轻重给予该运动员劝告、警告，取消该场或全部比赛资格。

17.4　比赛中一方犯规，如果对犯规运动员有利，应立即停止比赛，酌情处理；如果对犯规运动员不利，则不停止比赛，等该进攻动作结束后再停止比赛，并酌情处理。

17.5　故意摔假跤，一经发现，应立即停止比赛，对其队员进行劝告，仍不听者则予以警告，第三次则取消双方运动员该场或全部比赛资格。

17.6　运动员不积极进攻，拖延比赛时间持续30秒即警告一次，在第一次警告后进行第二、三次警告之前，不再给予劝告。劝告在整场比赛中只给一次。

17.7　一场比赛中，不论消极、侵人犯规和技术犯规，一方受到3次警告时，取消该场比赛资格。

17.8　比赛中，运动员采取消极态度，有意逃避抓握、逃出界外、故意推人出界者，可立即给予劝告或警告。

# 第六章　胜负及名次评定

**18　得分标准**

18.1　将对方摔倒使之膝关节以上(包括膝)，肘关节(包括肘)以上部位着地者为负，该局结束，胜方得1分。

18.2　双方同时倒地时，判平跤，平跤无效，双方不得分。

**19　运动员受伤后成绩的判定**

19.1　比赛中，一方运动员因伤病弃权(规则22.3或22.4)，则判对方获胜。

19.2　比赛进行中，因一方故意犯规致使对方受伤而不能继续比赛时，经大会医生确认后，则判受伤者该场获胜。

**20　评定胜负**

20.1　比赛采用3局2胜制。

20.2　胜一局得1分，根据得分，确定一场比赛的胜负。

20.3　平局的处理：

20.3.1　如果前两局出现双方各胜一局或均为平局，则以第三局比赛判定胜负。

20.3.2　当第三局出现平局时，则以下列方法判定胜负：

20.3.2.1　先得分(局)者胜。

20.3.2.2　受警告罚、劝告少者胜。

20.3.2.3　体重轻者胜(原始体重)。

20.3.2.4　抛币。

20.3.3 如果前两局为一胜一平时，则不进行第三局的比赛，判胜局者胜。

**21 名次确定**

21.1 个人名次(循环制)

21.1.1 比赛以其胜负场次的积分排列名次，胜1场得2分，负1场或弃权得0分。积分多者名次列前。

21.1.2 两人积分相等，则按两人在比赛中的胜负确定名次，胜者名次列前。

21.1.3 两人以上积分相等而又循环互胜，则按以下程序确定名次：

21.1.3.1 获2∶0多者名次列前。

21.1.3.2 获2∶1多者名次列前。

21.1.3.3 受罚次数少者名次列前。

21.1.3.4 整个比赛中获胜时间短者名次列前。

21.1.3.5 体重轻者名次列前(原始体重)。

21.1.3.6 抛币。

21.1.4 参赛场数不足1/2时，则双方所有成绩全部作废。

21.1.5 参赛场数达到1/2时，则成绩有效，根据其成绩确定名次，其余未赛场次，均按弃权处理，判对方获胜一场。

21.2 团体名次

21.2.1 按各单位运动员在各级别比赛中被录取名次得分总和确定名次，得分多者名次列前。

21.2.2 如遇两个或两个以上的团体得分相等，则判第一名多者名次列前，如再相等，则判获第二名多者名次列前，依此类推。

21.2.3　获名次人数多者名次列前。

21.2.4　参赛人数少者名次列前。

21.2.5　名次并列。

## 第七章　弃权与申诉

**22　弃权**

22.1　点名后超过 3 分钟，不能上场比赛者，按全部弃权论，成绩作废。

22.2　运动员因伤病而不能参加比赛或要求重新参加比赛，须经大会医生证明，因伤病而不能参加比赛，则判该运动员该场比赛弃权。

22.3　比赛进行中，一方因受伤不能继续比赛时，裁判员可暂停比赛，但因运动员受伤而治疗超过 2 分钟时仍不能继续比赛，则判受伤运动员弃权。

**23　申诉**

运动员对裁判员裁决有争议时，由领队或教练员在比赛结束后 30 分钟内以书面形式向仲裁委员会提出申诉，同时交纳申诉费。仲裁委员会依据仲裁条例进行裁决。

## 第八章　裁判人员及其职责

**24　裁判人员**

裁判长 1 人，裁判员若干人，记录员、计时员、宣告员和检录员各 1 人。

**25　裁判人员职责**

25.1　裁判长

25.1.1　领导裁判员学习，负责裁判组的组织工作。

25.1.2　比赛前对场地和设备进行总的检查。

25.1.3　当裁判员的判罚不一致时，裁判长可作最后决定。

25.1.4　裁判员或运动员有不称职或发生严重错误时，可建议大会做出处理，必要时可停止裁判员的职务，取消运动员的比赛资格。

25.1.5　审核、签署和宣布竞赛成绩。

25.1.6　比赛结束后，及时做出书面总结。

25.2　主裁判员

25.2.1　检查运动员的服装。

25.2.2　发出比赛开始、比赛结束或暂停的口令。

25.2.3　比赛中，指导运动员在场上的行动。

25.2.4　在比赛中，判定运动员胜一跤、犯规、消极、逃避情况，并给予处罚。

25.2.5　依据记录，宣布比赛胜负，签署本场比赛的成绩表。

25.3　副裁判员

25.3.1　对比赛中每跤的胜负情况，表示自己的意见。

25.3.2　观察运动员在场上的行动，如出现消极和犯规情况，应及时向主裁判员示意。

25.4　记录员

25.4.1　称量体重时负责记录工作。

25.4.2　临场记录运动员比赛中的成绩、犯规等，并整理出该场比赛的结果。

25.4.3　每场比赛结束后，整理好成绩表，并向主裁判员报告比赛结果。

25.5　计时员

25.5.1　根据主裁判员发出的开始和暂停的口令计时。

25.5.2　每局开始前10秒钟，发出准备开始的信号。

25.5.3　用锣声或哨声报告每局终了。

25.6　检录员

25.6.1　比赛前10分钟检录，指定双方运动员的服装颜色，并检查运动员的指甲与服装等情况。

25.6.2　通知运动员入场，并指定运动员比赛的场地。

25.6.3　向裁判长和宣告员报告出场比赛或弃权的运动员的姓名。

25.7　宣告员

25.7.1　摘要介绍竞赛规程和规则。

25.7.2　介绍运动员的单位、姓名和级别，报告每场比赛的结果，负责临场宣传教育工作。

## 第九章　裁判员分工与手势

**26　裁判员分工**

26.1　每场比赛应有一名主裁判员执行裁判工作，两名副裁判员分别坐在两个对面，协助主裁判员进行工作。

26.2　比赛中每摔一跤，主裁判员应喊一声“停”，两名副裁判员应根据运动员倒地情况，迅速表示自己的意见，主裁判员根据两名副裁判员的意见做出最后决定，并及时用示分牌判定某方胜一跤。

26.3　两名副裁判员与主裁判员的意见有分歧或有疑问时，应请示裁判长研究后做出最后判定。

26.4　两名副裁判员中有一人认为某运动员有消极或犯规行为时，应及时举起与该运动员腰带颜色相同的牌子，向主裁判员示意。如主裁判员同意副裁判员的意见，应进行判定。

**27　裁判员手势**

27.1　主裁判员手势

27.1.1　比赛开始：比赛开始前两手扶在运动员背上，示意运动员抓好腰带，并呼“预备”口令，然后两手斜上举交叉，并发出“开始”的口令。

27.1.2　比赛中的暂停：一臂(左或右臂)向前伸直指向运动员(拇指在上，五指并拢)，同时发出“停”的口令。

27.1.3　胜一局：一臂平举，指向胜一跤运动员(拇指在上)，而后屈肘，前臂上举，宣布蓝方或红方胜一局。

27.1.4　平跤：两臂体前交叉摆动，手心向内。

27.1.5　征求判罚消极意见：一臂侧平举，五指并拢，反复屈肘摆动，掌心向上表示红色腰带者消极，掌心向下表示蓝色腰带者消极。

27.1.6　劝告：一臂屈肘侧上举，五指并拢，靠近受劝告的运动员。

27.1.7　警告：一臂屈肘侧上举握拳，靠近受警告的运动员。

27.1.8　全场比赛结束，判定胜负，面向裁判长，将获胜运动员的一手向上举起。

27.2　副裁判员手势

27.2.1　得分：对比赛中运动员的得分情况用相应颜色示分牌表示。

27.2.2　平跤：两手在腹前交叉。

27.2.3　消极：举起与该运动员的腰带相同颜色的牌子。

27.2.4　发现必须暂停的情况时，应举白牌向主裁判员示意。如主裁判员没有看到则起立。

27.2.5　举牌时，一臂前平举，牌子直立。

# 朝鲜族式摔跤竞赛规则

## 第一章　场地与规格

**1　比赛场地**

1.1　室外为平坦细沙质场地；室内由摔跤垫铺成。

1.2　比赛场地分内场和外场两部分，内场为比赛区，外场为保护区。两区之间以5厘米宽的标线区分，线宽包括在比赛场区内。

1.3　比赛区呈圆形，直径8米，沙层高度为30～70厘米。保护区宽1.5米，比赛区与保护区沙层高度之差为10～20厘米。室内场地的保护区至少为1米。（图1、图2）

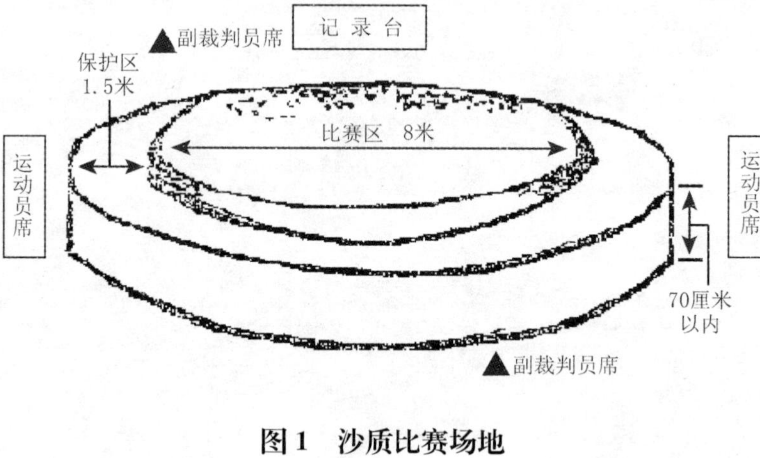


**图1　沙质比赛场地**

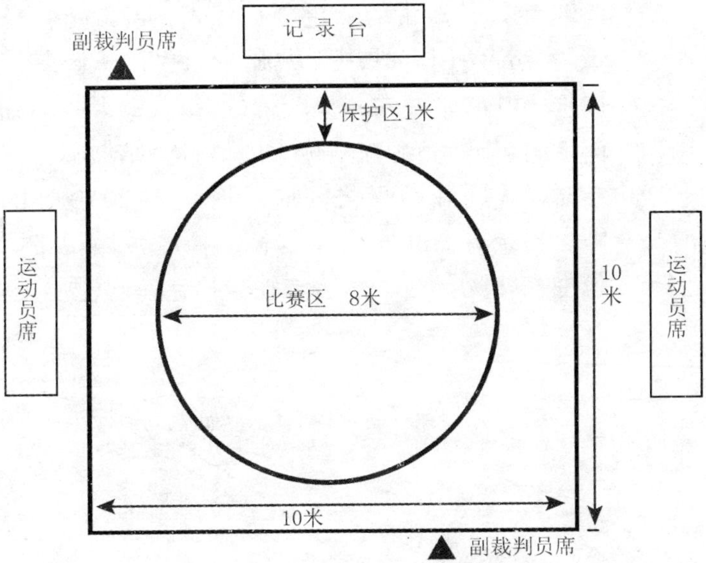


**图2 室内比赛场地**

## 第二章 运动员和教练员

**2 运动员**

2.1 比赛前10分钟参加检录。

2.2 比赛中运动员不得擅自离开比赛场地，特殊情况需经裁判员许可。

**3 比赛服装**

3.1 运动员参加比赛时，上身赤膊，下身穿运动短裤。在沙质场地比赛时不允许穿鞋，室内比赛时允许穿摔跤鞋或平底运动胶鞋。

3.2 摔跤带：青(黑、蓝)、红两种颜色的棉布带，长

3.20 米。摔跤带的颜色分别代表比赛双方。摔跤带为一带两用，既用于做腿带，也用于腰带。以周长 120 厘米左右的摔跤带(按每人的大腿粗细不同随时可调整)缠在右侧大腿后打个结做腿带。打结时，大腿和腿带之间应留有 15～20 厘米的间隙。另余有 200 厘米左右长的摔跤带做腰带，腰带围在腰际一圈，然后与腿带拴在一起(图3)。

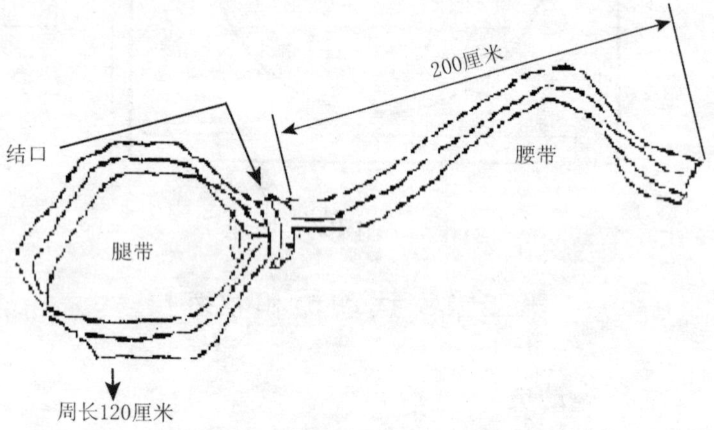


**图 3　朝鲜族式摔跤带**

3.3　除规定服装外，不得穿戴其他服饰及伤害运动员的物品。

**4　教练员**

4.1　比赛中教练员应坐在指定的座位上进行指导，不得干扰裁判工作。

4.2　当运动员受伤时，经裁判员允许，教练员可协助医生进行医务处理。

## 第三章　比赛规定

**5　比赛性质**

5.1　个人比赛：以个人在所属级别内竞赛所得的成绩，确定个人名次。

5.2　团体比赛：以每个团体所有被录取名次的运动员的成绩总和，确定团体名次。

**6　比赛制度**

比赛采用循环制或淘汰制。

**7　年龄及体重级别**

7.1　年龄不受限制。

7.2　体重分 5 个级别：

7.2.1　52 公斤级。

7.2.2　62 公斤级。

7.2.3　74 公斤级。

7.2.4　87 公斤级。

7.2.5　87 公斤级以上级。

**8　称量体重**

8.1　全部比赛过程只称量一次体重，开赛前一天称量，称量体重工作应在一小时内完成。

8.2　由裁判长 1 人、裁判员 2 人、记录员 1 人和医生 1 人组成称量体重组，进行称量体重工作。保存原始称量记录，不得涂改。

8.3　运动员称量体重时，必须持有效证件，经称量体重组核对资格后，方可进行称量。称量体重时，只可穿一条短裤。

8.4　先由体重轻的级别开始称量，每人称量一次。如称量后运动员体重超过原属级别，并在规定称量时间内不能达到原属级别，则取消该级别比赛资格。

## 第四章　比赛通则

**9　比赛礼节**

比赛开始前和比赛结束后，双方运动员互相握手，并与主裁判员握手致意。

**10　比赛时间**

10.1　每场比赛采用3局2胜制，每局时间3分钟(净时间)。每局中间休息30秒钟，比赛中胜一跤即为该局比赛结束。

10.2　如运动员需连续比赛，场与场之间至少有10分钟休息时间。

**11　比赛中的信号**

11.1　每局比赛均由主裁判员发令开始。

11.2　每局或每场比赛结束均由计时员鸣哨或鸣锣。

11.3　在比赛进行中，主裁判员发出停止口令时，双方运动员应立即停止比赛。

**12　比赛中的规定**

12.1　双方运动员面对面站立，上体前倾。各自用右手抓住对方的腰带，左手抓住对方的腿带，相互搂住对方的右肩。(图4)

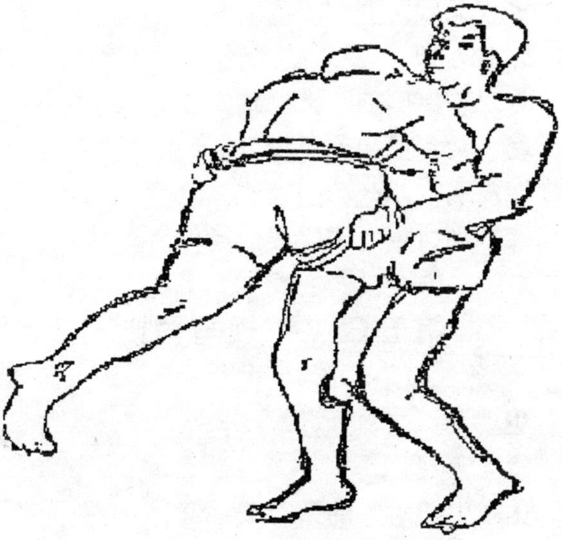

**图 4　朝鲜族式摔跤姿势**

12.2　当主裁判员鸣哨宣布比赛开始时，双方同时用力并通过内勾、外勾和箍脖等技术，将对方摔倒.

12.3　每局比赛结束后，非经裁判员同意，运动员不得擅自离开比赛场地。比赛终场结束，裁判员宣布终场获胜者后，双方运动员相互握手致意，并同主裁判员握手致敬，方可退场。

12.4　比赛中进攻有效与无效的判定：

12.4.1　进攻有效

12.4.1.1　在比赛区内使用的动作，将对手摔倒在保护区。

12.4.1.2　在比赛区内将对手摔倒后，自己踏入保护区。

12.4.1.3　对方倒地与进攻方踏入保护区同时发生。

12.4.1.4　动作结束与口令或锣声同时发生。

12.4.2　进攻无效

12.4.2.1 踩对方脚。

12.5.2.2 将对手摔倒前，自己踏入或摔入保护区。

12.4.2.3 场上裁判员叫停后。

12.4.2.4 锣声响时，开始的动作。

12.4.2.5 锣声和口令之间完成的动作。

# 第五章　犯规与罚则

**13　犯规**

13.1　侵人犯规：

13.1.1　比赛中扭对方的颈部或手臂。

13.1.2　将对方摔倒后故意以身体压砸对方。

13.1.3　故意用肘部、膝部或脚攻击对方。

13.1.4　故意用拳击打对方。

13.2　技术犯规：

13.2.1　比赛进行中故意干扰比赛，以言行侮辱伤害对方或裁判员。

13.2.2　比赛进行中自行停止比赛者。

13.2.3　比赛中由于处于不利情况而要求暂停者。

13.2.4　在裁判员发出比赛开始信号前做动作。

13.3　比赛中，有意将对方运动员推出比赛场地。

13.4　故意摔假跤。

**14　罚则**

14.1　凡手脱离腰带或手撑地者，第一次劝告，第二次警告。

14.2　凡运动员比赛中犯有“侵人犯规”或“技术犯规”之一者，根据情节轻重，分别给予劝告、警告，取消该场或全部比赛资格。

14.3　比赛进行中，运动员或教练员指责裁判员，根据情节轻重给予该运动员劝告、警告，取消该场或全部比赛资格。

14.4　比赛中一方犯规，如果对犯规运动员有利，应立即停止比赛，酌情处理；如果对犯规运动员不利，则不停止比赛，等该进攻动作结束后再停止比赛，并酌情处理。

14.5　故意摔假跤，一经发现，应立即停止比赛，对其队员进行劝告，仍不听者则予以警告，第三次则取消双方运动员该场或全部比赛资格。

14.6　运动员不积极进攻，拖延比赛时间持续 30 秒钟即警告一次，在第一次警告后进行第二、三次警告之前，不再给予劝告。劝告在整场比赛中只给一次。

14.7　一场比赛中，不论消极、侵人犯规和技术犯规，一方受到 3 次警告时，取消该场比赛资格。

14.8　比赛中，运动员采取消极态度，有意逃避抓握、逃出界外、故意推人出界者，可立即给予劝告或警告。

## 第六章　胜负及名次评定

**15　得分标准**

15.1　在比赛中一方膝以上的身体任一部位着地即为负，对方即一局胜利，胜一局得 1 分。

15.2　比赛中双方运动员同时倒地分不出上下或先后则判平跤，互不得分。并重新比赛，直至该局决出胜负为止。

**16　运动员受伤后的成绩判定**

16.1　比赛中，一方运动员因伤病弃权，则判对方获胜。

16.2　比赛进行中，因一方故意犯规致使对方受伤而不能继续比赛时，经大会医生确认后，则判受伤者该场获胜。

**17　胜负评定**

17.1　比赛采用3局2胜制。

17.2　平局的处理：

17.2.1　如果前两局出现双方各胜一局或均为平局，则以第三局比赛判定胜负。

17.2.2　当第三局出现平局时，则以下列方法判定胜负：

17.2.2.1　先得分(局)者胜。

17.2.2.2　受警告、劝告少者胜。

17.2.2.3　体重轻者胜。

17.2.2.4　抛币。

17.2.3　如果前两局为一胜一平时，则不进行第三局的比赛，判胜局者胜。

**18　名次确定**

18.1　个人名次(循环制)

18.1.1　比赛以其胜负场次的积分排列名次，胜1场得2分，负1场或弃权得0分。积分多者名次列前。

18.1.2　两人积分相等，则按两人在比赛中的胜负确定名次，胜者名次列前。

18.1.3　两人以上积分相等而又循环互胜，则按以下程序确定名次：

18.1.3.1 获 2∶0 多者名次列前。

18.1.3.2 获 2∶1 多者名次列前。

18.1.3.3 受罚次数少者名次列前。

18.1.3.4 整个比赛中获胜时间短者名次列前。

18.1.3.5 体重轻者名次列前(原始体重)。

18.1.3.6 抛币。

18.1.4　参赛场数不足 1/2 时，则双方所有成绩全部作废。

18.1.5　参赛场数达到 1/2 时，则成绩有效，根据其成绩确定名次，其余未赛场次，均按弃权处理，判对方获胜一场。

18.2　团体名次

18.2.1　按各单位运动员在各级别比赛中被录取名次得分总和确定名次，得分多者名次列前。

18.2.2　如遇两个或两个以上的团体得分相等，则判第一名多者名次列前；如再相等，则判获第二名多者名次列前，依次类推。

18.2.3　获名次人数多者名次列前。

18.2.4　参赛人数少者名次列前。

18.2.5　名次并列。

## 第七章　弃权与申诉

**19　弃权**

19.1　点名后超过 3 分钟，不能上场比赛者，按全部弃权论，成绩作废。

19.2　运动员因伤病而不能参加比赛或要求重新参加比赛，须经大会医生证明，因伤病而不能参加比赛，则判该运动员该场比赛弃权。

19.3　比赛进行中，一方因受伤不能继续比赛时，裁判员可暂停比赛，但因运动员受伤治疗而超过2分钟时仍不能继续比赛，则判受伤运动员弃权。

19.4　比赛中，一方运动员放弃比赛，擅自离开比赛场地，判定其弃权。

**20　申诉**

运动员对裁判员裁决有异议时，由领队或教练员在比赛结束后30分钟内以书面形式向仲裁委员会提出申诉，同时交纳申诉费。仲裁委员会依据仲裁条例进行裁决。

## 第八章　裁判人员及其职责

**21　裁判人员**

裁判长1人，裁判员若干人，记录员、计时员、宣告员和检录员各1人。

**22　裁判人员职责**

22.1　裁判长

22.1.1　领导裁判员学习，负责裁判组的组织工作。

22.1.2　比赛前对场地和设备进行总的检查。

22.1.3　当裁判员的判罚不一致时，可作最后的决定。

22.1.4　裁判员或运动员有不称职或发生严重错误时，可建议大会做出处理，必要时可停止裁判员的职务，取消运动员的比赛资格。

22.1.5 审核、签署和宣布竞赛成绩。

22.1.6 比赛结束时，及时做出书面总结。

22.2 主裁判员

22.2.1 检查运动员的服装。

22.2.2 发出比赛开始、比赛结束或暂停的口令。

22.2.3 比赛中，指导运动员在场上的行为。当认为运动员有受伤的可能时，有权中断比赛。

22.2.4 比赛中，判定运动员胜一跤、犯规、消极和逃避，并给予判罚。

22.2.5 依据记录，宣布比赛胜负，签署本场比赛的成绩表。

22.3 副裁判员

22.3.1 对比赛中每跤的胜负情况，表示自己的意见。

22.3.2 观察运动员在场上的行动，如出现消极和犯规情况，应及时向主裁判员示意。

22.4 记录员

22.4.1 称量体重时负责记录工作。

22.4.2 临场记录运动员比赛中的成绩、犯规等，并整理出该场比赛的结果。

22.4.3 每场比赛结束后，整理好成绩表，并向主裁判员报告比赛结果。

22.5 计时员

22.5.1 根据主裁判员发出的开始和暂停的口令计时。

22.5.2 每局开始前 10 秒钟，发出准备开始的信号。

22.5.3 用锣声或哨声报告每局比赛结束。

22.6 检录员

22.6.1 比赛前 10 分钟检录，指定双方运动员的服装颜色，并检查运动员的指甲与服装等情况。

22.6.2 通知运动员入场，并指定运动员比赛的场地。

22.6.3 向裁判长和宣告员报告出场比赛或弃权的运动员的姓名。

22.7 宣告员

22.7.1 摘要介绍竞赛规程和规则。

22.7.2 介绍运动员的单位、姓名和级别，报告每场比赛的结果。

22.7.3 负责临场宣传教育工作。

## 第九章　裁判员分工与手势

**23　裁判员分工**

23.1 每场比赛应有一名主裁判员执行裁判工作，两名副裁判员分别坐在两个对面，协助主裁判员进行工作。

23.2 比赛中每摔一跤，主裁判员应喊一声“停”，两名副裁判员应根据运动员倒地情况，迅速表示自己的意见，主裁判员根据两名副裁判员的意见做出最后决定，并及时用示分牌判定某方胜一跤。

23.3 两名副裁判员与主裁判员的意见有分歧或有疑问时，应请示裁判长研究后做出最后判定。

23.4 两名副裁判员中有一人认为某运动员有消极或犯

规行为时，应及时举起与该运动员腰带颜色相同的牌子，向主裁判员示意。如主裁判员同意副裁判员的意见，应进行判定。

23.5 主裁判员认为某运动员有消极或犯规行为时，在征求某一副裁判员的同意后，即可判罚。

**24 裁判员手势**

24.1 主裁判员手势

24.1.1 比赛开始：比赛开始前两手扶在运动员背上，示意运动员抓好腿带，并发出“预备”口令，然后两手斜上举交叉，并发出“开始”口令。

24.1.2 比赛中的暂停：一臂(左或右臂)向前伸直指向运动员(拇指在上，五指并拢)，同时发出“停”的口令。

24.1.3 胜一局：一臂平举，指向胜一跤运动员(拇指在上)，而后屈肘，前臂上举，宣布蓝方或红方胜一局。

24.1.4 平跤：两臂体前交叉摆动，手心向内。

24.1.5 征求判罚消极意见：一臂侧平举，五指并拢，反复屈肘摆动，掌心向上表示红色腰带者消极，掌心向下表示蓝色腰带者消极。

24.1.6 劝告：一臂屈肘侧上举，五指并拢，靠近受劝告的运动员。

24.1.7 警告：一臂屈肘侧上举握拳，靠近受警告的运动员。

24.1.8 全场比赛结束，判定胜负，面向裁判长，将获胜运动员的一手向上举起。

24.2 副裁判员手势

24.2.1 得分：对比赛中运动员的得分情况用相应颜色示分牌表示。

24.2.2 平跤：两手在腹前交叉。

24.2.3 消极：举起与该运动员腰带相同颜色的牌子。

24.2.4 发现必须暂停的情况时，应举白牌向主裁判员示意。如主裁判员没有看到则起立。

24.2.5 举牌时，一臂前平举，牌子直立。

# 民族式摔跤竞赛裁判法

## 前　言

裁判法是作为一种实际工作方法而设计的。它能够帮助裁判员在比赛中占据最佳的观察位置，以便跟随比赛的进行和变化，正确、及时地判断和处理有关违反规则的各种情况。目前列入全国民族运动会正式比赛项目的有搏克（蒙古族式摔跤）、北嘎（藏族式摔跤）、且里西（维吾尔族式摔跤）、格（彝族式摔跤）、绊跤（回族式摔跤）和朝鲜族式摔跤。《民族式摔跤竞赛裁判法》介绍了各民族摔跤竞赛裁判员应具备的基本素质和工作程序，以及裁判员在场上的分工职责、选位等。它将有助于民族式竞赛裁判员更好地完成执法任务，保证比赛圆满顺利地进行。

## 第一章　裁判员应具备的基本素质

做好裁判工作有助于增强运动员遵守竞赛规则、公平竞争的意识，对提高比赛的水平具有十分重要的意义。因此，裁判员要具备较高的思想素质和业务素质，通过不断的学习研究，透彻地理解规则，使自己执法的比赛更加精彩、激烈、公平，力求通过自己对规则的理解，使每一场比赛都能在正确的精神指导下进行。裁判员应具备以下基本素质：

（一）拥护中国共产党，热爱社会主义祖国，热爱体育事业，热心体育竞赛裁判工作。

（二）努力钻研业务，精通本项规则和裁判法，积极参加实践，不断提高业务水平。

（三）严格履行裁判员职责，做到严肃、认真、公正、准确。

（四）作风正派，不徇私情，坚持原则，敢于同不良倾向作斗争。

（五）裁判员之间要互相学习、互相尊重、互相支持，加强团结，不搞宗派活动。

（六）服从领导，遵守纪律，执行任务时，精神饱满，服装整洁，仪表大方。

## 第二章　裁判人员工作程序及要求

民族式摔跤竞赛裁判工作由裁判长、副裁判长、裁判员及助理人员共同完成。

**一、裁判长**

（一）比赛前的工作与要求。

1. 组织召开裁判组工作会议。

为了完成好裁判任务，裁判长应在比赛前组织召开全体裁判员工作会议。

会议内容主要包括以下几点：

（1）学习大会有关文件，加强裁判员的思想教育。

（2）组织裁判员学习竞赛规则，统一判罚尺度。

（3）解决各种疑难问题。

2. 掌握竞赛工作的全面计划，落实竞赛日程，安排裁判员和助理人员的分工。

3. 负责组织抽签、训练场地安排、裁判员实习等事宜。

4. 监督裁判组对场地和设施进行检查。

5. 由裁判长、裁判员 2 人、记录员 1 人和医生 1 人组成体重称量组，完成运动员体重称量工作。

（二）比赛中的工作与要求。

1. 全面组织和领导裁判组的各项工作。

2. 根据规则的精神解决比赛中出现的各种问题。

3. 当裁判员的判定不一致时，召集临场裁判员以少数服从多数的原则并作最后决定。

4. 裁判员或运动员有不称职或发生严重错误时，可建议大会作相应处理。

（三）比赛结束后的工作与要求。

1. 审核、签署和宣布竞赛成绩。

2. 比赛结束后，及时做出书面总结。

3. 主持召开裁判工作总结会议，认真总结经验。通过总结，帮助裁判员和工作人员提高业务水平。

**二、副裁判长**

协助裁判长做好各项工作，在裁判长临时缺席的情况下履行其职责。

（一）比赛前的工作与要求。

1. 协助裁判长组织裁判员的学习与实习。

2. 组织安排发放裁判员用品，检查记录台的准备工作。

3. 协助裁判长检查场地、器材，做好比赛裁判工作的后勤工作。

（二）比赛中的工作与要求。

1. 根据比赛场地的分布情况，负责其中一个场地的比赛监督工作。

2. 对在比赛中出现的相关技术问题，协助裁判长予以解决。

（三）比赛结束后的工作与要求。

1. 组织裁判员检查收回比赛器材和用具，如数交还大会。

2. 组织裁判员开好总结会议。

3. 协助裁判长做好善后工作。

三、**裁判员**

（一）比赛前的工作与要求。

1. 裁判员着装要求：

（1）可穿着礼服或运动套装。

（2）服装颜色、款式统一，着装整洁，仪表大方。

（3）鞋具应能适应比赛场地的状况。

2. 开好准备会，明确临场裁判工作中相互间的配合。裁判员之间要做到互相学习、互相尊重、互相支持，加强团结。

3. 检查比赛场地、器材。

裁判员要协助裁判长检查比赛场地及比赛器材。

（1）检查比赛场地。

检查场地是否符合规格，界线是否清晰。对危及运动员安全的物品或设施，及时清除或妥善处理。

（2）检查比赛器材，包括比赛用海绵（棕）垫子、帆布盖单（或人造革盖单）、跤衣和腰带。

（3）检查记录台准备工作：电子计时钟（表）、秒表、犯规次数示意牌、广播器材等（见列表）。

| 名称 | 红色牌 | 蓝色牌 | 白色牌 | 红色1分牌 | 蓝色1分牌 | 红色2分牌 | 蓝色2分牌 | 计时钟 | 记分牌 | 铜锣 | 小红旗 | 小蓝旗 | 双音哨 |
|---|---|---|---|---|---|---|---|---|---|---|---|---|---|
| 数量 | 2×N | 2×N | 2×N | 2×N | 2×N | 2×N | 2×N | 1×N | 1×N | 1×N | 3×N | 3×N | 1×N |

注：N为场地数。

4. 到达比赛场地。

裁判员要提前30分钟到达比赛场地，并做好比赛开始前的各项工作。

5. 组织双方运动员入场。

（1）比赛前5分钟，主裁判员与宣告员配合，当宣告员宣布比赛开始时，主裁判员带领双方运动员入场。到达比赛场后，比赛双方运动员成一列横队面向记录台，宣告员将双方运动员、教练员以及临场裁判员介绍给观众，双方运动员和裁判员向观众招手致意。

（2）在比赛开始和比赛结束后，双方运动员互相握手，并与主裁判员握手致意。

（3）比赛前1分钟，主裁判员召集比赛双方运动员以抛币方式决定抓握方式。

（4）检查场上运动员的服装。

6. 示意比赛开始。

主裁判员两手扶在双方运动员背上，示意双方运动员抓好对方腰带，并喊“预备”口令，然后做出“两手斜上举交叉”的手势，并喊“开始”口令。

（二）比赛中的工作与要求。

1. 主裁判员：

（1）依据规则与裁判法履行临场职责，在规则规定的职权范围内，准确判罚。

（2）判定运动员胜负、犯规、消极、逃避情况，有权作出处罚。

2. 副裁判员：

（1）对比赛中每一跤的胜负情况，表示自己的意见。

（2）观察运动员在场上的行动，如出现消极和犯规情况应及时向主裁判员示意。

（3）必要时，有责任为裁判长提供真实情况，由裁判长做出最终判罚。

（三）比赛结束后的工作与要求。

1. 主裁判员：

（1）当听到比赛结束的信号时，主裁判员应对发出信号时瞬间发生的各种情况做出最后的判定。

（2）认真检查核对记录表，依据记录，宣布比赛胜负，签署本场比赛的成绩表。

（3）比赛结束后与副裁判员一起退场。

（4）认真及时地总结临场工作。

2. 副裁判员：

（1）主裁判员、记录台人员签字后，在记录表上签字结束比赛。

（2）比赛结束后，与主裁判员一起退场。

（3）认真及时地总结临场工作。

**四、助理人员**

比赛场区的记录台可设 4～6 名助理人员，包括记录员、宣告员、计时员和检录员。

（一）助理人员的着装要求：全体人员着装整洁统一，可穿着礼服或运动套装。

（二）助理人员工作与要求。

1. 记录员：

（1）比赛前的工作与要求。

① 准备好比赛需用的所有记录表，应有备用记录表。

② 准备好临场用品，如比赛记录表、成绩报告单、秩序册、圆珠笔、复写纸、夹板、红(黄)牌、锣等。

③ 按秩序册和各队交来的参赛运动员登记表，在记录表预先登记好比赛队、时间、地点、级别及双方运动员的姓名、号码等。

④ 称量运动员体重时负责记录工作。

（2）比赛中的工作与要求。

① 记录比赛中的每一次得分，同时登记得分运动员号码。

② 记录双方运动员的每一次犯规。

③ 记录要快速准确，不得涂改。

④ 每场比赛结束后，整理好成绩表，并向主裁判员报告比赛结果。

（3）比赛结束后的工作与要求。

① 登记比赛结果并签名。

② 请主裁判员、副裁判员依次签名。

③ 将记录表报赛会竞赛处。

2. 计时员：

（1）准备好电子计时钟(表)，检查计时钟(表)的工作是否正常。

(2) 准确操作计时钟(表)，协助记录员记录比赛时间、暂停时间，暂停、比赛开始前和结束后发出信号等。

(3) 比赛结束后交裁判长核对时间。

(4) 在记录表上签字。

3. 检录员：

(1) 比赛前10分钟检录，指定双方运动员的服装颜色，并检查运动员的指甲与服装等情况。

(2) 通知运动员入场，并指定运动员比赛的场地。

(3) 向裁判长和宣告员报告出场比赛或弃权的运动员的姓名。

(4) 比赛开始前，核对双方运动员是否正确，并通知主裁判员。

4. 宣告员：

(1) 摘要介绍竞赛规程和规则，介绍民族式摔跤的相关知识。

(2) 宣布比赛开始、结束、级别及场次。

(3) 宣告双方队员入场，并介绍运动员、教练员、裁判员。

(4) 比赛结束时宣告比赛成绩。

(5) 应大会组委会的要求宣告有关事宜。

## 第三章　临场裁判员的区域分工与职责

### 一、临场裁判员的区域分工

1. 民族式摔跤竞赛中，每场比赛应有一名主裁判员执行裁判工作。比赛过程中始终活动于场地中心地带，同双方运动员成三角形，保持1～1.5米的距离，使双方运动员及周边的情况始终处于有效视线范围内。

2. 两名副裁判员分别坐在两个对面，协助主裁判员进行工作。

3. 三名裁判员要密切协作，集中精力观察自己的区域，选择最佳的判罚角度，将场上运动员的行动都纳入裁判员的视野，从而提高判罚准确性，有效地控制比赛。（搏克比赛仅设1名主裁判员）

**二、临场裁判员的职责**

1. 比赛中每摔一跤，场上裁判员应喊一声“停”，两名副裁判员应根据运动员倒地情况，迅速表示自己的意见，主裁判员根据两名副裁判员的意见做出最后决定，并及时用示分牌判定某方胜一跤。

2. 两名副裁判员与主裁判员的意见有分歧或有疑问时，应请示裁判长研究后做出最后判罚。

3. 两名副裁判员中有一人认为某运动员有消极或犯规行为时，应及时举起与该运动员腰带颜色相同的牌子，向主裁判员示意，如主裁判员同意副裁判员的意见，应进行判罚。

4. 注意观察双方运动员是否出界。

**附：民族式摔跤比赛用表（见本书第414～417页）**

表1　民族式摔跤____比赛场上记录表

表2　民族式摔跤____称量体重表

表3　民族式摔跤____比赛成绩记录表

表4　民族式摔跤____比赛顺序表

**表 1　　民族式摔跤______比赛场上记录表**

| | |
|---|---|
| 比赛名称 | |

| | |
|---|---|
| 执行裁判长 | N° |
| 场上裁判员 | N° |
| 侧面裁判员 | N° |
| 侧面裁判员 | N° |

| 日期 | 场次 | 级别 | 式别 | 轮次 | 决赛 | 台号 |
|---|---|---|---|---|---|---|
| | | | | | | |

红方运动员

| 姓名 | 单位 | N° |
|---|---|---|
| | | |

| | 技术分、警告、劝告 | 合计 | 时间 |
|---|---|---|---|
| 第一局 | | | |
| 休息 30 秒 | | | |
| 第二局 | | | |
| 休息 30 秒 | | | |
| 第三局 | | | |

蓝方运动员

| 姓名 | 单位 | N° |
|---|---|---|
| | | |

| | 技术分、警告、劝告 | 合计 | 时间 |
|---|---|---|---|
| 第一局 | | | |
| 休息 30 秒 | | | |
| 第二局 | | | |
| 休息 30 秒 | | | |
| 第三局 | | | |

☐ 红方获胜局数　　　　蓝方获胜局数 ☐

红方总技术分 ☐ ☐ 蓝方总技术分

| 胜方 | 时间 |
|---|---|
| | |

注：将负方划去

裁判员签名：

**表 2　　　民族式摔跤______称量体重表**

级别：　　　　　　　　人数：　　　　　　　　秤量时间：

| 序号 | 姓　名 | 单　位 | 签号 | 调整号 | 体重 | 备注 |
|---|---|---|---|---|---|---|
| 1 | | | | | | |
| 2 | | | | | | |
| 3 | | | | | | |
| 4 | | | | | | |
| 5 | | | | | | |
| 6 | | | | | | |
| 7 | | | | | | |
| 8 | | | | | | |
| 9 | | | | | | |
| 10 | | | | | | |
| 11 | | | | | | |
| 12 | | | | | | |
| 13 | | | | | | |
| 14 | | | | | | |
| 15 | | | | | | |
| 16 | | | | | | |
| 17 | | | | | | |
| 18 | | | | | | |
| 19 | | | | | | |
| 20 | | | | | | |
| 21 | | | | | | |
| 22 | | | | | | |
| 23 | | | | | | |
| 24 | | | | | | |
| 25 | | | | | | |
| 26 | | | | | | |
| 27 | | | | | | |
| 28 | | | | | | |
| 29 | | | | | | |
| 30 | | | | | | |
| 31 | | | | | | |
| 32 | | | | | | |
| 33 | | | | | | |
| 34 | | | | | | |
| 35 | | | | | | |
| 36 | | | | | | |
| 37 | | | | | | |
| 38 | | | | | | |
| 39 | | | | | | |
| 40 | | | | | | |

裁判员签名

**表 3　　民族式摔跤______比赛成绩记录表**

公斤级　　　　　　　　　　　　　　　　　时间、地点：

| 签号 | 单位 | 姓名 | 1 | 2 | 3 | 4 | 5 | 获胜场次 | 积分 | 体重 | 名次 | 备注 |
|---|---|---|---|---|---|---|---|---|---|---|---|---|
| 1 | | | | | | | | | | | | |
| 2 | | | | | | | | | | | | |
| 3 | | | | | | | | | | | | |
| 4 | | | | | | | | | | | | |
| 5 | | | | | | | | | | | | |

**表 4　　　民族式摔跤______比赛顺序表**

第　　台　　　　　　______年____月____日____时____分

| 场次 | 级别 | 轮次 | 姓名（单位）<br>红方 | 姓名（单位）<br>蓝方 | 备注 |
| --- | --- | --- | --- | --- | --- |
| | | | —— | | |
| | | | —— | | |
| | | | —— | | |
| | | | —— | | |
| | | | —— | | |
| | | | —— | | |
| | | | —— | | |
| | | | —— | | |
| | | | —— | | |
| | | | —— | | |
| | | | —— | | |
| | | | —— | | |
| | | | —— | | |
| | | | —— | | |
| | | | —— | | |

# 少数民族武术竞赛规则

## 第一章　比赛场地与器械

**1　比赛场地**

1.1　单练和对练项目的场地为长 14 米、宽 8 米，四周内沿标明 5 厘米宽的边线，周围至少有 2 米宽的安全区。

1.2　集体项目的场地为长 16 米、宽 14 米，四周内沿标明 5 厘米宽的边线，周围至少有 1 米宽的安全区。

**2　规定器械和比赛服装**

2.1　枪：全长不得短于本人直立、直臂上举时，从脚底到指端的长度。

2.2　棍：全长不得短于本人身高。

2.3　剑：本人直臂反手持剑时，剑尖不得低于耳上端。

2.4　刀：本人直臂抱刀时，刀尖不低于本人耳上端。

2.5　运动员需穿适合比赛的运动服或民族服装参赛。

## 第二章　竞赛通则

**3　竞赛**

竞赛分个人和团体两大类。

**4　竞赛分组**

4.1　按性别可分为男子组、女子组或混合组。

4.2　按年龄可分为少年组、青年组、中年组、老年组。

**5　竞赛项目**

5.1　拳术：

5.1.1　规定拳术：长拳、太极拳、南拳的竞赛规定套路和自选套路。

5.1.2　传统拳术：少林、八极、南拳、形意、八卦、通臂、劈挂、翻子、戳脚、查、花、炮、红、华、地躺、象形拳等。

5.1.3　其他拳术：规则 5.1.1 和 5.1.2 以外经挖掘、整理、创编的拳术。

5.2　器械：

5.2.1　规定器械：长拳类剑、刀、枪、棍。

5.2.2　传统单器械：规则 5.2.1 以外的各种传统单器械。

5.2.3　传统双器械：双刀、双剑、双钩、双枪等。

5.2.4　传统软器械：三节棍、九节鞭、绳鞭、流星锤、刀加鞭等。

5.2.5　其他器械：规则 5.2.1 至 5.2.4 以外的各种具有民族特色的器械。

5.3　对练项目：2～3 人组成的徒手、器械对练。

5.4　集体项目：4 人以上的徒手、器械演练。

**6　比赛开始与结束**

6.1　运动员听到点名应立即进场，到达起势位置后，运动员身体的任何部位开始动作即为起势，并开始计时。集体项目或对练项目在行进间开始动作者，须事先向裁判长申明。

6.2　运动员完成整套动作后，须并步收势，并计时结束。不允许边收势边转向裁判长。对练以倒地和抛弃器械结束整套动作者，须站起作并步收势，待计时结束，再去收拾器械。

**7 配乐**

集体项目必须配乐。其他项目如需要配乐，应事先向裁判长申明。

**8 礼仪**

8.1 运动员听到上场比赛的点名和结束比赛时，应向裁判长行抱拳礼。

8.2 抱拳礼：双腿并步站立，左掌右拳在胸前相抱，高与胸齐，拳、掌与胸间距离为20～30厘米。

**9 比赛时间**

9.1 规定拳术、规定器械不得少于1分20秒。规定太极拳5～6分钟。

9.2 规则5.1.1和5.2.1以外的拳术、器械1～2分钟。太极拳、太极器械3～4分钟。

9.3 对练项目不得少于50秒。

9.4 集体项目3～4分钟。

**10 检录**

运动员须在赛前30分钟到达指定地点参加检录，三次检录点名未到者，该项目以弃权论。

**11 运动员比赛顺序的确定**

运动员的比赛顺序，应在竞赛委员会的监督下，由编排组抽签决定，如果一名运动员的单练、对练项目出现两个以上第一个出场比赛的情况时，应作适当调整。

# 第三章　评分标准与方法

**12　评分标准**

各项目比赛的最高得分均为 10 分。

12.1　规定拳术、规定器械的评分标准

12.1.1　动作规格的分值为 6 分，动作与规格要求轻微不符者，每出现一次扣 0.05 分；与规格要求显著不符者，每出现一次扣 0.1 分；与规格要求严重不符者，每出现一次扣 0.2 分。一个动作出现多个轻微错误时，最多扣分不超过 0.2 分。同一错误多次出现，最多扣分不超过 0.2 分。

12.1.2　劲力、协调的分值为 2 分，凡劲力顺达、饱满、准确，手眼身法步协调者给予满分。凡与要求轻微不符者，扣 0.1～0.5 分；显著不符者，扣 0.6～1 分；严重不符者，扣 1.1～2 分。

12.1.3　精神、节奏、风格、内容、结构、布局的分值 2 分，凡神韵得法、节奏分明、风格突出、内容充实、变化多样、结构布局合理者给予满分。凡与要求轻微不符者，扣 0.1～0.5 分；显著不符者，扣 0.6～1 分；严重不符者，扣 1.1～2 分。

12.2　非规定拳术、器械的评分标准

12.2.1　风格独特、法势清晰的分值为 4 分。

12.2.2　劲力顺达、动作协调的分值为 3 分。

12.2.3　内容充实、结构合理的分值为 2 分。

12.2.4　神韵得法、节奏适当的分值为 1 分。

12.3　对练项目的评分标准

12.3.1　方法准确、攻防合理的分值为4分。

12.3.2　动作熟练、配合严密的分值为3分。

12.3.3　内容充实、结构紧凑的分值为2分。

12.3.4　意识逼真、风格突出的分值为1分。

12.4　集体项目的评分标准

12.4.1　法势清晰、技术娴熟、演练巧妙。此类分值为4分。

12.4.2　内容充实、特点鲜明、风格突出。此类分值为3分。

12.4.3　配合默契、动作协调、队伍整齐。此类分值为2分。

12.4.4　结构恰当、变化合理、布局新颖。此类分值为1分。

## 13　其他错误的扣分标准

13.1　裁判员扣分

13.1.1　没有完成套路：运动员没有完成套路中途退场，不予评分。

13.1.2　遗忘：每出现一次遗忘，根据不同程度，扣0.1～0.2分。

13.1.3　器械、服饰影响动作：刀彩、剑穗和软器械缠住身体任何部位影响动作，或出现刀彩、剑穗、枪缨、服饰掉地，以及器械触地、脱把、碰身等现象，每出现一次，扣0.1～0.2分。

13.1.4　器械变形、折断、掉地：器械弯曲变形，根据不同程度，扣0.1～0.2分；器械折断扣0.3分；器械掉地，每出现一次，扣0.3分。

13.1.5　出界：身体的某一部位接触线外地面，扣0.1分；整个身体出界，扣0.2分。

13.1.6　失去平衡：每出现一次摇晃、跳动，扣0.1分；每出现一次附加支撑，扣 0.2 分；一个动作中连续出现附加支撑，扣 0.3 分；每出项一次倒地，扣 0.3 分。

13.2 裁判组长扣分

13.2.1 重做。

13.2.1.1 运动员因客观原因造成比赛套路中断，经裁判组长同意，可重做一次，不扣分。

13.2.1.2 运动员因动作遗忘、失误、器械损坏等原因造成比赛套路中断，可重做一次，扣 1 分。

13.2.1.3 运动员临场受伤，裁判组长有权令其中止。经治疗后可继续比赛，不予扣分。若不能上场，则作弃权论。

13.2.2 比赛时间不足和超过：运动员完成太极拳、器械套路和集体项目的时间不足和超出规定在 5 秒内(含5秒)，扣 0.1 分；超过 5～10 秒，扣 0.2 分；依次类推。完成其他套路的时间不足和超过规定在 2 秒内(含2秒)，扣 0.1 分；超过2～4 秒，扣 0.2 秒；依次类推。

13.2.3 集体项目人数不足：集体项目参赛人数由竞赛规程决定，每少 1 人扣 0.2 分。

13.2.4 规定拳术、规定器械内容不符：凡动作内容、方向与规定明显不符者，每出现一次扣 0.1 分。每缺少或增加一个动作或方法，扣 0.2 分。

**14 评分方法**

14.1 裁判员评分：

裁判员根据运动员现场发挥的技术水平，按照各竞赛项目的评分标准，在各类分值中减去错误动作的扣分，即为对运动员的评分。裁判员所示分数可到小数点后两位数，但小数点第二位必须是 0 或 5。

14.2 运动员应得分数的确定：

14.2.1 五名裁判员评分时，取中间三个分数的平均值为运动员的应得分。

14.2.2 应得分只取小数点后二位数。第三位数取消。

14.3 裁判组长调整分：

裁判员评分出现明显不合理或有效分之间差距过大时，在未宣布运动员的最后得分前，裁判组长有权加分或减分。运动员的应得分在 9 分或 9 分以上时，裁判组长加减分的分值不得超过 0.05 分；运动员的应得分在 9 分以下时，裁判组长加减分的分值不得超过 0.1 分。

14.4 运动员最后得分的确定：

裁判员评分与裁判组长扣分及调整分之和，即为运动员的最后得分。

14.5 裁判组长公开宣布运动员的最后得分。

## 第四章　名次评定

**15　名次**

15.1 个人单项、对练名次：得分最多者为该项的第一名，次多者为第二名，依次类推。

15.2 集体项目名次：得分最多者为该项的第一名，次多者为第二名，依次类推。

15.3 团体名次：根据竞赛规程关于团体名次的确定办法进行评定。

15.4 名次录取办法也可采用评奖方式，按比例或得分设立不同等级予以录取。

**16 得分相等的处理**

16.1 个人项目、对练、集体项目得分相等时，按下列顺序决定名次：

16.1.1 两个无效分数的平均值接近有效分数的平均值者列前。

16.1.2 两个无效分数的平均值高者列前。

16.1.3 两个无效分数中，低无效分数高者列前。

16.1.4 名次并列或附加赛决定名次。

16.2 团体总分相等时，以全队获得单项第一名多者列前，如仍相等时，则以获得第二名多者列前，依次类推。

## 第五章　弃权与申诉

**17 弃权**

17.1 检录时间内三次点名未到者。

17.2 不能按时参加比赛者。

**18 申诉**

凡对裁判有异议，应通过本队的领队或教练员在该队员比赛后 30 分钟内向仲裁委员会书面提出。同时交纳申诉费，申诉范围仅限于本队的参赛项目。仲裁委员会依据仲裁条例进行裁决，如判定裁判正确，申诉队必须服从；如判定裁判错误，属于裁判组长对规定内容的错判，可予以纠正并退还申诉费；如属于裁判员错误，可对错判裁判员进行处理，但不得改判得分。

## 第六章　裁判人员及其职责

**19　　裁判人员的组成**

19.1　武术裁判人员由裁判长、副裁判长、裁判组长、副组长、裁判员、计时员、记分员、编排记录长、编排记录员、检录长、检录员、宣告员组成。

19.2　裁判人员应穿着统一的服装，佩带统一的裁判标志。在裁判长的领导下进行工作。

**20　　裁判人员的职责**

20.1　裁判长

20.1.1　组织领导各裁判组的工作，保证规则的执行。比赛前，组织裁判人员熟悉规则与裁判法，检查各项准备工作。

20.1.2　讲解和解决规则中不详尽或无明文规定的问题，但无权修改规则。

20.1.3　在比赛中，裁判人员有违纪行为或发生严重错判时，可酌情处理。

20.1.4　在竞赛过程中，根据工作需要可调动裁判人员。

20.1.5　审核并宣布大会比赛成绩，搞好裁判工作总结。

20.2　副裁判长

协助裁判长搞好工作，在裁判长缺席时，可由一名副裁判长代行其职责。

20.3 裁判组长

20.3.1 组织裁判组的业务学习。实施裁判工作。

20.3.2 负责运动员申请重做和掌握套路时间等方面的扣分。宣布运动员的最后得分。

20.3.3 裁判员的评分中出现不合理时，在举出运动员最后得分前，公开示分调整。

20.3.4 裁判员发生严重错误时，建议裁判长给予适当处理。

20.4 副裁判组长

20.4.1 协助裁判组长进行工作。当裁判组长缺席时，可代行其职责。

20.4.2 遇裁判员回避时，参加运动员评分。

20.4.3 检查规定拳术、规定器械的演练内容，遇有与规定不符者，及时报告裁判长给予扣分。

20.5 裁判员

20.5.1 认真执行大会的各项规定，参加裁判组的学习，做好各项准备工作。

20.5.2 认真执行规则，独立地进行评分，并做详细记录。

20.6 编排记录长

20.6.1 负责编排记录处的全部工作，审查报名表，并根据大会要求，编排好秩序册。

20.6.2 准备比赛时需要的记录表格。

20.6.3 审查核实成绩，计算得分及排列名次。

20.7 编排记录员

根据编排记录长分配的任务进行工作。

20.8　计时员、记分员

20.8.1　准确地计算运动员完成套路的时间，如果与规则不符者，应及时报告裁判长予以扣分。计时以裁判组的计时表为准。裁判组用两块表计时，以接近规定时间的一块表为结束时间。

20.8.2　负责裁判组的评分记录工作，核算运动员最后得分。

20.9　检录长

负责检录处的全部工作，如有变化应及时报告裁判组长。

20.10　检录员

20.10.1　按照比赛顺序及时检录运动员做好出场准备，委托一名运动员负责带队入场，并向裁判组递交检录表。

20.10.2　检查运动员的服装和器械，如遇与规则不符者，要求其更换，同时报告裁判组长。

20.11　宣告员

向观众介绍比赛进程，报告比赛成绩，介绍竞赛规程、规则和比赛项目以及有关武术知识和宣传材料。

# 少数民族武术竞赛裁判法

## 前 言

裁判法是作为一种实际工作方法而设计的。武术竞赛裁判法介绍了武术裁判员应具备的基本素质和工作程序，以及在不同的情况下裁判员在场上的分工职责、选位等。它有助于武术裁判员更好地完成执法任务，保证比赛圆满顺利地进行。

## 第一章 裁判员应具备的基本素质

裁判员具备较高的素质，包括思想素质和业务素质，对提高比赛的水平具有十分重要的意义。裁判员应具备以下几种素质：

（一）严格遵守严肃、认真、公正、准确的基本原则，加强裁判员自身的职业道德修养。

（二）具备良好的心理素质，比赛中应集中精力，不受外界的干扰和影响。

（三）认真学习规则、裁判法，精通规则内容。对任何违背规则的行为都应给予及时、准确、果断的判罚，确保执行规则的严肃性。

（四）加强体能训练，提高身体素质以适应比赛的需要。

# 第二章　裁判工作及职责

## 一、裁判人员

武术裁判工作由裁判长、副裁判长、裁判员及助理人员共同完成，具体人员配置如下：

1. 裁判长 1 人，副裁判长 1～2 人。

2. 裁判组设裁判组长 1 人，副组长 1 人，裁判员 5 人，计时员、记分员 1～2 人。

3. 编排记录长 1 人，编排记录员 2～3 人。

4. 检录长 1 人，检录员 2～3 人。

5. 宣告员 1～2 人。

## 二、裁判长职责

1. 组织领导各裁判组的工作，保证规则的执行。比赛前，组织召开全体裁判人员工作会议。工作会议包括以下几点：

（1）学习大会有关文件，加强裁判员的思想教育。

（2）组织裁判员学习竞赛规则，统一判罚尺度。

（3）讲解和解决规则中不详尽或无明文规定的问题，但无权修改规则。

2. 负责检查场地器材，安排竞赛日程和各裁判员的分工。

3. 在比赛中，裁判人员有违纪行为或发生严重错判时，可酌情处理。

4. 在竞赛过程中，根据工作需要可调动裁判人员。

5. 审核并宣布大会比赛成绩，搞好裁判工作总结。

**三、副裁判长职责**

1. 协助裁判长组织学习与实习。

2. 组织发放裁判员用品、检查记录台工作准备。

3. 总结经验，协助裁判长做好总结和善后工作。

4. 在裁判长缺席时，可由一名副裁判长代行其职责。

**四、裁判组长职责**

1. 组织裁判组的业务学习。实施裁判工作。

2. 负责运动员申请重做和掌握套路时间等方面的扣分。宣布运动员完成套路的最后得分。

3. 裁判员的评分中出现不合理时，在举出运动员最后得分前，公开示分调整。

4. 裁判员发生严重错误时，建议裁判长给予适当处理。

**五、副裁判组长职责**

1. 协助裁判组长进行工作。当裁判组长缺席时，可代行其职责。

2. 参加裁判员回避时的运动员评分。

3. 协助裁判组长做好套路内容检查。

**六、裁判员职责**

1. 认真执行大会的各项决定，参加裁判组的学习，做好各项准备工作。

2. 认真执行规则，独立地进行评分，并做详细记录。

**七、编排记录长职责**

1. 负责编排记录处的全部工作，审查报名表，并根据大会要求，编排好秩序册。

2. 准备比赛时需要的记录表格。

3. 审查核实比赛成绩，计算得分及排列名次。

**八、编排记录员职责**

根据编排记录长分配的任务进行工作。

**九、计时员、记分员职责**

1. 准确地计算运动员完成套路的时间，如果与规则不符者，应及时报告裁判长予以扣分。

2. 负责所在裁判组的记录工作，并核算最后得分。

**十、检录长职责**

负责检录处的全部工作，如有变化应及时报告裁判组。

**十一、检录员职责**

1. 按照比赛顺序及时检录运动员做好出场准备，委托一名运动员负责带队入场，并向裁判组递交检录表。

2. 检查运动员的服装和器械，如遇与规则不符者，要求其更换，同时报裁判组长。

**十二、宣告员职责**

向观众介绍比赛进程、上场运动员，报告比赛成绩，介绍竞赛规程、规则和比赛项目以及有关武术知识和宣传材料。

## 第三章 比赛开始前的准备及任务

**一、比赛开始前的准备**

1. 召开裁判员工作会议，会议内容主要包括以下几点：

（1）学习竞赛规程、规则和大会纪律规定。

（2）统一罚则及有关特殊规定。

（3）比赛中的分工与配合。

（4）比赛场地、器材的检查和熟悉。

（5）场地安全的检查和安全注意事项。

2. 准备比赛器材和用品。

3. 裁判员着装准备和仪表检查。

4. 做好身体和心理准备，以最佳体力和精神状态投入工作。

5. 裁判员要提前30分钟到达比赛场地，并立即向裁判长报到，完成比赛开始前的各项准备工作。

**二、检查比赛场地及设施**

由裁判长率裁判组对比赛场地进行检查，并填写《场地设备检查报告表》，场地检查报告由裁判长签名后交竞赛委员会。

**三、检查安全措施**

在武术竞赛场地，必须公布安全条例，其内容为：

1. 携带武术器械出入比赛场地，应随时保证其持有或存放的安全性。

2. 只准在规定的时间、场地进行练习。

3. 未经许可不得动用他人武术器械。

## 第四章　比赛中的配备及分工

**一、裁判长、副裁判长**

1. 裁判长在具体工作中，要求抓好以下几个环节：

（1）掌握竞赛工作的全面计划；按规程规定的日期向参加单位发布竞赛日程和竞赛的有关规定。

(2) 监督检查编排组工作，修正编排工作中的遗漏和错误。

(3) 监督检查竞赛场地及设施。

(4) 检查录像设备和宣告员工作。

(5) 参加组委会，并报告裁判工作各方面的准备情况，特别注意说明本次竞赛的特殊规定。

(6) 召开各裁判组会议，随时研究工作进展情况，解决存在的问题。

(7) 注意检查赛场的安全，具体提出各裁判组所要注意的安全事项。

(8) 竞赛结束，写好裁判工作总结。

2. 副裁判长协助裁判长工作，负责各种裁判器材的保障工作，并负责与竞赛有关部门保持密切联系。

3. 正、副裁判长要有所分工，一般情况下，裁判长全面负责裁判工作，做好各裁判组之间的协调配合，侧重分管裁判工作的公正与准确；一名副裁判长侧重分管后勤和与竞赛有关部门的联系工作；另一名副裁判长侧重记录、检录工作，做好竞赛的编排、检录和成绩的统计与审定。

**二、裁判人员的配备及分工**

1. 裁判人员的配备。

(1) 在武术比赛中，可分别设立裁判组，每组设组长 1 人，副组长 1～2 人，裁判员 5 人，计时员、计分员各 1 名。

(2) 各裁判组组长，应由具有一定裁判业务水平和熟悉情况的人担任。

2. 裁判组的分工。

(1) 记录组长应参与竞赛的筹备工作，全面考虑竞赛安排，负责比赛成绩的统计和整理。

(2) 裁判组长负责裁判组的全面工作，协助裁判长做好裁判员的组织，完成每场裁判工作。

(3) 计时员应准确记录每名上场运动员的竞赛时间，根据规则掌握比赛时间。

(4) 记分员应准确记录和核算每一名运动员的比赛得分，保证比赛的顺利进行。

3. 裁判组长检查竞赛场地。

(1) 竞赛场地及其设施应符合规则要求，保证安全，使用无故障。

(2) 比赛时运动员均在指定比赛场地进行。比赛场地应与检录处和练习场地分开，避免干扰。除参赛队员外，领队、教练员及无关人员均不得进入比赛场地。

4. 共同维护，确保安全。

(1) 根据安全条例，裁判员对比赛场区人员应严格要求，对于可能发生的事件要有预防措施。

(2) 在练习和比赛中，对于违反安全规定的运动员、裁判员应提出警告，直至取消练习或比赛资格。

**三、裁判员工作程序**

1. 竞赛准备：裁判员在竞赛前 30 分钟到达比赛场地进行准备。裁判长督促各组裁判员、记分员、记录员等就位，核对钟表的时间是否准确。检查比赛所用的器材是否完好。

2. 竞赛开始：计时员按检录表宣布上场运动员序号，并做好计时准备。运动员听到点名后，向裁判组长行抱拳礼，并立即进场开始比赛。比赛结束时，计时员将计时结果告知裁判组长，并起身对各位裁判员所打出的分数进行唱分；记分员对各裁判分数进行记录，并算出运动员的最后得分，由裁判组长宣布。

3. 注意安全，维持赛场秩序。竞赛开始后新闻记者不得进入比赛和裁判区，不能使用闪光灯摄影。

4. 裁判组长及时处理疑难问题，重大问题应向裁判长请示，并将处理结果签署在成绩记录单上。

5. 对全体裁判员要严格管理，注意安全，始终坚持严肃、认真、公正、准确。比赛结束后进行裁判小结，布置下一场比赛任务。

## 第五章　裁判员评分过程中的有关要求

**一、裁判员评分**

裁判员根据运动员现场发挥的技术水平，按照各竞赛项目的评分标准，在各类分值中减去错误动作的扣分，即为运动员得分。裁判员所示分数可到小数点后两位数，但小数点后第二位数必须是0或5。

**二、应得分数的确定**

五个裁判员评分，取中间三个分数的平均值为运动员的应得分。运动员的应得分数只取到小数点后两位数，小数点后第三位数不做四舍五入。

**三、裁判组长的调整分**

1. 当裁判员评分中出现明显不合理，有效分数之间出现过大的差数时，在举出运动员的最后得分前，裁判组长可以不召集裁判员协商而公开出示调整分。裁判组长的调整分和裁判员有效分数的平均值相加即为运动员的最后得分。

2. 有效分数之间差数过大的判定：有效分数的平均值在 9 分和 9 分以上时，差数超过 0.2 分；9 分以下时，差数超过 0.4 分。

3. 裁判组长调整分的幅度：当有效分数的平均值在 9 分和 9 分以上时，调整分的分值不得超过±0.05 分；9 分以下时，调整分的分值不得超过±0.1 分。

**四、最后得分的确定**

1. 裁判组长从运动员应得分数中扣除规则 13.2 的裁判组长扣分，再与规则 14.3 的裁判组长的调整分相加，即为运动员的最后得分。

2. 裁判组长应向运动员和观众公开宣布运动员的最后得分。

**五、核查工作**

大型比赛应设置摄像机对自选或规定项目进行现场摄录。查看录像，仅限于对规定内容的扣分存有疑义时，方可由本队教练员在该队员赛后 30 分钟内书面向仲裁委员会提出。可否查看，则由仲裁委员会决定。查看录像后，仲裁委员会如认定确属错判，应予更正。

**附：少数民族武术比赛用表（见本书第 438～439 页）**

表 1　少数民族武术竞赛评分记录表

表 2　少数民族武术竞赛报名表

**表 1** **少数民族武术竞赛评分记录表**

组别：　　　　场次：　　　　时间：

| 姓名 | 裁判员示分 | | | | | 应得分 | 完成时间 | 裁判组长示分 | | 最后得分 | 备注 |
|---|---|---|---|---|---|---|---|---|---|---|---|
| | 1号 | 2号 | 3号 | 4号 | 5号 | | | 扣分 | 调整分 | | |
| | | | | | | | | | | | |
| | | | | | | | | | | | |
| | | | | | | | | | | | |
| | | | | | | | | | | | |
| | | | | | | | | | | | |
| | | | | | | | | | | | |
| | | | | | | | | | | | |
| | | | | | | | | | | | |
| | | | | | | | | | | | |
| | | | | | | | | | | | |

计分员：（签字）　　　　裁判组长：（签字）

**表 2**

## 少数民族武术竞赛报名表

单位（盖章）：　　　　领队、教练：　　　　日期：

| 组别 | 姓名 | 出生年月 | 民族 | 参赛项目 | | | | | | | 备注 |
|---|---|---|---|---|---|---|---|---|---|---|---|
| | | | | 规定拳术 | 传统拳术 | 其他拳术 | 规定器械 | 传统器械 | 其他器械 | 对练 | |
| 女子组 | | | | | | | | | | | |
| | | | | | | | | | | | |
| | | | | | | | | | | | |
| | | | | | | | | | | | |
| 男子组 | | | | | | | | | | | |
| | | | | | | | | | | | |
| | | | | | | | | | | | |
| | | | | | | | | | | | |

说明：1. 参赛项目须在栏内填写具体拳种或器械套路名称。

2. 传统器械应注明单、双、软类别。

3. 同一对练项目的运动员姓名填表时应连续填写。

# 少数民族马术竞赛规则

## 走马竞赛规则

### 第一章　比　赛

**1　走马比赛要求**

1.1　马匹在行进过程中以一侧的前后肢同另一侧的前后肢交替迈步，其蹄音两声两节奏。

1.2　马匹处在交叉位置上的前后肢同时起地，而后又同时着地交替迈进，其蹄音两声两节奏。

### 第二章　场地及器材

**2　比赛场地**

2.1　走马比赛的场地通常为1000米的椭圆形跑道。

2.2　跑道必须平坦，土质不宜过松，无碎石、沙丘。

2.3　跑道宽度为15～25米，跑道外沿设有高1.5米的木(铁)栏杆，跑道里沿设有高1米的固定栏杆。跑道里沿栏杆支柱必须向跑道外侧倾斜，与地面成60°～70°角。

2.4　在赛马场跑道内沿每隔20米插一面旗，颜色依次为白、红、蓝、黄、绿，各10面，规格80厘米×30厘米。

**3　比赛起止点**

3.1　比赛起点、终点线必须设在主席台就近的直线上。其位置在中心线后侧40米处。

3.2 在终点线一端设一根直径不超过 5 厘米，高 2.5 米的标杆供终点裁判之用。

3.3 赛马行进方向按承办赛马场惯例确定。顺时针或逆时针方向竞速。

**4 比赛场地设施**

4.1 赛马场四周设有活动门栏四处，供运动员、裁判员及工作人员进出场之用。在比赛进行中须将门栏关闭。

4.2 赛马场外侧设等距离的四座高 1.5 米的检查台，每个检查台须备有对讲机、望远镜，供检查员瞭望、报告情况使用。

## 第三章　运动员、马匹和装具

**5 运动员**

5.1 参赛运动员必须穿着马靴(带马刺与否不限)。

5.2 运动员的服装要求整齐清洁。

5.3 比赛时，运动员必须把号码布佩带于胸前与背后，马匹号码佩置于马鞍后部两侧。

5.4 运动员号码布规格：30 厘米×30 厘米。

马匹号码规格：90 厘米×60 厘米。

**6 马匹和装具要求**

6.1 只限国产马参赛。

6.2 参加比赛的马匹必须经过调教，必须保证不扰乱比赛场地的正常秩序，否则取消该马匹的比赛资格。

6.3 比赛马匹必须年满四岁，方可参加比赛。

6.4 参加比赛的马匹应为健康，无疾病，无伤残。

6.5 参加比赛的马匹一律佩带鞍具(鞍屉、镫、肚带)。

6.6 马鞭长度不得超过 75 厘米，不得有锐刃。

6.7 严禁佩带有伤害马匹的任何装备。比赛前不得给马匹注射或服用兴奋剂。

6.8 参加比赛的运动员必须是一人一马。

## 第四章　比赛通则

**7　比赛项目及分组**

7.1 走马比赛可分为个人比赛和团体比赛两种。

7.2 比赛项目按运动员性别分为男子赛马与女子赛马，也可男女混合比赛。运动员年龄不限。

7.3 比赛距离要根据赛会的范围、性质、目的与参赛马匹的年龄而定，一般可选用下列各项的全部或一部分：1000 米、2000 米、3000 米、5000 米、10000 米。

7.4 比赛分组可根据报名马匹的多少分成若干组，每组马匹数量可视跑道的宽度而定，一般不超过 10 匹，不少于 5 匹。

**8　检录**

8.1 运动员应根据比赛时间提前到达比赛场地进行检录。

8.2 运动员听到检录员点名，应即出场应点，三次点名不到者，该场以弃权论。

8.3 运动员检录入场时，应接受检录人员的例行检查，包括装具、人、马、号码，全部合格方准参赛。

**9 起跑**

9.1 所有参赛马匹和运动员到闸厢前报到后，必须听从司闸员指挥，入闸前司闸长（发令长）再次提醒运动员检查鞍具和装备。

9.2 司闸员召唤各马入闸，单号闸位马匹先入，然后双号闸位马匹相继入闸。亦可按实际情况而定，务必使各马匹快捷、安全、公正、合理地入闸。

9.3 司闸员有权将不肯入闸的马牵至稍远的地方等候，等其他马顺从入闸后，再使其入闸。必要时马主单位人员应协助该马入闸操作。

9.4 若个别马入闸不成功，而导致赛事延误，应及时报告裁判长，并提出处理意见，经裁判长决定可令该马退出比赛。

9.5 在开闸令下达前，马匹冲出闸门，可视情况允许重新入闸。

9.6 参赛马入闸完毕，司闸员发出开闸信号（举旗示意），司闸长（发令长）放开闸门，完成起跑。

9.7 开闸后马还不肯出闸，该马被视为已经参赛。

9.8 闸厢和闸门发生故障时，可以重赛，因闸厢故障无法使用而导致不能进闸时，立即报告裁判长，并向组委会报告闸厢故障及原因。如果赛场没有闸厢设备则由司闸长（发令长）率领发令员组织实施各场参赛马匹起跑。

9.8.1 发令前，参赛的运动员骑马按抽签位置（相当于闸位)站立于起跑线后20米处，待司闸长(发令长)喊“预备”口令后，即慢步向前行进，待马匹基本走成一排时，发令员发出起跑信号，计时员看到第一匹马的头部通过起点线时，即应启动计时器。

9.8.2　运动员第一次抢跑，发令员给予警告，第二次犯规即取消比赛资格。

9.9　在起跑后最初100米内，必须沿着自己的跑道前进，不得进入其他跑道内超越前面的运动员，否则以犯规论。

**10　途中**

10.1　运动员在比赛途中如违反下列规定中任何一项，均为犯规，即取消其该场比赛资格。

10.1.1　运动员超越前面运动员和马匹时，必须在其外侧骑行，超越后必须在超出“前面的马匹”5米(约两马长度)以后，才能向内侧切进。

10.1.2　前面的运动员在跑道上因离心力作用冲向跑道外侧，而后方的运动员此时在其内侧超越不为犯规，但如对其他运动员造成阻碍时，仍属犯规。

10.1.3　比赛途中运动员落马后可从落马处上马继续比赛，不得妨碍其他运动员的马匹行进。

10.1.4　比赛中不得推人、拉人、撞人或阻挡别人，运动员扬鞭打马，不得妨碍或影响其他运动员和其他马匹。鞭打自己的赛马，只能前后扬鞭，不得左右扬鞭。

10.1.5　比赛马匹如从内侧跳出跑道，必须由原处进入跑道，如从外侧跳出跑道时，进入跑道的位置不受限制，但不得妨碍其他选手。

10.1.6 比赛过程中，运动员不得大声呼喊。

10.1.7 比赛进行中不得使马骤停，不得进行曲折骑乘，否则视为犯规。

10.1.8 在比赛全程的最后200米内，领先的运动员不得向跑道外侧骑乘，以免妨碍其他运动员冲刺。

10.1.9 在途中，如鞍具脱落，必须就地备好方可继续比赛，但不得影响其他骑手行进，否则按犯规论处。

10.1.10 比赛中出现马匹步伐混乱的，判以步伐犯规(即指出现跑步的行为)，给予加时处罚或取消其比赛资格。

10.1.10.1 运动员第一次步伐犯规，距离在60米之内，加罚5秒钟。

10.1.10.2 第二次步伐犯规加罚10秒钟。

10.1.10.3 第三次步伐犯规加罚20秒钟。

10.1.10.4 第四次犯规，取消其比赛资格。

10.1.10.5 如果一次步伐犯规距离超过60米，则取消其比赛资格。

**11 终点**

11.1 比赛的终点为马匹的头部通过终点线，即为跑完全程。

11.2 骑手、马匹同时通过终点才算跑完全程，运动员牵马通过终点则取消其比赛资格。

11.3 运动员通过终点线后，必须沿跑道向前行进100米后，才准离开跑道。

11.4 比赛场地如无自动计时设备，则须以三块秒表同时计时，取其计时居中者，为每个选手的最后成绩。

11.5　如果两匹或两匹以上的马同时到达终点，凭目力不能判定名次时，可根据终点录像设备分辨。马匹到达终点前后相差1/100秒之内者才被判为并列名次。若终点摄像设备故障，则以终点裁判目测为准，判定同时到达终点者，定为名次并列。

## 第五章　成绩与名次判定

**12　成绩与名次**

12.1　个人：确定成绩和名次，以全程所用时间最少者为第一名。次少者为第二名，依此类推。

12.2　团体：以各单位运动员在各个单项中所得个人名次分的总和来计算团体成绩，以总分最多的单位为第一名，次多者为第二名，依此类推。如遇两个以上单位总分相等时，以获第一名多者列前，第一名相等时，以获得第二名较多者列前，依此类推。

## 第六章　裁判人员及其职责

**13　裁判人员的组成**

走马比赛可根据其规模大小设置下列人员的全部或一部分：裁判长1人，副裁判长1人，终点裁判长1人；司闸长(发令长)、计时长、检录长、检查长、记录长各 1 人；司闸员（发令员）、终点裁判员、计时员、检录员、检查员、记录员、计圈员、联络员若干人。

**14 裁判人员职责**

14.1 裁判长

14.1.1 在大会组委会的领导下，负责指导整个裁判工作的进行。

14.1.2 布置工作，分配任务，掌握全部比赛情况，并根据规则的精神解决比赛中的问题。

14.1.3 比赛前检查场地与器材设备，特别注意安全问题。发现问题，应同大会有关部门及时协商，设法修正。

14.1.4 如遇特殊情况影响比赛时，可报请竞赛委员会暂停比赛。

14.1.5 根据检查长的报告，以及自己的临场观察，依据规则，有权取消犯规或有不正当行为的运动员的比赛资格。

14.1.6 遇裁判员对问题处理的意见不一致时，有权作最后判决。

14.1.7 根据判定的竞赛结果，公布各场比赛的名次和成绩。

14.2 副裁判长

14.2.1 协助裁判长进行工作。

14.2.2 在裁判长缺席时代行裁判长的职权。

14.3 终点裁判长

14.3.1 根据每天比赛的程序、时间、地点、组别等，分配有关裁判员的工作。

14.3.2　根据各裁判员的《名次报告表》评定比赛的名次。

14.3.3　负责与司闸长(发令长)、检查长、计时长联系。

14.4　计时长

14.4.1　赛前召集计时员共同检查和校对计时器。

14.4.2　组织计时员研究规则，确定工作方法，明确分工。

14.4.3　经常与终点裁判长保持联系。

14.5　检录长

14.5.1　负责分配检录员和兽医的工作。

14.5.2　督导检查运动员与马匹有关装具，号码与体重等。

14.6　检查长

14.6.1　负责分配检查员的工作。

14.6.2　凡与规则、规程不符的情况(包括场内对马匹的不道德行为)均在检查之列。

14.7　记录长

14.7.1　负责分配记录员的工作。

14.7.2　负责向大会有关部门报告比赛结果。

14.7.3　负责查对各项记录，公布成绩，完整地保管全部比赛记录，以备查证。

14.8　司闸长(发令长)

14.8.1　负责组织参赛马匹入闸。

14.8.2　发令开闸起跑。

14.8.3　负责解决起跑中的问题。

14.8.4　与检录长、计时长保持联系。

# 跑马射击竞赛规则

## 第一章　场地及器材

**1　比赛场地**

1.1　平坦的自然草地、人工草坪或三合土场地，呈长方形。长 250 米、宽 50 米。

1.2　主跑道长 100 米、宽 1.5 米，起点距场地一端为 25 米，主跑道的一侧距场地一侧边线为 10 米。(图 1)

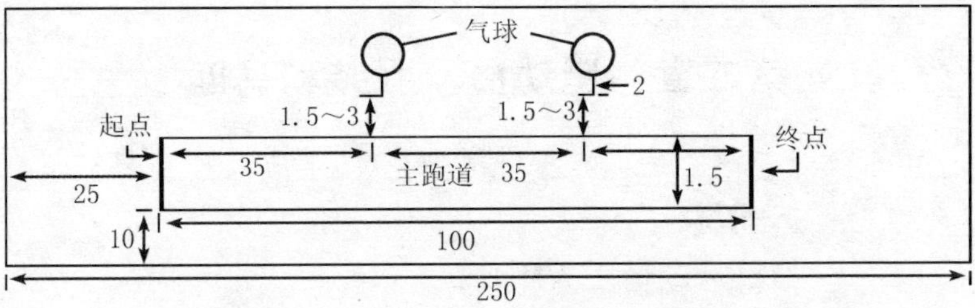


**图 1　跑马射击场地示意图**（单位：米）

1.3　在场地四角和场地边线上插若干面红色标志旗，以示观众止步。

1.4　射击方向(靶后方)不得有观众。

**2　器材**

2.1　比赛用枪为 56 式军用半自动步枪，子弹为军用 56 半自动空弹。

2.2　比赛用枪、弹由承办单位提供。

2.3　靶架：高 2 米，宽 0.5 米。

2.4　靶标设置于跑道左侧，离主跑道边沿 1.5～3 米处。

2.5　气球：直径为 25 厘米的彩色气球。

2.6　气球网：用于固定气球(4个)，为铁丝编织。

2.7　第一靶位距起跑线距离为 35 米；第二靶位距第一靶位 35 米。

2.8　终点线设在超过第二靶位的 30 米处。

2.9　旗帜：红、绿色三角旗各 2 面(尺码：长 50 厘米，宽 30 厘米)。

## 第二章　运动员、服装和马匹

**3　运动员**

参赛运动员 1 人 1 马。

**4　服装**

比赛时运动员穿着民族服装及马靴，要求整洁。服装自备。

**5　马匹**

5.1　进口马和母马不得参赛。

5.2　比赛马匹必须四岁龄以上，无伤病，并且是经过调教的马匹。

5.3　马匹鞍具应齐备，木鞍或皮鞍均可。

5.4　马匹自备，各队可有一匹备用马匹。

## 第三章　比赛与名次评定

**6**　　**比赛**

6.1　分团体赛和个人赛。

6.2　比赛采用两轮制，以记分、计时计算成绩。

6.3　比赛中如出现子弹卡壳、哑弹等现象，经裁判员验证后允许该运动员重新比赛。

**7**　　**记分方法**

7.1　每轮比赛限定时间为 9 秒，每超过 1 秒扣 0.5 分。

7.2　每轮比赛每名运动员只准射 2 枪(1靶 1 枪)。

7.3　每命中一个目标得 2 分(气球破裂)。

7.4　运动员比赛中落马，取消该次比赛成绩。

**8**　　**成绩评定**

8.1　按参赛队员两轮比赛得分之和评定团体和个人名次，得分多者名次列前。

8.2　如有两名以上得分相等者，按时间评定名次，用时少者列前。

8.3　如仍有相等者，则以骑手的体重和马匹的高低来评定名次，骑手体重重者名次列前；如再相等则以马匹高度评定名次，低者名次列前。

## 第四章　裁判人员及其职责

**9**　　**裁判人员**

比赛设裁判长 1 人，起点裁判员 1 人，终点裁判员 1 人，记录员 1 人，报靶员 2 人，检查员 2 人，检录员 2 人，计时员 3 人。

**10 裁判人员职责**

10.1 裁判长

10.1.1 布置工作，分配任务，掌握全部比赛情况，并根据规则解决比赛中的问题。

10.1.2 根据检查员的报告及自己的临场观察，并根据规则，有权取消有不正当行为的运动员的比赛资格。

10.1.3 遇裁判员对问题处理的意见不一致时，有权作最后裁决。

10.1.4 比赛前检查场地与器材设备，特别注意安全问题。如发现有不适宜处，会同有关部门及时协商，设法解决。

10.1.5 如遇因特殊情况影响比赛时，可报请竞赛委员会暂停比赛。

10.2 起点裁判员(兼发令员)

10.2.1 发出比赛指令(挥动绿色旗)。

10.2.2 解决起跑中的问题。

10.3 终点裁判员

用旗语确认比赛队员抵达终点(手持红色旗)。

10.4 记录员

10.4.1 查对各项记录，公布成绩，保管比赛记录。

10.4.2 向组委会有关部门报告比赛结果。

10.5 报靶员

负责设置靶位，报靶，修靶。

10.6 检查员

10.6.1　观察运动员在途中是否犯规。

10.6.2　签发有关犯规的报告。

10.6.3　对无端鞭打马匹等不道德行为提出劝告、警告，直至向裁判长建议取消有关运动员的比赛资格。

10.7　检录员

10.7.1　检查运动员与马匹号码是否相符，称量运动员体重，测量马匹高度。

10.7.2　对参赛马匹进行健康检查和资格认定。

10.8　计时员

10.8.1　检查和校对计时器，记录各计时器的快慢差数。

10.8.2　经常与起、终点裁判员保持联系。

# 跑马射箭竞赛规则

## 第一章　场地及器材

**1　比赛场地**

1.1　平坦的天然草地、人工草坪或三合土跑道。呈长方形，长 250 米，宽 50 米。

1.2　主跑道：长 110 米，宽 1.5 米，起点距场地一端为 20 米，主跑道的一侧距场地一侧边线为 10 米。(图 1)

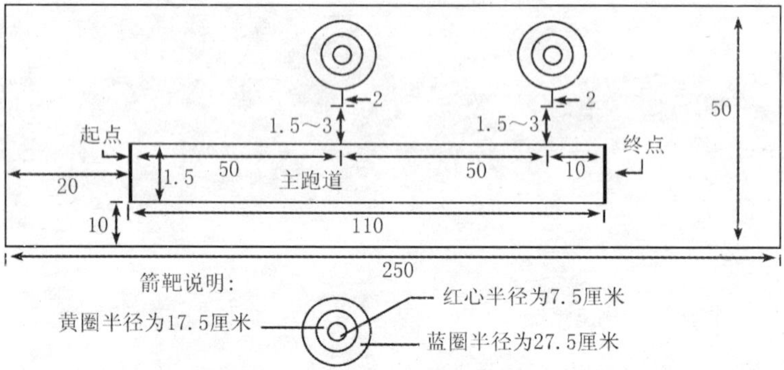


**图 1　跑马射箭场地示意图 (单位：米)**

1.3　在场地四角和场地边线上插若干面红色标志旗，以示观众止步。

1.4　射箭方向(靶后方)100 米之内不得有观众。

**2　器材**

2.1　弓箭：

弓箭为竹或木制品，不得使用金属弓、塑料弓、合金弓和玻璃钢弓。

2.2 靶标：

比赛用彩色环靶，由红、黄、蓝三色组成。环靶中心为半径 7.5 厘米的红色；中环为半径 17.5 厘米的黄色；外环为半径 27.5 厘米的蓝色。靶标中心距地面高 1.5 米。

2.3 靶架：

高 2 米、宽 1.5 米，用以支撑箭靶，靶架的制作材料为松木。

2.4 靶垫：

靶垫为正方形，边长 1.5 米，厚 15 厘米。制作材料为稻草、青稞秸秆、麻包或麻线等。

2.5 靶标设置：

在主跑道的左侧(即骑马前进方向的左侧位置)，距主跑道垂直距离 1.5～3 米。第一靶标距起跑线 50 米。第二个靶标距第一靶标 50 米。

2.6 终点线设在第二个靶标之后的 10 米处。

## 第二章　运动员、服装和马匹

### 3 运动员

参赛运动员 1 人 1 马。

### 4 服装

比赛时运动员穿着民族服装及马靴，要求整洁。服装自备。

**5　马匹**

5.1　进口马和母马不得参赛。

5.2　比赛马匹必须四岁龄以上，无伤病，并且是经过调教的马匹。

5.3　马匹鞍具应齐备，木鞍或皮鞍均可。

5.4　马匹自备，各队可有一匹备用马匹。

## 第三章　比赛与名次评定

**6　比赛**

6.1　分团体赛和个人赛。

6.2　比赛采用两轮制，以记分、计时计算成绩。

**7　记分方法**

7.1　每轮比赛限定时间为10秒，每超过1秒扣0.5分。

7.2　每轮比赛，每名运动员只准射2箭(1靶1箭)。

7.3　命中靶心得3分，命中中环得2分，命中外环得1分。

7.4　箭支脱落不得分。

7.5　在主跑道外射中目标成绩无效。

**8　成绩评定**

8.1　按参赛队员两轮比赛得分之和评定团体和个人名次，得分多者名次列前。

8.2　如有两名以上得分相等者，按时间评定名次，用时少者列前。

8.3　如仍有相等者，则以骑手的体重和马匹的高低来评定名次，骑手体重重者名次列前；如再相等则以马匹高度评定名次，低者名次列前。

## 第四章　裁判人员及其职责

**9　裁判人员**

比赛设裁判长 1 人，起点裁判员 1 人，终点裁判员 1 人，记录员 1 人，报靶员 2 人，检查员 2 人，检录员 2 人，计时员 3 人。

**10　裁判员职责**

10.1　裁判长

10.1.1　布置工作、分配任务，掌握全部比赛情况，并根据规则解决比赛中的问题。

10.1.2　根据检查员的报告及自己的临场观察，依据规则，有权取消有不正当行为的运动员的比赛资格。

10.1.3　比赛前检查场地与器材设备，特别注意安全。如发现有不适宜处，会同组委会有关部门及时协商，设法修正。

10.1.4　如遇因特殊情况影响比赛时，可报请竞赛委员会暂停比赛。

10.2　起点裁判员(兼发令员)

10.2.1　挥动绿色旗发出比赛指令。

10.2.2　解决起跑中的问题。

10.3　终点裁判员

用旗语确认比赛队员抵达终点(手持红色旗)。

10.4　记录员

10.4.1　查对各项记录，公布成绩，保管比赛记录。

10.4.2　向组委会有关部门报告比赛结果。

10.5　报靶员

负责设置靶位、修靶、报靶。

10.6　检查员

10.6.1　观察运动员在途中是否犯规。

10.6.2　签发有关犯规的报告。

10.6.3　对无端鞭打马匹等不道德行为提出劝告、警告，直至向裁判长建议取消有关运动员的比赛资格。

10.7　检录员

10.7.1　检查运动员与马匹号码是否相符，称量运动员体重，测量马匹高度。

10.7.2　对参赛马匹进行健康检查和资格认定。

10.8　计时员

10.8.1　检查和校对计时器，并记录各计时器的快慢差数。

10.8.2　经常与起、终点裁判员保持联系。

# 跑马拾哈达竞赛规则

## 第一章　场地及器材

**1　比赛场地**

1.1　平坦的天然草地、人工草坪或三合土跑道。呈长方形，长250米，宽50米。(图1)

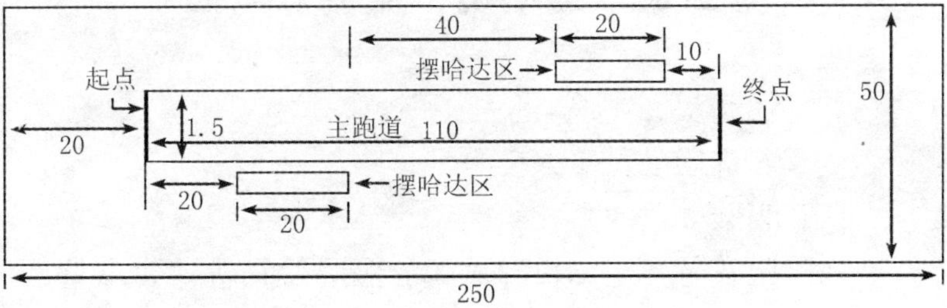


**图1　跑马拾哈达场地示意图（单位：米）**

1.2　主跑道：连接场地两条端线的中点画一条直线，并以此为基准，设一条宽度为1.5米的主跑道。

1.3　在场地四角和边线上插若干面红色标志旗，以示观众止步。

1.4　在主跑道两侧各设置一个摆放哈达的区段。主跑道左边的为左置哈达区段，主跑道右边的为右置哈达区段（简称左区段和右区段）。

1.5　左区段摆放10条蓝色哈达，右区段摆放10条白色哈达。

1.6　起跑线距第一条哈达的距离为20米。

1.7 终点线距最后一条哈达的距离为 10 米。

1.8 每条哈达之间的距离为 2 米。

**2 器材**

2.1 哈达

哈达为白、蓝色各 25 条，长 1 米。

2.2 沙袋

用于固定哈达的白、蓝色小沙袋各 50 个。

## 第二章 运动员、服装与马匹

**3 运动员**

参赛运动员 1 人 1 马。

**4 服装**

比赛时，运动员穿着民族服装及马靴，要求整洁。服装自备。

**5 马匹**

5.1 进口马和母马不得参赛。

5.2 比赛马匹必须四岁龄以上，无伤病，并且是经过调教的马匹。

5.3 马匹鞍具应齐备，木鞍或皮鞍均可。

5.4 马匹自备，各队可有一匹备用马匹。

## 第三章 比赛与名次评定

**6 比赛**

6.1 分团体赛和个人赛。

6.2 比赛采用两轮制，以记分、计时计算成绩。

**7 记分方法**

7.1 比赛限定时间为12秒，每超过1秒扣0.5分。

7.2 每轮拾一条哈达得1分。

7.3 拾起的哈达脱手落地不得分，运动员落马取消本次比赛成绩。

7.4 拾哈达时马匹偏离主跑道线不扣分。

7.5 拾哈达只限于用手，不得借助任何器械，违者取消其比赛资格。

**8 成绩评定**

8.1 按参赛队员两轮比赛得分之和评定团体和个人名次，得分多者名次列前。

8.2 如有两名以上得分相等者，按时间评定名次，用时少者列前。

8.3 如仍有相等者，则以骑手的体重和马匹的高低来评定名次，骑手体重重者名次列前；如再相等则以马匹高度评定名次，低者名次列前。

## 第四章　裁判人员及其职责

**9 裁判人员**

比赛设裁判长1人，起点裁判员1人，终点裁判员1人，记录员1人，检查员4人，检录员2人，计时员3人。

**10 裁判人员职责**

10.1 裁判长

10.1.1　布置工作、分配任务，掌握全部比赛情况，并根据规则解决比赛中的问题。

10.1.2　根据检查员的报告及自己的临场观察，依据规则，有权取消有不正当行为的运动员的比赛资格。

10.1.3　比赛前检查场地与器材设备，特别注意安全。如发现有不适宜处，会同有关部门及时协商，设法修正。

10.1.4　如遇因特殊情况影响比赛时，可报请竞赛委员会暂停比赛。

10.2　起点裁判员(兼发令员)

10.2.1　挥动绿色旗发出比赛指令。

10.2.2　解决起跑中的问题。

10.3　终点裁判员

用旗语确认比赛队员抵达终点(手持红色旗)。

10.4　记录员

10.4.1　查对各项记录，公布成绩，保管比赛记录。

10.4.2　向组委会有关部门报告比赛结果。

10.5　检查员

10.5.1　摆放哈达。

10.5.2　观察运动员在途中是否犯规。

10.5.3　报告拾哈达的成绩。

10.5.4　签发有关犯规的报告。

10.5.5　对无端鞭打马匹等不道德行为提出劝告、警告，直至向裁判长建议取消有关运动员的比赛资格。

10.6　检录员

10.6.1　检查运动员与马匹号码是否相符，称量运动员体重和负重，测量马匹高度。

10.6.2　对参赛马匹进行健康检查和资格认定。

10.7　计时员

10.7.1　检查和校对计时器，并记录各计时器的快慢差数。

10.7.2　经常与起、终点裁判员保持联系。

# 少数民族马术竞赛裁判法

## 前　言

《少数民族马术竞赛裁判法》是根据马术比赛项目(走马、跑马射击、跑马射箭、跑马拾哈达)的特点而设计的。《少数民族马术竞赛裁判法》介绍了裁判员应具备的基本素质和工作程序，它能够帮助裁判员在比赛中正确的根据比赛规则，处理在比赛中出现的各种不同的情况，以及在不同的情况下裁判员的职责和分工，有助于裁判员更好地完成工作任务，保证比赛圆满顺利地进行。

## 第一章　裁判员应具备的基本素质

优秀的裁判员应具备较高的思想素质和业务素质，做好裁判工作，有助于运动员养成遵守竞赛规则，公平竞争的习惯，对提高比赛的水平具有十分重要的意义。裁判员应当不断的学习研究，透彻的理解规则，使自己执法的比赛更加公正，并力求通过自己对规则的理解，使每一场比赛都能在正确的精神指导下进行，使比赛能够精彩、顺利、圆满地完成。因此，马术裁判员应具备以下几种素质：

（一）热爱民族体育事业，工作积极认真，责任心强。严格遵守认真、公正、准确的基本原则，具有较高的职业道德素质。

（二）要具有良好的心理素质，对比赛保持一种不带任何感情色彩的冷静而自信的态度，任何时候都应集中精力，沉着果断。

（三）要精通规则、裁判法，掌握马上项目运动的特点和规律。了解技术战术知识，对违背规则精神和体育道德的行为都应予以严格的判罚，使运动员认识到裁判员执行规则的坚决性和公正性。

（四）裁判员要加强自身的体能训练，具有良好的身体素质，以良好的反应能力适应较长时间比赛的需要。

## 第二章　裁判人员工作程序及要求

比赛设裁判长 1 人，副裁判长 1～2 人，裁判员若干人。

### 一、裁判长

1. 比赛前的工作要求。

为了完成好裁判任务，裁判长应在比赛前组织召开全体裁判员工作会议。会议内容包括以下几点：

（1）学习大会有关文件，加强裁判员的思想教育。

（2）组织裁判员学习竞赛规则，统一判罚尺度。

（3）解决各种疑难问题。

（4）负责检查场地器材，安排竞赛日程和裁判员的分工。

2. 比赛中的工作要求。

（1）全面组织和领导裁判工作。

（2）根据规则的精神解决比赛中的各种问题。

3. 比赛结束后的工作与要求。

主持召开裁判工作总结会议，认真总结经验，帮助裁判员提高业务水平。

**二、副裁判长**

1. 比赛前的工作与要求。

(1) 协助裁判长组织学习与实习。

(2) 组织安排发放裁判员用品。

2. 比赛中的工作与要求。

根据比赛场地的情况，对比赛的情况进行监督工作，对比赛中相关技术问题予以解决。

3. 赛后的工作与要求。

总结经验，协助裁判长做好善后工作。

**二、裁判员**

裁判员可设起点裁判员(司闸员)、终点裁判员、计时裁判员、成绩统计员、靶位裁判员、检查员、检录员、助理裁判员等。

1. 起点裁判员(司闸员)：根据裁判长的指令，发出比赛指令，并负责解决起跑中的问题。

2. 终点裁判员：用旗语确认比赛队员抵达终点。

3. 计时裁判员：检查和核对计时器，经常与起终点裁判员保持联系，准确记录运动员比赛用时。

4. 成绩统计员：负责所有运动员比赛成绩统计、记录、签注成绩通知单、公布成绩、保管比赛记录。

5. 靶位裁判员：负责靶位的设置、报靶、修靶、哈达的摆放等。

6. 检查员：检查运动员比赛中是否犯规，签发犯规报告等。

7. 检录员：负责运动员与马匹的检录，称量运动员体重、测量马匹高度以及马匹的装具和安全等。

8. 助理裁判员：负责协助安置气球、摆放哈达、回收枪支、犯规检查表等。

# 第三章　比赛开始前的准备及任务

## 一、比赛开始前的准备

1. 召开裁判员工作会议。

在比赛前为了共同执行好任务，裁判长应组织召开全体裁判员会议，内容包括以下几点：

（1）统一判罚规则和有关规定。

（2）比赛中的分工与配合。

（3）向裁判员强调比赛安全及注意事项。

（4）比赛场地的布置，器材准备的检查与分工。

2. 裁判用具的准备。

裁判及比赛用品包括桌、凳、广播设备、摄像设备、对讲机、秒表、望远镜、红（蓝）旗、米钢卷尺、箭靶、靶纸、哈达、沙袋、比赛用的各种表格、记分表、笔、文件夹、曲别针、订书机、手提扩音器、体重秤、高度量尺及画场用白灰等。

3. 裁判员应统一裁判员服装，注意仪表。

4. 裁判员必须在开赛前40分钟到达比赛场地，以完成比赛开始前各项比赛工作和检查。

## 二、比赛开始前的工作任务

1. 场地检查由裁判长或副裁判长负责，对从起点到终点中的各个环节进行最后的检查。

2. 由检录员对检录后的运动员和马匹装具等进行最后的检查。

3. 赛前的练习及熟悉跑道必须在规定的时间内进行。

4. 所有裁判员都必须把运动员与观众的安全放在第一位，严格执行规则规定。

5. 跑马射击比赛前必须由专职助理裁判员与部队或公安人员一起负责装弹，关上枪支保险后，交由运动员比赛。

**三、比赛中的分工配合与程序**

1. 马术项目比赛场地大，因此裁判长、副裁判长、检录员、起点裁判员、终点裁判员、检查员须持对讲机，随时联系掌握比赛进度。

2. 检录员按规则规定检录完毕后，将运动员带入指定区域并通知裁判长。

3. 裁判长与起点、终点、计时、检查联络后通知检录员将运动员带入起点准备比赛。

4. 起点裁判员与终点裁判员用旗语联系，起点用绿旗，终点用红旗，旗子上举不动为联络完毕，可以发令进行比赛，旗子上举左右摇摆为联络未完，继续联络。

5. 在走马比赛中起点裁判员(司闸长)应特别注意，在马匹入闸后运动员是否已上马做好准备。

6. 终点裁判员举旗联络前须与计时裁判员联络完毕。

7. 检查员、靶位裁判员准备工作完毕后，须向终点裁判员示意。

8. 运动员到达终点后，助理裁判员应立即收取枪支交回起点，哈达等物交给摆放设置员。

9. 计时裁判员开、停计时器以起点、终点裁判员旗令为准。

10. 当比赛运动员到达终点后，计时员、靶位裁判员、检查员等立即填写成绩单，将时间、环数、拾哈达数及有无犯规行为等由助理裁判人员递交成绩统计处。

11. 由成绩统计处做出成绩统计，进行成绩公布并将原始记录单存档备查。

## 第四章 常见问题及处理方法

### 一、比赛场地器材设置中应注意的问题

1. 跑马射击靶架高度为2米，上端安置气球；跑马射箭靶位设置为靶纸中心点与地面的垂直高度为1.5米。

2. 比赛主跑道只设置外侧线，内侧线可不设，外侧线的宽度为5厘米为宜。

3. 每位运动员为一靶一纸，并详细记录姓名、序号、靶号、轮次等于靶纸上以备查。

4. 气球充气后的大小必须一致，摆放方向一致，充气口朝下。

### 二、比赛中易于犯规问题的判罚

1. 跑马射击比赛中，如第一靶出现子弹卡壳、哑弹等，第二靶不再击发，经裁判员验证，确认后允许该运动重新比赛。

2. 出现卡壳、哑弹等未能有效击发的现象后，裁判员验证的重点为该运动员是否击发，是否属于卡壳、哑弹。

3. 出现上述故障后，运动员应在骑乘过终点线后，将

枪支交由裁判员检查验证，运动员不得私自将子弹退膛，否则判罚为脱靶犯规。

4. 裁判员检查的重点为，枪支保险是否打开，子弹底火部位是否有击发时撞针的撞击痕迹。

5. 跑马拾哈达的数量，以将拾起的哈达拿过终点线的数为准，在未到终点线时又掉落的不计算数，但哈达落在终点线上的仍然计算。

6. 裁判员验证运动员所拾哈达的数量时，是将拾过终点线的哈达数量与未能拾起遗留在终点线以内的哈达数量相加，验证与摆放哈达的总数量是否吻合。

7. 跑马射箭中，箭支脱落不得分，但箭支断折后，箭杆脱落，箭头仍在靶位上的仍然有效。

8. 在马上三项比赛中，马蹄踏上标志线，即为犯规。

9. 走马比赛是马匹在行进过程中以一侧的前后肢同另一侧的前后肢交替迈进，其蹄音为两声两节奏。但为了整个比赛的顺利完成，按照规则规定，把马匹处在交叉位置上的前后肢同时起地，而后又同时着地交替迈进，其蹄音两声两节奏(快步或速步)归为走马比赛。

10. 走马比赛的检查员应由经验丰富的裁判员担任。

11. 走马比赛检查的重点：

(1) 是否有跑步现象。

(2) 以 20 米距离一面的标志旗为依据，判断出现跑步犯规的距离。

(3) 是否有左右扬鞭行为和曲折骑乘行为。

(4) 如发现有跑步犯规或其他犯规行为的应填写犯规记录表。

**附：少数民族马术比赛用表（见本书第 472～476 页）**

**表 1　　　　马术比赛终点名次表**

项目：＿＿＿＿＿＿　组别：＿＿＿＿＿＿

时间：＿＿＿＿年＿＿月＿＿日＿＿时＿＿分

| 单位 | | 道次 | 名次 |
|---|---|---|---|
| 运动员号码 | | | |
| 马　　号 | | | |
| 毛色特征 | | | |

**表 2　　　　马术比赛终点计时表**

项目：＿＿＿　组别：＿＿＿

时间：＿＿＿＿年＿＿月＿＿日＿＿时＿＿分

| 单位 | 运动员姓名 | 运动员号码 | 马匹号码 | 马匹毛色特征 | | |
|---|---|---|---|---|---|---|
| | | | | | | |
| 组次 | 道次 | 秒表 | 比赛成绩 | 决定成绩 | 名次 | 备注 |
| | | 1 | | | | |
| | | 2 | | | | |
| | | 3 | | | | |

裁判长：＿＿＿＿＿＿　　　　计时主裁判员：＿＿＿＿＿＿

计时员：1＿＿＿＿＿　　2＿＿＿＿＿　　3＿＿＿＿＿

**表 3**

## 马术比赛检录表

项目：______　　　　时间：________年____月____日____时____分

| 单位 | 运动员姓名 | 运动员号码 | 马匹名 | 马匹号 | 马匹毛色 | 马匹特征 | 备注 |
|---|---|---|---|---|---|---|---|
| | | | | | | | |
| | | | | | | | |
| | | | | | | | |
| | | | | | | | |
| | | | | | | | |
| | | | | | | | |
| | | | | | | | |
| | | | | | | | |
| | | | | | | | |
| | | | | | | | |
| | | | | | | | |
| | | | | | | | |

检录员：__________　　　　检录长：__________

**表 4**　　**速度赛马、走马犯规记录表**

项目：________米　速度赛马/走马　　　　时间：________年____月____日____时____分

<table>
<tr><td>单位</td><td colspan="2">运动员姓名</td><td>运动员号码</td><td>马匹号码</td><td>毛色特征</td></tr>
<tr><td></td><td colspan="2"></td><td></td><td></td><td></td></tr>
<tr><td>犯规情况<br>及<br>处理意见</td><td></td><td>犯规地点示意图</td><td colspan="3">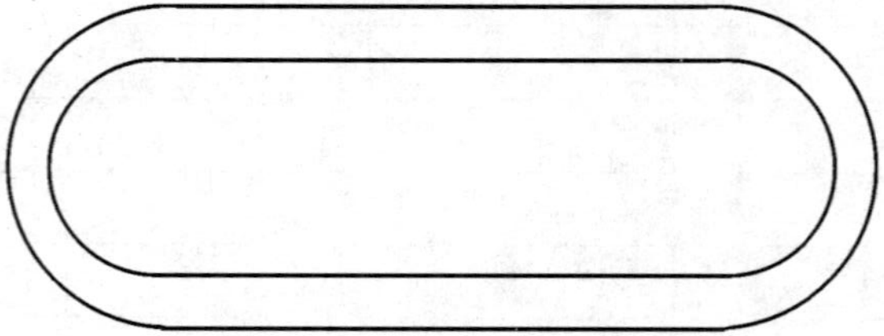</td></tr>
<tr><td>总裁判长<br>裁　　决</td><td colspan="5"></td></tr>
</table>

检查长：____________

**表 5　　速度赛马、走马比赛成绩表**

项目：________　时间：________年____月____日____时____分

| 单位 | 运动员姓名 | 运动员号码 | 马名 | 马号 | 马匹毛色特征 | 道次 | 时间 | 名次 | 得分 | 备注 |
|---|---|---|---|---|---|---|---|---|---|---|
| | | | | | | | | | | |
| | | | | | | | | | | |
| | | | | | | | | | | |
| | | | | | | | | | | |
| | | | | | | | | | | |
| | | | | | | | | | | |
| | | | | | | | | | | |
| | | | | | | | | | | |
| | | | | | | | | | | |
| | | | | | | | | | | |
| | | | | | | | | | | |
| | | | | | | | | | | |
| | | | | | | | | | | |
| | | | | | | | | | | |
| | | | | | | | | | | |
| | | | | | | | | | | |

记录员：__________　　　　　　　　裁判长：__________

## 表 6　跑马射击、射箭、拾哈达比赛成绩表

时间：________年____月____日____时____分

| 单位 | 运动员姓名 | 项目 | 轮次 | | 总成绩 | | 名次 | 备注 |
|---|---|---|---|---|---|---|---|---|
| | | | 1 | 2 | 得分 | 时间 | | |
| | | 得分 | | | | | | |
| | | 时间 | | | | | | |
| | | 得分 | | | | | | |
| | | 时间 | | | | | | |
| | | 得分 | | | | | | |
| | | 时间 | | | | | | |
| | | 得分 | | | | | | |
| | | 时间 | | | | | | |
| | | 得分 | | | | | | |
| | | 时间 | | | | | | |
| | | 得分 | | | | | | |
| | | 时间 | | | | | | |
| | | 得分 | | | | | | |
| | | 时间 | | | | | | |
| | | 得分 | | | | | | |
| | | 时间 | | | | | | |
| | | 得分 | | | | | | |
| | | 时间 | | | | | | |
| | | 得分 | | | | | | |
| | | 时间 | | | | | | |

裁判长：__________

# 表演项目比赛规则

## 第一章　选项原则

**1　民族性**

1.1　源于少数民族生产、生活的民间传统体育项目或健身方法。

1.2　民族特点突出，内容健康，充分体现民族传统文化内涵和精华。

**2　体育性**

有突出的体育健身特点，有群众基础和推广价值。

**3　观赏性**

表演精练、效果好，具有观赏性。

## 第二章　项目分类

**4　竞技类**

4.1　体育特征明显，对抗性强，规则完善，容易推广。

4.2　运用丈量、计时、计分、计环、计数的方法决出胜负。

**5　技巧类**

5.1　表演有难度，动作稳定、连贯、准确、熟练、协调、灵巧。

5.2　观赏性强。

**6　综合类**

6.1　民族体育舞蹈：有明显的体育特征和民族特点。

动作优美、连贯、准确、协调、熟练、整齐。音乐流畅，与动作和谐一致。观赏性强。

6.2　集体武术：比赛为 8～30 人。动作优美、连贯、准确、协调、熟练、整齐。音乐流畅，与动作和谐一致。观赏性强。

**7　健身操类**

民族体操、健身操、韵律操：有明显的民族特点。动作优美、连贯、准确、协调、熟练、整齐。音乐流畅，与动作和谐一致。观赏性强。

## 第三章　比赛方式

**8　比赛时间**

表演项目比赛限时，以不超过 10 分钟为宜。如技巧类中有需要延时的项目，应以书面形式申报，经批准后方可延时。

**9　比赛场地**

表演项目比赛场地分室内、室外。

**10　比赛轮次**

表演项目比赛分两轮进行。

**11　出场顺序**

比赛顺序抽签排定。

**12　检录**

表演前 30 分钟，到检录处检录。

## 第四章 评判办法

**13 评判原则**

13.1 公正、准确、认真。

13.2 按表演项目的分类，采取量化的方法评判。

**14 评判标准**

14.1 民族基础和民族特色。

14.2 鲜明的体育特点及健身效果。

14.3 挖掘整理的新项目，有所发展和完善的老项目。

14.4 普及和推广价值。

14.5 编排、表演质量及观赏效果。

14.6 按表演项目分类特点进行评判。

14.7 竞技类项目要有较完整的竞赛规则。

14.8 在规定的时间内完成。

**15 评判方式**

各项目比赛两轮，分别由两个裁判组进行评判。

## 第五章 成绩与名次判定

**16 成绩判定**

16.1 每项比赛，裁判员按评分标准对每个项目进行评分。

16.2 项目得分：每项比赛，在多个裁判员的评分中去掉 1 个最高分和 1 个最低分，以中间分数的平均分即为得分。

16.3 各项目两轮成绩相加，为该项目的总成绩。

**17 名次判定**

17.1 按项目分类汇总成绩。

17.2 分数高者名次列前。

## 第六章 弃 权

**18 弃权**

18.1 检录时点名 3 次不到者为弃权。

18.2 因器材或运动员意外而中途退出比赛为弃权。

## 第七章 裁判人员及其职责

**19 裁判人员**

设裁判长 1 人，副裁判长 2 人，裁判员、记录员、检录员、场务员、宣告员等若干人。

**20 裁判人员职责**

20.1 裁判长

20.1.1 全面组织和领导裁判的各项工作。解决比赛中发生的各种疑难问题。

20.1.2 组织召开裁判工作会议。

20.1.3 负责审核、汇总全部比赛成绩。

20.2 副裁判长

20.2.1 协助裁判长工作，在裁判长缺席时，代理裁判长职责。

20.2.2 负责分管场地的裁判工作。

20.3 裁判员

20.3.1 准备好裁判员的服装和裁判用具。

20.3.1.1　着装要求：服装统一、整洁。
20.3.1.2　比赛用具：记录用笔、评分表等。
20.3.2　根据规则规定，认真进行裁判工作。
20.3.3　认真填写评分表，并在表上签字。
20.4　记录员
20.4.1　负责比赛所需用具：评分表、计算器、纸、笔等。
20.4.2　负责参赛项目的时间计时工作。
20.4.3　负责将各裁判员的评分进行计算，取分数平均值，填写每场比赛的总记分表，并交裁判长审核、签字。
20.5　检录员
20.5.1　比赛前 30 分钟检录。
20.5.2　检录后将运动员带入场地候场。
20.5.3　将比赛完毕的运动员带出场地。
20.6　宣告员
20.6.1　每场比赛开始介绍裁判员。
20.6.2　播报比赛出场顺序。
20.6.3　播报项目介绍。
20.7　场务员
20.7.1　负责比赛场地的准备工作。
20.7.2　协调参赛队进行比赛器材的安装和拆卸。
20.7.3　协助裁判长做好场地的管理工作。

**附：表演项目评分用表（见本书第 482～484 页）**

表 1　少数民族传统体育表演项目评分表（技巧类）
表 2　少数民族传统体育表演项目评分表（竞技类）
表 3　少数民族传统体育表演项目评分表（综合类）

**表 1**　**少数民族传统体育表演项目评分表（技巧类）**

第_轮　第_场　比赛场地：____　　时间：____年____月____日____时____分

<table>
<tr><td colspan="2">出场顺序</td><td>项目名称</td><td>参赛单位</td><td>民族</td><td>申报时间</td><td>比赛时间</td></tr>
<tr><td colspan="2"></td><td></td><td></td><td></td><td></td><td></td></tr>
<tr><td>评分内容</td><td>①民族特色突出<br>②具有民族传统<br>③内容健康向上<br>2</td><td>技巧难度<br>2</td><td>①编排连贯、新颖<br>②动作稳定、协调<br>③表演准确、熟练<br>1.5</td><td>观赏性强<br>2</td><td>①挖掘整理的新项目<br>②发展完善的老项目<br>1</td><td>①服装设计独特、整洁<br>②音乐流畅<br>③整体效果好<br>1.5</td></tr>
<tr><td colspan="7">得分________　第______号裁判员　签字______</td></tr>
</table>

裁判组长签字：________

**表 2**

# 少数民族传统体育表演项目评分表（竞技类）

第__轮　第__场　比赛场地：________　　　　时间：________年____月____日____时____分

| | 出场顺序 | 项目名称 | 参赛单位 | 民族 | 申报时间 | 比赛时间 |
|---|---|---|---|---|---|---|
| | | | | | | |
| 评分内容 | ①民族特色突出<br>②具有民族传统<br>③内容健康向上<br>2 | 观赏性强<br>2 | ①体育特征明显<br>②对抗性强<br>③有益健康<br>1.5 | ①规则完整<br>②器材<br>2 | ①挖掘整理的新项目<br>②发展完善的老项目<br>1 | 具有普及和推广价值<br>1.5 |
| 得分________ | | | 第______号裁判员 | | 签字______ | |

裁判组长签字：________

**表 3**　**少数民族传统体育表演项目评分表（综合类）**

第_轮　第_场　比赛场地：______　　时间：_____年___月___日___时___分

| | 出场顺序 | 项目名称 | 参赛单位 | 民族 | 申报时间 | 比赛时间 |
|---|---|---|---|---|---|---|
| | | | | | | |
| 评分内容 | ①民族特色突出<br>②具有民族传统<br>③内容健康向上<br>2 | ①编排连贯、新颖<br>②动作稳定、协调<br>③表演准确、熟练<br>2 | ①音乐旋律流畅<br>②与动作和谐一致<br>1.5 | ①体育特色突出<br>②观赏性强<br>2 | ①挖掘整理的新项目<br>②发展完善的老项目<br>1 | ①服装设计独特、整洁<br>②队形变换<br>③整体效果<br>1.5 |
| 得分______ | | | 第____号裁判员 | | 签字______ | |

裁判组长签字：______

# 民族健身操比赛规则

## 第一章　总　则

**1　宗旨**

1.1　本规则适用于少数民族传统体育民族健身操比赛。

1.2　比赛期间，仲裁委员会或裁判委员会可以对规则中未尽事宜做出决定。

1.3　参赛队间本着相互帮助、相互切磋、交流经验，共同提高、促进各民族平等、团结、繁荣、进步的原则。

1.4　本规则为开展少数民族健身操运动，为裁判员公正、准确地评分提供客观依据。

**2　选项原则**

2.1　民族性：

源于少数民族生产、生活的民间传统体育项目或健身方法。民族特点突出，内容健康，充分体现民族传统文化内涵和精华。

2.2　体育性：

有突出的体育健身特点，有一定的群众基础和社会推广价值。

2.3　观赏性：

表演精练、效果好，具有观赏性，富有艺术感染力。

# 第二章　场地设置和器材

**3　　比赛场地要求**

3.1　　民族健身操比赛场地为16米×16米的木质地板、地毯或其他材质平整地面，室内、室外均可。周边至少有2米的空间。场地四周设有标记带，标出比赛区域。（图1）

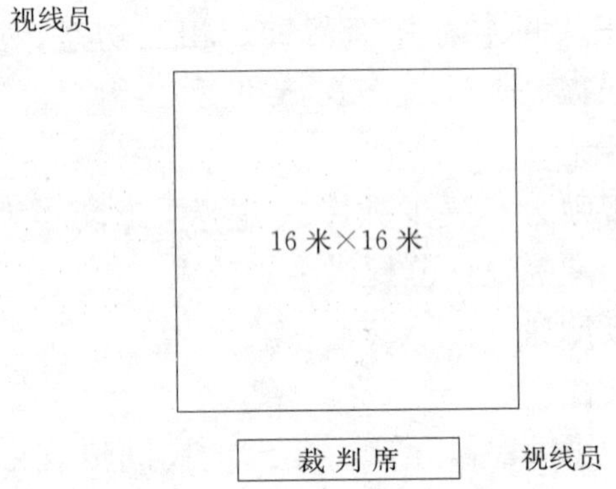


**图1　民族健身操比赛场地示意图**

3.2　　场地标记带宽为5厘米，标记带是场地的一部分。

**4　　器材**

4.1　　轻器械应为大众所适用并易于推广。

4.2　　轻器械应易于制作，材质应有利于健康和环保。

## 第三章　比赛项目

**5　项目分类**

民族健身操分徒手健身操和持轻器械健身操两大类。

**6　比赛人数**

两类健身操人数均为 8～12 人，男女比例不限，并可兼项。

## 第四章　比赛通则

**7　比赛程序**

7.1　每场比赛前 30 分钟开始检录，运动员按规定时间到检录处检录。

7.2　检录员提前 1 个项目将运动员带入比赛场地。

**8　比赛时间**

民族健身操成套动作时间为 4 分 30 秒±10 秒，从音乐或鼓点起至音乐或鼓点止，成套动作结束时，音乐应同时停止。

**9　比赛方式**

民族健身操比赛分两轮进行。两轮比赛所评定的成绩之和确定最后名次。

**10　比赛顺序**

比赛顺序由抽签排定。

10.1　抽签方法：由各参赛队领队、编导或教练员在仲裁委员会或竞赛部门监督下进行。在特殊情况下，可由组委会的竞赛部门代行抽签。按签号大小顺序排列，即从小至大 1～n 为出场顺序。

10.2 抽签时间：预赛抽签在赛前技术会上进行，决定预赛出场顺序。决赛抽签在预赛结束，决赛名单公布后进行。

**11 比赛音乐**

11.1 音乐内容：

11.1.1 音乐可以使用一首或多首乐曲混合的音乐，音乐的选配要体现本民族音乐特色，在此基础上注意与动作的风格统一，尽可能突出民族时代发展的特征。要求音乐的韵律感强，旋律悦耳动听，节奏鲜明。

11.1.2 音乐内容不得有任何反映暴力、庸俗、反动等不健康的因素。

11.2 音乐前奏：

民族健身操音乐速度在 20～24 拍/10 秒，音乐允许有前奏，前奏时间一般不超过两个 8 拍。

11.3 音乐制作：

各参赛队的音乐可使用 CD 或盒式录音磁带，音乐要录在 CD 或磁带的 A 面开始部分，只限比赛曲目。各参赛队必须提供高质量的 CD 或录音带，大会不接受不符合要求的 CD 或录音带；由于 CD 或录音带自身质量问题而影响比赛，大会不负责。

11.4 各参赛队自备两盘比赛用带，并且清楚的标明所属队名和参赛项目名称。

**12　比赛服装与仪容**

12.1　比赛服装

比赛时运动员必须穿民族服装。服装应该在保持民族特色的基础上进行改良，使之便于运动，服装可有图案，禁止有描绘战争、暴力等不健康内容的图案、文字。

12.2　饰物

可以佩戴表现本民族特色的饰物，饰物的材质、形状必须是安全的，原则上饰物不能散落。

12.3　妆容

各参赛队运动员比赛时，发型整洁，需化淡妆。妆容要亮丽、庄重。

**13　比赛器械**

比赛器械的选择可根据需要使用具有民族特色的器械，器械必须是安全的，器械的使用应与成套动作内容完美结合，与主题相吻合，能体现本民族特点，并具有健身作用。

**14　违规及处罚**

在比赛中或比赛前后，如运动队出现下列违规行为，经裁判委员会及仲裁委员会的审议，可对该参赛队进行处罚：取消其所得成绩或名次，同时取消参加其他项目比赛的资格。

14.1　弃权：检录时点名 3 次不到者；裁判员通知某队开始比赛，该队超过 30 秒钟未上场；中途退出比赛(特殊情况除外)。

14.2　罢赛：抽签后，运动队由于某种“原因”拒绝参加比赛。

14.3 不服从裁决：对不服从裁判员的判决和指挥，严重影响比赛进程，造成极坏影响者。

## 第五章 评判办法

**15 评判标准**

15.1 民族基础和民族特色。

15.2 鲜明的体育特点及健身效果。

15.3 挖掘整理的新项目，有所发展和完善的老项目。

15.4 具有一定的普及和社会推广价值。

15.5 编排、表演质量及观赏效果。

**16 评分方法**

16.1 比赛评分采用10分制。裁判员的评分精确到0.1分。运动队(运动员)的得分精确到0.01分。

16.2 成套动作评分的分值：成套民族健身操动作的分值分配为以下三大方面：

组织编排——3分。

完成情况——5分。

总体印象——2分。

**17 成套动作评分**

成套动作评分包括组织编排分、完成情况分、总体印象分和裁判长减分。

17.1 组织编排的评分

成套动作编排要立意新颖、风格独特、连接巧妙、流畅连贯；整套动作要有起伏、有高潮，具有民族体育和艺术美的感染力；动作节奏有变化，开始、结束动作清晰；成套动作中不得少于 6 次不同的队形变化；能充分合理利用场地；动作的设计、选择应符合运动员体能，技术水平，应注意动作对身体的影响，要有利于健康；动作素材的设计、选择要有利于民族健身操的发展，过于舞蹈化和技巧性难度动作应受到限制，否则总体评价将受到影响。

17.1.1 健身的全面性和编排的科学性。成套动作的编排，要以操化动作为主，操化动作应包括头颈、上肢、躯干及全身各部位、各关节的运动，并具有全面健身的作用。操化动作的设计和选择要符合年龄特点和民族健身操特点，运动量的安排要合理，不能选择对身体造成损伤的动作。

如全面健身性不够，民族健身操特点不突出，内容不符合年龄特点以及出现对身体易造成伤害的动作，则视其程度分别扣 0.1～0.5 分。

17.1.2 艺术性。动作的编排设计要新颖、舒展、美观、大方，成套动作的连接要合理、巧妙、流畅，动作素材要多样，队形变化要自然清晰。

如出现编排不够新颖，连接不够合理，素材单调以及队形变化混乱时，则视其情况分别扣0.1～0.5 分。

成套动作的队形变化不得少于 6 次，否则每少一次扣 0.1 分。

整套操风格不突出，缺乏感染力，则视其程度分别扣0.1～0.3分。

成套开始动作、结束动作不清晰分别扣0.1分。

17.1.3 音乐和动作风格的一致性。音乐的选择要和动作的风格协调统一，音乐曲调要动听、优美、健康，节奏明快并适合年龄组的特点，音乐的剪接要清楚完整，否则扣0.1～0.2分。

音乐速度不符合规定扣0.1～0.2分。

音乐与动作风格不符扣0.1～0.3分。

音乐与动作未同时结束扣0.1～0.2分。

17.1.4 利用场地的合理性。成套动作的编排要充分合理地利用场地，防止过多使用同一区域或偏场，根据情况扣0.1～0.2分。

17.2 完成情况的评分

裁判应对完成动作时出现的不同错误，分别按轻微错误、显著错误、严重错误三种情况扣分。轻微错误扣0.1～0.2分，显著错误扣0.3～0.4分，严重错误扣0.5分。完成情况的评分因素如下。

17.2.1 成套动作的准确性：动作是否技术规范、准确到位、姿势正确。

基本姿态稍差，与正确动作稍有出入，扣0.1～0.2分。

基本姿态较差，动作不太正确扣0.3～0.4分。

基本姿态差，动作不符扣0.5分或更多。

17.2.2 成套动作的熟练性：在完成成套动作过程中，要求动作熟练，如有明显停顿或是动作不熟练均要相应减分。

个别动作不太熟练，扣 0.1～0.2 分。

部分动作不太熟练，动作不协调，扣 0.3～0.4 分。

整套动作不熟练，动作笨拙，扣 0.5 分或更多。

17.2.3　成套动作的幅度：动作幅度是指关节活动范围的大小，增加动作幅度是利用人体解剖结构的可能性来实现的。它的大小不仅影响表演效果，而且关系到动作的难度和质量。在动作完成过程中对个别动作幅度小，部分动作幅度小或整套动作幅度小进行相应的减分。

个别动作幅度小，扣 0.1～0.2 分。

部分动作幅度小，扣 0.3～0.4 分。

整套动作幅度小，扣 0.5 分或更多。

17.2.4　成套动作的力度：力度是民族健身操的重要特点之一，与成套动作质量密切相关，它区别于人们对力量的理解，它是运动时力的速度变化，是通过加速到短暂制动来体现的。僵直、不协调的动作不是力度的表现。在完成动作过程中关节的屈伸要有明显的弹性，瞬间关节的强直伸展，会造成对关节的高冲击和挤压，因此限制瞬间的强直伸展动作。成套动作完成时要有力度，力度不够、无力、松懈就相应地进行减分。

力度稍差，扣 0.1～0.2 分。

力度不够，动作松懈，扣 0.3～0.4 分。

力度较差、僵直、无力且不协调，扣 0.5 分或更多。

17.2.5　成套动作的节奏：是指动力在时间、空间上得到合理的分配，用最省力的方法完成最大动作，使肌肉紧张与放松相交替是节奏的根本原则。

稍失去节奏，扣0.1～0.2分。

几个动作或几个人同时明显失去节奏，扣0.3～0.4分。

大部分动作或多数人同时明显失去节奏，扣0.5分或更多。

17.2.6　成套动作的一致性。

个别人出现不整齐、不一致，扣0.1～0.2分。

几个人出现不整齐、不一致，扣0.3～0.4分。

多数人不整齐、不一致，扣0.5分或更多。

17.2.7　失误：

每掉一次器械，扣0.3分。

每摔倒一次，扣0.5分。

17.3　总印象的评分

总印象是指从整体上评价整套操的表演效果与气氛，它包括下列因素：

17.3.1　动作优美性：动作表现缺乏优美，不协调，扣0.1～0.3分。

17.3.2　表现力：

17.3.2.1　完成成套动作时，表情平淡、呆滞、缺乏激情、缺乏感染力，扣0.1～0.3分。

17.3.2.2　表情过分夸张，过于戏剧性的表现，有意取悦观众，扣至0.2分。

17.4　裁判长扣分

17.4.1 成套动作的时间不足扣0.2分，时间超过扣0.2分。
17.4.2 每个运动员单脚、双脚或身体触及边线外缘以外的地面，判做出界，每出界一次扣0.1分。
17.4.3 器械触及边线外缘以外的地面，判做出界，每出界一次扣0.1分。
17.4.4 着装不符合规定，扣0.2分。
17.4.5 戏剧妆，扣0.2分。
17.4.6 比赛时饰物或装束散落，扣0.2分。
17.4.7 参赛人数不符合规定，缺少或增多一人，扣0.2分，依次类推。

## 第六章　成绩与名次判定

**18　成绩判定**

每项比赛，裁判员按标准在评分表上打分。裁判员的评分去掉1个最高分和1个最低分，中间分数的平均分即为得分，再减去裁判长扣分即为最后得分。

**19　名次判定**

按各项目分别汇总成绩，分数高者名次列前，如遇分数相同，看第二轮成绩，分数高者名次列前。

## 第七章　申　诉

**20　比赛前的申诉**

对运动员参加比赛资格提出异议，应在大会开始前向仲裁委员会或裁判长提出，在未有结果前，应允许该队员参加比赛。

**21　比赛后的申诉**

参赛运动队若对比赛结果有异议，可在比赛结束后2小时内，向仲裁委员会提出书面申诉意见，同时交纳申诉费。仲裁委员会依据仲裁条例进行裁决。

## 第八章　裁判人员及其职责

**22　裁判人员**

民族健身操设裁判长1人、副裁判长2～3人，裁判员、视线员、记录员、计时员、检录员、宣告员、放音员等若干人。

**23　裁判人员职责**

23.1　裁判长

23.1.1　负责主持整个裁判工作，组织裁判员学习。

23.1.2　对比赛中发生的问题进行处理。

23.1.3　依据规则，对运动员比赛中的相关失误进行扣分。

23.1.4　对严重违犯规则的运动员，有权取消比赛资格。

23.1.5　有权处理在执行裁判工作中犯有严重错误或不称职的裁判员。

23.1.6　审核并签署比赛成绩单。

23.2　副裁判长

23.2.1　协助裁判长进行工作，当裁判长不在时代行其职务。

23.2.2 比赛前，带领裁判员检查场地设施和运动员比赛器材。

23.3 裁判员

23.3.1 准备好裁判员的服装和裁判用具。

23.3.2 着装要求：服装统一、整洁。

23.3.3 比赛用具：记录用笔、评分表等。

23.3.4 根据规则要求，认真进行裁判工作。

23.3.5 认真填写评分表，并在表上签字。

23.3.6 赛前检查场地设施、运动员比赛器材。

23.3.7 召集各队运动员按时进入比赛场地，通知竞赛注意事项。

23.4 视线员

23.4.1 比赛中观察运动员或器械是否出界，对出界情况予以记录并按规定出示红旗。

23.4.2 一套动作比赛结束，迅速将填写的视线员记录登记表送交裁判长。

23.5 记录员

23.5.1 负责比赛所需用具：评分表、计算器、纸、笔等。

23.5.2 负责参赛项目的时间计时工作。

23.5.3 负责将各裁判员的评分进行计算，取分数平均值。

23.5.4 填写每场比赛的总记分表，并交裁判长审核、签字。

23.6 计时员

比赛中对运动队的实际比赛时间进行真实记录并送交裁判长。

23.7 检录员

23.7.1　比赛前30分钟检录。

23.7.2　检录后将运动员带入场地候场。

23.7.3　将比赛完毕的运动员带出场地。

23.8　宣告员

23.8.1　每场比赛开始介绍裁判员。

23.8.2　播报比赛出场顺序。

23.8.3　播报项目介绍。

23.9　放音员

23.9.1　比赛前整理各队所交录音带或CD，根据比赛顺序排列编号、封存。

23.9.2　比赛时根据各队比赛顺序播放音乐。

23.9.3　比赛结束后录音带或CD及时归还各参赛队。

# 民族健身操裁判法

## 前 言

《民族健身操裁判法》是民族健身操裁判员的实际工作方法。它帮助裁判工作人员对比赛中的各种情况做出正确、及时的处理和评判，目的是便于裁判员对运动员的现场表现做出客观准确的评价，起到推动民族健身操发展的作用。该裁判法介绍了民族健身操裁判员应具备的基本素质、各项工作的职能、工作程序和评分方法，有助于民族健身操裁判员更好地完成执法任务，保证比赛圆满顺利地进行。

## 第一章　裁判工作人员应具备的基本素质

优秀的民族健身操裁判员应具备较高的思想素质和业务素质，做好裁判工作有助于运动员养成遵守竞赛规则，公平竞争的习惯，对提高比赛水平，推动民族健身操的发展具有十分重要的意义。裁判员应当不断地学习研究，透彻地理解规则，使自己执法的比赛更加精确，并力求通过自己对规则的理解，使每一场比赛都能在正确的精神指导下进行。因此，民族健身操裁判员应具备以下几种素质：

（一）热爱民族体育事业，工作积极认真，责任心强，严格遵守严肃、认真、公正、准确的基本原则，加强裁判员自身的职业修养。

（二）要具备良好的心理素质，对比赛要保持一种不带任何感情色彩的冷静态度。

（三）要认真地学习规则、裁判法，精通规则与裁判法。对任何违背规则精神的行为都应给予准确而严厉的判罚，使运动员认识到裁判员执行规则的坚决性。要求评分准确、快速。

（四）裁判员自身要具有良好的综合艺术素养，加强体能训练，提高身体素质以适应比赛的需要。

## 第二章　裁判人员的组成和职能

**一、裁判人员的组成**

裁判委员会成员通常为14～16人，设裁判长1名，副裁判长2～3名，裁判员、视线员、记录员、计时员、检录员、宣告员、放音员等辅助裁判员若干名。

**二、裁判人员职能**

（一）裁判长：

裁判长的职能是全面负责大会的裁判工作，监督整个比赛情况，处理影响比赛进程的违纪情况或特殊情况；查看裁判员的评分，对在裁判工作中表现不佳或有倾向性打分的裁判员提出警告。具体工作是：

1. 比赛前的工作。

（1）指导记录处编排竞赛日程与秩序册工作。

（2）组织赛前抽签。

（3）组织召开裁判委员会工作会议。

（4）为了完成好裁判任务，裁判长应在比赛前组织召开全体裁判员工作会议。会议内容主要包括以下几点：

① 确定裁判委会成员的分工。

②组织裁判员学习大会有关文件，加强裁判员的思想教育。

③组织裁判员学习竞赛规程、规则与裁判法，统一判罚尺度。

④解决各种疑难问题。

（5）召开教练员联席会议：为使比赛顺利进行，裁判长应在比赛前参加由赛会组织召开的教练员联席会议，并向教练员讲明临场判罚尺度、竞赛执法要求及注意事项。

（6）负责检查落实场地器材，安排训练场地日程表和辅助裁判人员的分工。

（7）组织裁判员赛前实习，带领裁判员进行试评工作。

（8）指导宣告员、放音员，检查录音带或CD登记、宣告员的稿件、音响设备试放等各项工作。

（9）指导和检查记录处的表格、技术培训工作。

（10）指导和检查检录处的地点、用具、表格及各项工作。

2. 比赛中的工作。

（1）全面组织和领导裁判委员会的各项工作。

（2）比赛中认真记录掌握比赛动态信息，及时调控。

（3）根据规则的精神解决比赛中出现的各种问题。对比赛中运动员的相关失误进行扣分。

3. 比赛结束后的工作。

（1）主持召开裁判委员会工作总结会议，认真总结经验，帮助裁判员和辅助裁判人员提高业务水平。在赛程的一定阶段召集全体裁判员会议，其内容包括：

①评价执法过程中心理状态。

②评价执行规则情况和控制引导比赛的能力。

③评价关键判罚的准确性。

④评价相互配合情况。

⑤宣布重大问题处理意见的报告。

⑥布置下一阶段的任务和具体要求。

（2）宣布比赛成绩。

（3）赛后向大会提交工作总结。

（二）副裁判长：

副裁判长的职能是协助裁判长开展工作，或分管某一部分工作。主要工作如下：

1. 比赛前的工作。

（1）协助裁判长组织裁判员进行规程、规则、裁判法的学习，统一评分标准、研究评分细则。

（2）协助裁判长做好试运转工作，在宏观控制和微观把握的基础上，认真研究、充分讨论。

（3）组织安排发放裁判员用品、检查记录台、检录台的准备工作。

（4）协助裁判长检查场地、器材，做好比赛的后勤工作。

（5）组织裁判员入场。按民族健身操比赛要求和特点，在每场比赛开始前要组织裁判员统一进场。入场的一般顺序为裁判长、副裁判长、裁判员、记录员、计时员等。

（6）组织裁判工作人员在赛前 30 分钟到达比赛场馆，做好各项裁判工作准备。

2. 比赛中的工作。

根据比赛场地的分布，负责部分场地的比赛监督工作，对相关技术问题予以解决。

3. 比赛后的工作。

总结经验，协助裁判长做好善后工作。

（三）裁判员：

1. 赛前认真学习规程、规则、裁判法，比赛中独立进行评分；根据规则要求，认真进行裁判工作。

2. 准备好裁判员的服装和裁判用具。着装要求：服装统一、整洁。比赛用具：记录用笔、评分表等。

3. 赛前检查场地设施、运动员比赛器材。

4. 赛前根据该项比赛顺序填写评分登记表。

5. 按裁判员评分登记表，做好评分记录，并在表上签字便于核查。

6. 尊重并服从裁判长的领导。

7. 发现运动员有违反规则行为，有义务向裁判长报告。

8. 无权向领队、教练员谈评分问题，更不应将裁判组内有关评分的讨论情况向外泄露，一经发现，视情节轻重给予严肃处理。

（四）视线员：

1. 评判运动员或器械是否出界，对出界情况予以记录并按规定举起红旗。标记带是比赛场地的一部分，因此触线是允许的，但身体或器械任一位置接触线外的地面将被减分。肢体或器械空中出线不扣分。

2. 本套动作比赛结束，迅速将填写的视线员记录单送交裁判长。

（五）记录员：

1. 负责对整个比赛评分的统计工作，要做到快速、准确。

2. 赛前协助裁判长进行抽签，并做好记录。

3. 根据比赛抽签顺序编排比赛出场顺序表；准备相关的竞赛表格和审核工作。

4. 比赛中认真登记裁判员评分，迅速计算最后得分。

5. 负责将每场比赛的评分表、记录表审核、签字并交裁判长封存。

（六）检录员：

1. 熟悉比赛全过程，全面负责检录工作。

2. 赛前30分钟第一次点名检录，赛前15分钟第二次点名检录，赛前5分钟将运动员带入场地候场。

3. 将比赛完毕的运动员带出场地。

4. 发现有弃权或更换运动员情况，立即报告裁判长、记录员、宣告员和放音员。

5. 指导运动员出入场，保证场地纪律，不允许非比赛人员入场。

6. 组织开幕式、闭幕式及发奖的进退场，并与宣告员、记录员确定联系信号。

（七）计时员：

1. 赛前熟悉计时器性能及使用方法。

2. 比赛时对运动队的比赛时间进行真实记录。

3. 本项结束后及时核对记录，确认无误后交裁判长。

（八）宣告员：

1. 熟悉民族健身操特点、规则和规程，并有一定的语言表达能力。

2. 赛前参加裁判组学习并写好广播稿，送裁判长审阅，不随意广播未经批准的内容。

3. 必须参加试评工作并进行试播，检查播音效果。

4. 比赛开始前，介绍仲裁委员会和裁判委员会成员；宣布比赛开始，播报比赛出场顺序、比赛内容，播报项目介绍。

5. 比赛中，利用赛前、裁判员评分时进行民族健身操知识的宣传广播（运动员做动作的过程中不得播音）。

（九）放音员：

1. 运动员报到时，组织各队填写音乐登记卡，并收存各队各项录音带或CD，同时对每首参赛曲目进行试听检查，并根据比赛顺序排列编号、封存。

2. 比赛时根据各队比赛顺序播放音乐，赛前与裁判长、记录员、检录员联系，确认比赛顺序。

3. 预赛结束后，根据决赛出场顺序及时排列编号、封存。

4. 比赛结束后将录音带或CD及时归还各参赛队。

5. 比赛中，不准任何人借用或复制录音带或CD。

## 第三章　比赛程序

### 一、赛前阶段

1. 召开裁判员会议，召集裁判员进行规则与裁判法的学习。

2. 检查比赛所用的各种设施、器材、用品。

3. 布置比赛场地。

4. 组织试运转。

**二、比赛阶段**

1. 裁判工作人员提前30分钟到比赛现场，做好各项准备工作，在赛前5分钟，定位候场。

2. 检录。第一次检录在比赛前30分钟，第二次检录在赛前10分钟，第三次检录在赛前5分钟，定位候场。

3. 裁判员、运动员入场，宣告员介绍裁判委员以后，按照比赛顺序开始比赛。

4. 第1个队做完动作，裁判员迅速评分，填写评分表，交到裁判长处。

5. 裁判长检查所有的裁判评分，若无错误，交给记录员计算平均分与最后得分。

6. 宣告第2个队入场比赛，依次类推。

**三、赛后阶段**

1. 记录员整理比赛总成绩表，排列名次，交裁判长确认。

2. 裁判长检查比赛总成绩表，确认无误后，签名，交大会公布。

**附：民族健身操比赛用表（见本书第507～509页）**

表1　民族健身操比赛评分表

表2　民族健身操比赛（视线员）评分表

表3　民族健身操比赛成绩记录表

表4　民族健身操比赛成绩总记录表

**表 1　　　　民族健身操比赛评分表**

预赛□　决赛□（用“√”表示）项目：徒手□　器械□

参赛队名称________　　　　出场顺序________

裁判员编号________

| 评 分 内 容 | | |
|---|---|---|
| 组织编排（3 分） | 完成情况（5 分） | 总体印象（2 分） |
| | | |
| 最后得分：________ | | |

裁判员（签名）：________

**表 2　　民族健身操比赛（视线员）评分表**

预赛□　决赛□（用“√”表示）

项目：徒手□　器械□

参赛队名称：________　　出场顺序：________

视线员编号：________

| |
|---|
| |

视线员签名：

表 3　　　　民族健身操比赛成绩记录表

预赛□　决赛□（用“√”表示）　　项目：徒手□　器械□

| 出场顺序 | 参赛单位 | 裁判评分 | | | | | | | 平均分 | 裁判长减分 | 最后得分 | 名次 |
|---|---|---|---|---|---|---|---|---|---|---|---|---|
| | | 1 | 2 | 3 | 4 | 5 | 6 | 7 | | | | |
| | | | | | | | | | | | | |
| | | | | | | | | | | | | |
| | | | | | | | | | | | | |
| | | | | | | | | | | | | |
| | | | | | | | | | | | | |
| | | | | | | | | | | | | |
| | | | | | | | | | | | | |
| | | | | | | | | | | | | |
| | | | | | | | | | | | | |
| | | | | | | | | | | | | |
| | | | | | | | | | | | | |
| | | | | | | | | | | | | |
| | | | | | | | | | | | | |
| | | | | | | | | | | | | |
| | | | | | | | | | | | | |
| | | | | | | | | | | | | |
| | | | | | | | | | | | | |

记录员：　　　　　　　　　　　　　　裁判长：

年　　月　　日

**表 4　　民族健身操比赛成绩总记录表**

项目：徒手 □　器械 □（用“√”表示）

| 序号 | 参赛单位 | 项目名称 | 预赛得分 | 决赛得分 | 最后得分 | 名次 |
|---|---|---|---|---|---|---|
| | | | | | | |
| | | | | | | |
| | | | | | | |
| | | | | | | |
| | | | | | | |
| | | | | | | |
| | | | | | | |
| | | | | | | |
| | | | | | | |
| | | | | | | |
| | | | | | | |
| | | | | | | |
| | | | | | | |
| | | | | | | |
| | | | | | | |
| | | | | | | |

记录员：　　　　　　　　　　　　裁判长：

年　　月　　日

# 后　记

本书所收录的少数民族传统体育项目竞赛和表演规则及裁判法，是在第七届全国少数民族传统体育运动会实践的基础上，聘请有关专家、教练员、裁判员等，对2003年版的《少数民族传统体育项目竞赛和表演规则及裁判法》进行了修订、补充，并增加了板鞋竞速、朝鲜族式摔跤两个项目。

在本书的修订与撰写过程中，得到了以下人员和单位的大力支持，在此表示诚挚的感谢！

**统　稿：**程嘉炎、赵昌毅

**花　炮：**黄自贤、杨松涛、韦晓康、吴　卫、赵昌毅

**珍珠球：**靳　茁、杨昆普、王向宏、白永生

**木　球：**金　昶、赵昌毅、张　武、黄光伟、杨世如、王学满

**蹴　球：**吕健力、肖进勇、张英波、张丽丽

**秋　千：**黄燕生、金虎峰、陈丽珠

**射　弩：**孙荣棠、杨新山、庞 毅、白军华
四川省体育局、凉山州体育局

**陀　螺：**孙红昆、李晓明、赵昌毅、杨万举、宋　卫、赵志忠

**押　加：**韦晓康、李铁录
四川省体育局、甘孜州体育局

**高脚竞速：**张英波、王　林、张　旭

**板鞋竞速：**黄自贤、张英波、王　林

**民族式摔跤：** 王立刚、赵易军、马建国
内蒙古自治区体育局
新疆维吾尔自治区体育局、民委

**少数民族武术：** 李德印、白永正、邢登江

**少数民族马术：** 薛有全、成 庆

**民族健身操：** 寸亚玲、许爱梅、胡小明、张晓莹、李俊怡

书中如有不妥之处，欢迎提出批评、建议，以便进一步完善。

国家体育总局群众体育司

国家民族事务委员会文化宣传司

2006年6月